VOYAGE

Fait en 1787 et 1788,

Dans la ci-devant

Haute et Basse Auvergne.

Tome Second.

VOYAGE

FAIT EN 1787 ET 1788,

DANS LA CI-DEVANT

HAUTE ET BASSE AUVERGNE,

AUJOURD'HUI

DÉPARTEMENS DU PUY-DE-DOME, DU CANTAL

ET PARTIE

DE CELUI DE LA HAUTE-LOIRE,

Ouvrage où l'on traite ce qui regarde la nature du sol, les révolutions qu'il a éprouvées, ses productions, climat, météores, produits de volcanisation, mines, carrières, lacs, eaux minérales, mœurs des habitans, constitution physique, population, arts, commerce, manufactures, industrie, etc. etc.

PAR LE CIT. LEGRAND.

Mihi nec invidiâ nec odio cogniti.
TACITE.

TOME II.   128

A PARIS.

Chez le Directeur de l'Imprimerie des SCIENCES ET ARTS, rue Thérèse, près la rue Helvétius.

———

L'an III de la République française.

ERRATA

DU SECOND VOLUME.

Page 20. compte de Poitiers, *lisez* Comte de Poitiers.
34. bête à somme, *lisez* bête de somme.
65. quelque considération qu'elle soit, *lisez* quelque considérable qu'elle soit.
72. contuinité, *lisez* continuité.
73. rayons irects, *lisez* rayons directs.
110. Mont-d'or, *lisez* Mont-Dor, et par-tout où se trouve la même faute, corrigez-la.
161. Mont-Domes, *lisez* Monts-Dôme.
252. mais elles sont sujettes, *lisez* mais quelquefois elles sont sujettes.
353. seccondes, *lisez* secondes.
370. curé actuel, *lisez* curé son successeur.
403. le dangers, *lisez* le danger.
421. leur, laitages, *lisez* leurs laitages.
434. vaches, consacrés, *lisez* vaches, consacrées.
438. se vendant également, *lisez* se vendent également.

TABLE
DES CHAPITRES.

Du second volume.

Nota. La table générale et alphabétique des matières se trouve au troisième volume.

LETTRE XXXII. p. 1. Planèse. Murat. Route à travers le Cantal. Thiézac. Pas de la Cère. Vic. Brèche volcanique. Commerce, productions, maladies du Carladès.

LETTRE XXXIII p. 19. Aurillac; situation, commerce, abbaye. Mœurs des habitans, Vallon. La Chataigneraie. Belle race de femmes. Salers. Mœurs. Emigration. Mauriac.

LETTRE XXXIV. p. 41. Vues générales sur les montagnes d'Auvergne. Mont-Dor, eaux thermales, panthéon, bain-de-César, autres bains. Village des bains. Projet de monument et d'hospice.

LETTRE XXXV. p. 63. Vallon des bains. Dordogne. Rigolet ou Capucin. Cascade de la Dor. Pic de la Croix. Laves et plantes du Mont-Dor. Neige. Vallon des enfers.

TABLE

LETTRE XXXVI. p. 79. *Grande cascade.*

LETTRE XXXVII. p. 89. *Monts-Dôme. Puy-de-Dôme, situation, forme, pâturages, plantes, laves de ce pic. Vue dont on y jouit. Comment il a brûlé. Sarcoui, Laves colorées. Fable sur l'antiquité de ces volcans. Forêt carbonisée.*

LETTRE XXXVIII. p. 110. *Hauteur respective des montagnes les plus élevées d'Auvergne. Comparaison des vues dont on y jouit. Propriété de Dôme pour annoncer les variations d'atmosphère. Formation des nuées dans la Limagne.*

LETTRE XXXIX. p. 131. *Pluies, ouragans, écirs neigeux, écirs venteux. Situation des villages dans les vallées, toits surbaissés.*

LETTRE XL. p. 143. *Orages, leur formation sur les montagnes. Tempête pareille à l'œil de bœuf. Grêles et désastres. Cantons sujets aux grêles.*

LETTRE XLI. p. 156. *Climat, influence des montagnes sur la froidure. Vents froids et chaleurs étouffantes. Vents humides, vents réguliers, rosées, saisons, neiges, avalanches.*

LETTRE XLII. p. 171. *Influence de la froidure sur les productions de la terre. Cantons plus froids que d'autres. Usage des paysans de passer leur hiver dans leurs étables, vie qu'ils mènent dans ce séjour.*

LETTRE XLIII. p. 185. *Substances minérales, argilles, tripoli, granite, grès, pierres calcaires, marbres, porphyre; améthistes, anecdotes sur ces pierres.*

LETTRE XLIV. p. 203. *Mines. Mines d'antimoine abandonnées, et en activité; travaux et fonte du minerai.*

LETTRE XLV. p. 220. *Haches de pierre. Mines d'aimant, de fer, de cuivre, de plomb. Méphitisme de la mine de Barbecot, anecdote.*

LETTRE XLVI. p. 234. *Charbon de terre; pourquoi il ne s'en trouve que dans deux cantons. Mines de Brassac, de la Taupe.*

LETTRE XLVII p. 251. *Incendie spontané de la mine de la Taupe, accident. Commerce de la houille, sapinières, équippes. Projet de Colbert pour la navigation de l'Allier.*

LETTRE XLVIII. p. 268. *Sources. Fontaine intermittente. Eaux minérales, état de celles de ces eaux qui sont le plus célèbres.*

LETTRE XLIX. p. 294. *Ruisseaux et rivières. Cascades, comparaison des plus belles. Saut de la Saule.*

LETTRE L. p. 312. *Etangs. Lacs. Lacs les plus renommés. Détails sur Aidat; discussion sur la maison de campagne de Sidoine Apollinaire.*

LETTRE LI. p. 336. *Lacs dans des cratères, Servières, Pavin. Creux de Soucy.*

LETTRE LII. p. 356. *Eboulemens, de Rantières, Saint-Vincent, Pardines, l'Argillière, la Roche noire, Jussat, la Roche blanche. acte de vertu.*

LETTRE LIII. p. 384. *Prairies, pacages. prés déprimés; vacheries, parcs, habitudes des bestiaux. Loups. Epizooties.*

LETTRE LIV. p. 409. *Amélioration des pacages. Plantes nuisibles. Fromages. Droit de gabelle acheté. Projet de salaisons.*

LETTRE LV. p. 430. *Commerce des troupeaux. Chèvres, moutons, laines, parcs; bêtes-à-corne; mulets, chevaux, haras, écoles vétérinaires.*

Fin de la Table du second volume.

VOYAGE

FAIT EN 1787 ET 1788

DANS LA CI-DEVANT

HAUTE ET BASSE AUVERGNE.

LETTRE XXXII.

Planèse. Murat. Route à travers le Cantal. Thiézac. Pas de la Cère. Vic-en-Carladès; murailles en brèche volcanique. Commerce, productions, maladies propres au Carladès.

Si Clermont, reculé vers les frontières du Bourbonnais, était placé défavorablement pour la Basse-Auvergne, Saint-Flour, à l'extrémité orientale de la Haute, avait, comme capitale de celle-ci, une position aussi désavantageuse. Pour parcourir et connaître cette dernière partie de l'ancienne province, il faut percer à l'ouest,

Tome II.   A

traverser la Planèse et les montagnes du Cantal; passer par Roffiat, Murat, Vic, Aurillac; puis, tourner vers le nord, en reprenant le chemin qui conduit à Clermont,

La chaîne du Cantal brûla jadis toute entière; et son incendie eut même une sphère d'activité dont l'effet s'est propagé bien au-delà. C'est ainsi que depuis Murat jusqu'à Saint-Flour, tout le pays a été volcanisé; mais une partie de ce pays est remarquable, en ce que les cîmes des montagnes, soit par l'effet de leur volcanisation, soit par une configuration particulière, ont, dans un long espace, une même hauteur. La lave qui les couvrit y forma plateau; et de leur horizontalité, a résulté une plaine haute que les Auvergnats, à raison de sa surface plane, ont nommée *Planèse*.

Au sud-ouest de Saint-Flour, il en est une autre, dont je t'ai parlé dans ma dernière lettre. On distingue celle-ci par le nom de *petite-Planèse*; et je t'ai dit qu'on y entrait au village des Ternes, et qu'on en sortait à Cordesse. Quant à celle dont il s'agit en ce moment, elle est au nord-ouest de Saint-Flour, sur le chemin de la Haute-Auvergne; et l'on y entre à Mons. Toutes deux sont fort bien désignées dans la carte de Cassini; mais à proprement parler, ce n'est qu'un même territoire, séparé en deux portions par quelques hauteurs: aussi, ce que j'ai à dire sur l'une convient-il parfaitement à l'autre.

La Planèse est un pays très-froid; mais plus fertile que ne le sont ordinairement les montagnes d'Auvergne; et même assez peuplée, quoique les villages y soient, chacun séparément, peu considérables. Son territoire consiste en terres labourées et en pacages. Les pacages sont consacrés à élever des chevaux, et particulièrement ces mulets dont la Haute-Auvergne fait commerce. Pour les terres destinées au labourage, elles donnent beaucoup de grains et nourrissent les contrées d'alentour: ce qui a fait nommer la Planèse, le grenier de la Haute-Auvergne. Néanmoins, cette petite Egypte n'est pas toujours également fertile. On est obligé d'y faire les semailles au commencement de septembre; afin que le blé ayant aquis une certaine force avant les gelées, il puisse résister au froid. Mais si l'automne et l'hiver sont pluvieux, bientôt il pourrit, parce que les eaux ont peu d'écoulement et le sol peu de profondeur. Pour que la récolte réussisse, il faut que la terre soit médiocrement humide; que le grain soit defendu des gelées; et par conséquent, qu'il tombe beaucoup de neige.

Il en est de la Planèse, comme de la ci-devant Beauce et de beaucoup d'autres pays plats, semblables. La terre y est absolument nue; et nulle part on n'y voit un arbre, excepté autour des villages. Là, on en trouve quelques-uns; et, pour les voyageurs qui pendant la nuit s'égareraient dans la plaine, ce serait même un signal, à l'aide duquel ils pourraient se reconnaître et trouver un asile.

En hiver, ce défaut de bois devient un grand malheur. Pour se garantir du froid, l'habitant vit dans son étable au milieu de ses bestiaux. Mais, s'il veut cuire son pain et préparer ses alimens, il faut que la paille de ses grains à brûler; et c'est là, pour l'agriculture, un inconvénient très considérable, parce qu'elle y perd des fumiers qui accroîtraient encore l'abondance des moissons.

Avec ses blés, ses chevaux et ses mulets, la Planèse n'en est pas moins un pays malheureux. Les profits des récoltes et du commerce y suffisent à peine pour payer les impositions; et l'habitant, obligé de s'expatrier, part, dès que ses grains sont semés, pour ne revenir que quand ils sont mûrs.

Au sortir de la Planèse, la route redevient une route de montagnes; et les objets y sont les mêmes que dans le reste de l'Auvergne. Mais, arrivé près de Murat, et sur les hauteurs d'où l'on découvre cette ville, la scène se déploie et devient charmante. On voit s'ouvrir un vallon, frais, riant, et très-agréable, quoiqu'étroit. Planté suffisamment pour le plaisir de l'œil, il est arrosé par l'Alagnon, qui prend sa source non loin de là. Les montagnes qui l'enclosent et qui entourrent la ville ont toutes éprouvé l'action des volcans; mais, par une cause locale et particulière, presque toutes sont isolées; et toutes ont une forme ou des accidens remarquables. L'une représente un toit de maison, fort droit et fort aigu; l'autre, une calotte de chapeau; tandis que celle dont Murat occupe la base, est conique. Celle de Brédon a l'un de ses côtés escarpé par des éboulemens. Elle paraît pencher et prête à crouler dans le vallon. En un mot chacune d'elles a quelque chose qui la distingue; et chacune concourt, par son effet particulier, au grand effet du tableau général.

Murat est peu considérable, puisqu'on n'y compte que 2000 habitans au plus; mais si on le considère des hauteurs, et avant de descendre dans le vallon, il forme le point-de-vue le plus piquant du cadre varié que je viens de t'indiquer.

Sa montagne, nommée Bonnevie, a eu autrefois un château fort, qui appartenait à Jacques, comte d'Armagnac, duc de Nemours, vicomte de Murat; et qui fut rasé, par ordre de Louis XI, quand le haineux despote, après avoir fait décapiter le comte, confisqua ses biens. Probablement c'est à sa position élevée et à l'air salubre qu'on était censé y respirer, que cette forteresse dut son nom de Bonnevie; et probablement encore, c'est au château que la montagne doit le sien. Au reste, celle-ci étant, comme la montagne de Saint-Flour, couverte, en partie, de colonnes volcaniques, la plupart à cinq et à six pans, tous les murs des maisons, et même les enclos de champs et de vergers y sont, comme à Saint-Flour, construits presque en entier avec des tronçons de colonnes.

Pour leur mortier, on emploie la pouzzolane que l'Alagnon apporte des montagnes voisines.

Un ciment moins bon que celui-ci n'aurait point de prise sur une pierre aussi compacte et aussi lisse. Cependant on la fait servir aussi à sec et sans mortier; et les murs, construits ainsi, ont même de la solidité, parce que les colonnes s'appliquant les unes contre les autres par leurs faces, s'emboîtent et se soutiennent mutuellement.

Enfin les toits sont couverts d'un basalte lamelleux, qu'on tire d'une montagne à l'ouest de la ville. On taille, en forme de tuiles, ces éclats feuilletés; on les emploie comme tuiles; et delà vient le nom de *la Tuillière*, donné à la montagne. Ainsi, tandis qu'au dehors de la ville tout est volcanique, au dedans tout l'est encore.

Il n'y a autour de Murat, que la vallée de la Chapelle-d'Alagnon, qui produise du froment. Le reste du canton n'a que des grains de qualité inférieure, et des fromages, qui, sous le nom de cantals (nom commun à presque tous les fromages de la Haute-Auvergne), se vendent dans les départemens qui formaient la Provence et le Languedoc. Les femmes du peuple font de la blonde noire; mais le fil qu'elles emploient se tire de Flandres; et le pays par conséquent ne gagne, dans leur travail, que la main-d'œuvre. Je compte également pour peu de chose le commerce des bêtes à laine, par les raisons dont je t'ai parlé dans ma dernière lettre. Elles ne naissent point en Auvergne. On les achète, au printems, dans le département du Lot; puis, après avoir été engraissées, elles sont, en automne ou au printems suivant, revendues pour la ci-devant Provence.

De Murat à Vic, on traverse une partie des hautes montagnes du Cantal. Mais cette route qu'on croirait devoir effrayer, ravit le voyageur, par l'art avec lequel on l'a conduite. C'est une allée charmante, qui suivant toujours le pied des montagnes, le promène successivement de vallée en vallée, et lui étale, presque par-tout, de la verdure, des prairies, des arbres, et l'image du travail. Une des parties les plus belles est celle qu'on nomme le *Pas-de-Compain*. Mais, plus loin, quand il est arrivé à cotoyer la Cère, elle règne au-dessus et le long de cette rivière; et, pareille à celle du *Saut-du-loup*, devient aussi hardie et tout aussi étonnante, quoique le précipice soit moins profond. On y travaillait, lorsque j'y ai passé ; car tu remarqueras qu'en Auvergne il n'y a de beaux chemins que ceux qui sont faits depuis peu de tems.

La plupart des montagnes portent du bois ; et cependant il est fort cher dans tous ces cantons. Mais outre qu'il croît très-lentement, à cause des longs froids du climat, on ne peut l'exploiter et le transporter, faute de chemins. Dailleurs le paysan s'est, depuis long-tems, emparé du droit d'avoir gratis celui qui lui est nécessaire. Dès qu'il en a besoin, il va, sans façon, en couper sur la montagne ; et le propriétaire, obligé de tolérer cet abus, s'en dédommage sur l'acheteur, qui, en dernier résultat, paie tous les vols.

Sur la route, on ne trouve que Thiézac, qui annonce une certaine opulence, et qui montre quelque population. Ce bourg tire des lins d'un petit canton situé au midi des Monts-Dor, et nommé l'Arctense ; et il en fabrique des toiles, qu'il vend au ci-devant Languedoc. Les autres villages et hameaux qu'on traverse, ou qu'on aperçoit, n'ont que peu de maisons : encore ne sont-ils pas nombreux. Mais, d'espace en espace, on voit au moins quelques chaumières, semées çà et là dans les gorges et sur les montagnes; et ces habitations isolées, malgré la misère qu'elles annoncent, amusent l'imagination, parce qu'elles lui montrent un peuple différent des autres peuples, et dont les familles éparses et isolées vivent seules au milieu des montagnes, comme certaines races d'animaux sauvages.

Par-delà Thiézac, tu ne manqueras point de remarquer le *Pas-de-la-Cère*. Cette rivière, dans son cours, passait sur un rameau de montagne volcanisée. A mesure qu'elle a creusé son lit, elle a été, en même tems, obligée de ronger et d'abaisser la coulée de lave, qui sans cela lui eût fait digue. Celle-ci, par l'effet continu du courant, a été séparée en deux parties, dans une largeur d'environ huit toises. Mais les eaux, tant par leur action particulière que par celle des cailloux et des graviers qu'elles charrient, minant toujours le roc par le bas, dans toute sa largeur, elles l'ont, pour ainsi dire, scié perpendiculairement de chaque côté, et en ont fait comme deux murs parallèles, entre lesquels elles coulent encaissées. L'escarpement de la roche a environ 400 pieds de haut. On ne peut douter que chaque année, il ne doive s'accroître; et que dans quelques siècles, quand la Cère aura creusé davantage, il ne soit bien plus profond encore. S'il était des pyrrhoniens, assez ignorans pour révoquer en doute les révolutions continuelles de la nature, et pour prétendre que le monde a toujours été ce qu'il est, ce serait spécialement ici qu'il faudrait les envoyer.

En débouchant des deux hautes roches qui forment son canal, la Cère entre dans un très-beau vallon qu'elle arrose. La montagne qu'elle a ouverte pour se frayer un passage, est couverte en bois. Placé sur la grande route, à une certaine distance du Pas, tu as sous tes yeux un des tableaux les plus agréables que puisse offrir l'Auvergne. A ta droite, c'est le vallon, qui s'épanouissant devant toi avec ses plantations, ses champs, ses troupeaux et ses prairies, se perd au loin et fuit vers Vic; à gauche, est la montagne, qui s'abaissant en amphithéâtre de verdure jusqu'aux deux roches volcaniques, s'ouvre tout-à-coup verticalement, en forme de porte; et par cette énorme bouche, large de 50 pieds, et haute de 400, vomit une rivière.

Au tems des basses eaux, on peut descendre dans le Pas de la Cère. Mais, pour y parvenir, il faut un guide; et, comme il est douteux que dans le pays beaucoup de personnes aient aimé assez les beautés de la nature pour oser se hasarder à travers tous ces précipices, je doute que les guides soient communs. Le citoyen Sistrières, de Vic, a eu la bonté de m'enseigner la route qu'il avait découverte ; mais tu conçois qu'il est impossible d'expliquer ici de pareils détails.

Pendant toute la traversée de la chaîne du Cantal, on n'aperçoit pas un seul arbre à fruit ; le climat n'y laisse croître que ceux qui peuvent supporter un grand froid. Enfin, au village de la Prade, en approchant de Vic, on commence à revoir quelques cerisiers, quelques noyers, et autres arbres pareils ; et je ne peux t'exprimer combien ce spectacle fait de plaisir. Pour moi, involontairement un cri de joie m'échappa. Il me sembla entrer tout-à-coup dans une autre contrée, revoir la France, et retrouver des amis perdus.

Il est vrai que ces arbres, à raison du froid, croissent très-lentement ; que sur six années, à peine en ont-ils une d'un plein rapport, parce que les gelées du printems font périr leurs boutons ; et que même, dans les années les plus favorables, rarement leur fruit mûrit assez pour être bon. Mais au moins ils subsistent malgré le Cantal; ils croissent dans son empire; et c'est assez pour l'œil, abusé, qui à son tour trompe l'imagination.

La plupart des objets que je viens de te décrire appartiennent à un petit canton particulier, nommé le Carladès, qui, bien qu'enclavé dans l'Auvergne, prétendait avoir ses droits et priviléges, distingués de ceux de la province. Il tire son nom de Carlat, place autrefois très-forte, démolie sous Louis XIII, et dans laquelle ce Jacques, comte d'Armagnac, dont je t'ai parlé à l'instant, soutint contre Louis XI, un siége, qu'en 1497, il paya de sa tête.

Vic-en-Carladès, surnommé ainsi pour le distinguer de Vic-le-Comte, est la ville principale de cette contrée. C'est la patrie de Boissi, le comique; mais dans la Haute-Auvergne on ne la connaît que par ses eaux minérales, qui autrefois jouissaient d'une renommée fort étendue, et qui à-présent en ont une fort bornée. La source étant très-peu abondante, on a été obligé d'y pratiquer trois petites cuves en pierre. Elles se remplissent pendant la nuit; et fournissent, pour le lendemain, la quantité d'eau nécessaire aux buveurs. Mais cette eau, par la négligence de ceux qui en sont les propriétaires, est extraordinairement mal-propre; et de toutes les fontaines de ce genre, que j'ai vues en Auvergne, celle-ci m'a paru la plus mal tenue.

Murat et Saint-Flour sont bâtis, partie avec du basalte en table, partie avec des tronçons de colonnes basaltiques. Vic l'est avec des laves d'une autre nature; et celles-ci exigent de moi quelque explication.

Tu connais, mon ami, certains marbres, qui, dans leur pâte, renferment d'autres parties de marbre, d'une couleur différente. Ces fragmens étrangers, quoique fesant corps avec la masse, quoique d'une même nature qu'elle, existèrent avant elle néanmoins. Leurs arrêtes vives et très-apparentes prouvent, que par une cause quelconque, ils furent cassés et réduits en éclats; et que, dans cet état, étant tombés ou ayant été portés dans la matière calcaire, lorsque celle-ci était encore molle et humide, ils y restèrent pris et enveloppés. Les marbriers ont nommé *brèches*, ces sortes de marbres; et les naturalistes ont adopté ce nom. Mais ce que l'intermède de l'eau a opéré pour certaines substances, la voie du feu la fait également pour d'autres. Des laves fluides et brûlantes ont rencontré, dans leur cours, d'autres laves, qui par des causes que nous ignorons avaient été réduites en fragmens. Elles les ont happées et saisies ; et du mélange, résulta une brèche volcanique.

Sur toute la route du Cantal, on ne voit guère que ce genre de roche. Le voyageur est surpris de le trouver là ; tandis que dans le reste de l'Auvergne les volcans n'ont produit que des laves ordinaires: et ce n'est pas pour lui un médiocre sujet de méditation, que la cause qui a brisé tant de laves, pour en faire une chaîne de montagnes toute en brèches. Mais ce qu'il remarquera surtout, c'est que ce sont des brèches véritables; c'est que les fragmens enchatonnés sont d'une nature et d'une couleur différentes ; et que, si quelques-uns ont leurs angles émoussés et paraissent avoir été roulés par les eaux, presques tous montrent des arrêtes vives et une cassure nette.

Telle est la pierre avec laquelle Vic et les bourgs et villages voisins sont bâtis. Les différentes substances dont elle est composée, les couleurs variées de ces matières, donnent aux murailles un coup-d'œil ; moitié agréable, moitié grotesque, qui les fait ressembler à certains papiers marbrés. Nos naturalistes de Paris n'épargnent souvent ni soins ni dépenses, pour se procurer quelques objets volcaniques, capables d'orner leurs cabinets. Les Auvergnats ont par-tout ces objets à profusion; et plusieurs de leurs villes sont des cabinets d'histoire naturelle.

On recueille dans le Carladès très-peu de froment; mais on y cultive beaucoup de sarrasin, et sur-tout du sègle. Ce dernier grain est même, pour tous les habitans, de quelque classe qu'ils soient, la nourriture ordinaire. L'autre, chez le paysan, s'emploie, en farine; pour faire des crèpes à l'eau, qu'il trempe dans du petit-lait, et qu'il appelle *bourrioles*.

Quoique le sol soit peu fertile, il pourrait néanmoins être mieux cultivé. Mais, tous les ans, une partie des habitans s'expatrie. Ils vont à Paris se faire chauderonniers, commissionnaires, porteurs d'eau; et delà il résulte que le pays manque de bras, et que malgré une misère extrême, les journées d'ouvriers sont fort chères.

Tout le commerce d'exportation consiste en fromages et en bestiaux. Ces bestiaux sont des chevaux pour les remontes de la cavalerie-légère;

légère; des mulets, mais en petite quantité, parce que l'espèce n'en est point belle; des bêtes-à-cornes, dont la plupart vont dans les départemens qu'ont formés le Languedoc et la Provence; enfin, des moutons, achetés au printems, et revendus après avoir été engraissés. Du reste, nul objet d'industrie. A la vérité, le villageois fabrique lui-même l'étoffe et la toile grossières dont il se sert; mais, quoique Vic soit situé entre Aurillac et Murat, ville où les femmes font de la blonde, les femmes de Vic ne savent qu'y filer.

Le vin est assez cher; parce qu'on est obligé de le tirer du ci-devant Limousin, du Rouergue et du Querci. Aussi, le paysan et l'homme du peuple n'en boivent-ils que le dimanche. Mais, ce jour-là, ils se dédommagement de leur abstinence forcée; et comme leur unique plaisir est de boire, leur journée se passe presque toute entière au cabaret.

La race des hommes est brune. Il est très-rare d'en voir de blonds; et cependant ces bruns ont la peau beaucoup plus blanche que ne l'ont ceux de la Limagne. Il en est de même des filles. Leur visage offre un teint frais et un beau sang; ce qu'on doit peut-être attribuer au laitage dont-elles se nourrisent. Mais dans beaucoup d'endroits, et sur-tout à Vic, la plupart ont le ventre gros : on dirait qu'elles sont enceintes.

La fraîcheur des matinées et des soirées donnent beaucoup de pleurésies et de fluxions de poitrine. Ce sont là particulièrement les maladies des hommes ; parce que leur genre de vie les expose d'avantage aux intempéries des saisons, mais ils ne sont point également sujets au gros ventre, comme les femmes ; et cette différence est un objet dont il ne serait peut-être point indigne d'un médecin physicien de rechercher la cause.

LETTRE XXXIII.

Aurillac ; antiquité de la ville ; abbaye de saint-Géraud ; situation, commerce ; mœurs des habitans ; vallon d'Aurillac. Pays de la Chataigneraie. Belle race de femmes. Salers. Fête de la Nativité ; batteries. Insurrection des paysans d'Anglars. Emigration. Mauriac et son élection.

IL en est d'Aurillac comme de beaucoup d'autres lieux ; ses habitans ont la prétention d'une origine ancienne. Si on les en croit, leur ville existait au tems des Romains ; et son nom latin *Aurillacum* ne lui fut donné, que parce qu'au-tour de ses *lacs* elle avait des mines d'*or*.

Selon certains savans, plus sévères, ces prétendus titres et l'étymologie sur laquelle on les fonde, sont également futiles. Aurillac n'a pas eu autrefois plus de lacs et de mines d'or qu'il en a aujourd'hui. L'histoire ne fait point mention de lui avant le millieu du 9me. siècle; et il ne doit sa naissance qu'à une abbaye, fondée alors par un saint Géraud, compte de Poitiers, et sécularisée en 1561. C'est d'après cette origine, ajoutent-ils, que l'abbé de Saint-Géraud se disait comte d'Aurillac; qu'il était seigneur temporel et spirituel de la ville, et qu'il y jouissait des droits quasi-épiscopaux.

Aujourd'hui Aurillac, quoique depuis sa fondation il ait été assiégé et pris huit fois, l'emporte sur Saint-Flour, par sa richesse, par son apparence extérieure et sa population; puisqu'on y compte 20,000 habitans; puisqu'il est beaucoup mieux bâti; et qu'il possède plusieurs branches d'industrie et de commerce.

Un autre avantage qu'il a encore sur *la ville noire*, c'est d'avoir produit quelques personnages qui, dans leur tems, ont joué une sorte de rôle, ou aquis une certaine renommée : et tels sont le cardinal de Noailles et le maréchal, son frère; le poëte Mainard; le savant professeur d'hébreu, Cinqarbres; enfin Gerbert, Pape sous le nom de Silvestre II; tandis que Saint-Flour n'a peut-être que Dubelloi à citer.

D'après ces divers titres de prééminence, Aurillac se disait capitale de la Haute-Auvergne, et prétendait que Saint-Flour n'était que le chef-lieu du diocese, ou la capitale ecclésiastique. En un mot, ce que Clermont était pour Riom, Saint-Flour l'était pour Aurillac. La rivalité qui divisait les deux villes de la Basse-Auvergne, partageait également les deux villes principales de la Haute; elle les rendait ennemies, et produisait entre elles une émulation jalouse, que sans injustice on pourrait peut-être qualifier du nom de haine.

Aurillac, situé dans un vallon qu'arrose la Jordanne, se présente de loin avec agrément aux yeux du voyageur. Ses rues, quoique tortueuses, sont larges; et, ce qui est un prodige en Auvergne, elles sont propres; parce qu'étant en pente, on y fait couler des eaux qui les ballaient. Au bas de la ville, et le long de la Jordanne, est une promenade, bien plantée; mais qui, de toutes parts, environnée d'eau, devient mal saine, le soir, par les vapeurs qu'exhale la rivière. Dans la plupart des villes, bourgs et villages d'Auvergne, on éprouve l'inconvénient de ces brouillards humides, parce que la plupart sont bâtis dans des vallées; et telle est la cause des pleurésies, rhumatismes, fluxions, et autres maladies semblables, qui en affligent les habitans.

Une endémie, d'un genre différent, mais à laquelle également presque toutes les villes étaient sujettes, c'etait le grand nombre de couvens et chapîtres, qui jadis y prirent naissance, et qui au moment de leur suppression par l'assemblée nationale, y subsistaient encore, aux dépens des églises paroissiales. C'est ainsi, par exemple, qu'Aurillac qui n'avait que deux paroisses, avait six couvens (1); sans compter une collégiale, dont l'abbé, seigneur de la ville, portait la crosse et la mitre, et possédait, comme je te l'ai dit, les droits quasi-épiscopaux.

Enfin, je connais aux villes d'Auvergne une troisième maladie, mais bien autrement redoutable par ses suites, et malheureusement presque incurable; celle du goût pour la chi-

---

(1) Dans le réfectoire des cordeliers était un tableau de Basson, fait en 1654, et qu'on anonçait, comme une curiosité, aux étrangers. Il représente la Cène, et n'est pas sans mérite, sur-tout pour la partie du relief

cane et les procès : goût entretenu par ces anciennes armées de gens de loi et gens de pratique, qui multipliés dans la province à un point infini, la dévoraient en détail. Une classe d'hommes qui ne pouvaient vivre que par les querelles des autres, devenait essentiellement ennemie de la paix publique. Leur intérêt étant de fomenter les divisions, ils semaient ou entretenaient le trouble dans les familles ; ils y nourrissaient la discorde ; et c'est ce qu'on voyait par-tout et spécialement à Aurillac. La ville a des coteries particulières ; mais il n'y a point d'union.

Cependant l'habitant est naturellement gai et sociable. Il aime la danse, la table et le plaisir. Nulle part, peut-être, on ne voit proportionnellement autant de cafés et de maisons de traiteurs ; et nulle part ces sortes de gens ne font aussi vite d'aussi bonnes affaires. Les femmes d'un certain rang se piquent d'élégance et affichent du luxe ; mais les hommes, de quelque état qu'ils soient, n'ont point de faste ; ils préfèrent la dépense qui donne un plaisir, à la dépense qui ne fait que parer.

Pour te donner encore mieux à connaître les principaux goûts des Aurillaquois, j'ajouterai ici un trait caractéristique, d'après lequel tu pourras les apprécier sûrement. Chaque année, il est porté à l'hôpital de la ville, depuis deux cents trente jusqu'à deux cents quarante enfans trouvés. Je conviens que, parmi ces tristes victimes de la volupté, il y en a beaucoup qui sont des lieux d'alentour; mais aussi parmi celles qui naissent dans Aurillac, il en est beaucoup aussi qu'on ne porte point à l'hôpital.

En un mot, je connais, chez les Auvergnats, deux villes, dont les habitans diffèrent tellement des autres par leur caractère, qu'ils semblent ne point appartenir à la contrée; c'est Thiers et Aurillac. Ceux-là, par leur ardeur pour le travail, sont les Crotoniates de l'Auvergne; ceux-ci, par leur goût pour le plaisir, en sont, pour ainsi dire, les Sibarites. La cause quelconque qui, dans un pays peu étendu, a pu modifier si diversement ces deux lieux, et qui les a même différenciés si fort entre eux, n'est point assurément une cause ordinaire. A ce titre, elle mérite d'être étudiée par un philosophe; et c'est encore là une des observations que je prends la liberté d'indiquer aux personnnes, qui, après moi, écriront sur l'Auvergne.

Avec un caractère expansible et ouvert, l'habitant d'Aurillac doit accueillir les étrangers qui viennent s'établir chez lui. Ceux-ci, en effet, y sont bien reçus; et même, comme, de son naturel, il est peu actif et peu laborieux, bientôt, s'ils ont quelque industrie, ils prospèrent à ses dépens, et amassent une fortune. Ces exemples ne sont nullement rares. On en a même fait dans la ville un proverbe.

Son commerce, quoiqu'assez animé, est de ceux qui n'exigent ni travail de corps, ni activité d'esprit. Il consiste, comme dans le Carladès, en fromages, tirés des montagnes du Cantal; en chevaux de remonte, pour la cavalerie légère; en bêtes-à-cornes, et en moutons, achetés dans le ci-devant Querci, puis revendus pour la ci-devant Guyenne.

A ces différens articles, on peut en ajouter quelques autres, peu considérables. Tel est celui du papier dont je t'ai parlé ci-dessus; tel est le chaudronnage, objet qui se vend dans les lieux d'alentour, sans s'étendre au-delà de l'ancienne élection (1).

___

(1) Voltaire commence son conte de *Jeannot et*

Ci-devant il y avait à Aurillac une manufacture de bonnets, et des tanneries. Une des tanneries existe encore; mais depuis long-tems la manufacture ne subsiste plus.

Au reste, l'exportation jusqu'à présent a dû y être fort bornée, parce que les chemins étaient si peu praticables, qu'on ne pouvait transporter les marchandises qu'à dos de mulets. Lors de mon voyage, on perçait plusieurs grandes routes, qui permettant le roulage des voitures, devaient augmenter nécessairement beaucoup le débit des denrées et les profits du commerce; pourvu néanmoins que l'activité des habitans augmente elle-même en proportion.

Colbert avait établi chez eux une manufacture de ces dentelles, qu'on appelait *points-de-France*; et, pendant quelque tems, elle rapporta annuellement 60 à 80,000 livres. En 1695, quand le

---

de Colin, par ces paroles. « Plusieurs personnes » dignes de foi ont vu Jeannot et Colin à l'école, » dans la ville d'Issoire en Auvergne, ville fameuse » dans tout l'univers par son collège et par ses » chaudrons. » La plaisanterie de Voltaire est une erreur; il n'y a pas des chaudronnage à Issoire.

mémoire sur l'Auvergne fut dressé pour l'instruction du duc de Bourgogne, elle ne produisait plus que 30,000 livres. Actuellement les femmes du peuple travaillent encore à ce genre d'ouvrage; mais leur dentelle est grossière, et bien inférieure à celle de Flandres; quoiqu'on m'ait cependant assuré qu'il y a des ouvrières qui pourraient en faire à 24 livres l'aune, si on la leur commandait.

Dans la belle saison, on voit ces femmes se réunir par groupes, s'asseoir à la porte de leurs maisons, et là travailler, en chantant ou babillant ensemble. Leur gaieté rend plus animé le tableau intérieur de la ville; et il diminue pour elles les dangers d'un métier, qui les tenant toujours courbées et toujours assises, finit ordinairement par leur donner des maladies de poitrine.

On a cru dernièrement avoir trouvé dans les environs d'Aurillac, une mine de fer, et une autre de charbon-de-terre. On a même, d'après ces espérances, tenté des fouilles qui ont été vaines. Cependant une mine de charbon serait, pour le canton, une découverte très-intéressante; le bois devenant, de jour en jour, plus rare et plus cher; attendu la mauvaise habitude où est le paysan de défricher toujours, sans jamais planter. Il reste encore des taillis en assez grande quantité sur les côteaux qui forment la vallée de la Cère; et je ne doute point qu'on ne prenne des précautions pour empêcher que ceux-ci ne soient détruits à leur tour.

Cette vallée si agréable, dont le vallon d'Aurillac paraît n'être qu'un embranchement particulier, vient, en s'élargissant toujours depuis Vic, former une grande partie du territoire de la ville et recevoir la Jordanne. Mais à mesure qu'elle s'agrandit, il semble qu'elle s'embellit encore de plus en plus. Divisée de toutes parts en compartimens variés, par des bois, des prairies, des terres labourées, par-tout elle montre une nature vivace et féconde. Enfin, les troupeaux nombreux qu'on y voit errer, les villages et les maisons-de-campagne qui s'y trouvent semés, annoncent sa richesse. Mais ce coin de terre si riant et si fertile a, dit-on, causé le malheur du canton. Les intendans, séduits par le tableau d'abondance et de fertilité qu'il présente, ont cru que tout le territoire ressemblait à la vallée; et c'est d'après cette erreur si peu réfléchie, qu'ils avaient établi le taux de ses impositions.

Les maisons-de-campagne sont bâties sans goût, sans art, sans distribution; et n'ont d'autre mérite que leur position et leur sol. Celles qui sont sur les côteaux jouissent d'une vue charmante ; et dans ce nombre, au premier rang, est Vixhouse, qui, pour perspective, a le haut et le bas de la vallée, dans une longue étendue.

On recueille dans cette vallée, ainsi que dans le vallon d'Aurillac, beaucoup de fruits et de légumes ; qui, bien qu'inférieurs à ceux de la Limagne pour la grosseur, ne leur cèdent point pour la saveur et la bonté. Dans tout le reste du territoire, la terre est de si mauvaise qualité que le paysan est obligé d'y vivre de laitages et de sarrasin. Plus loin, au sud de la ci-devant élection, et sur les frontières de l'ancien Rouergue et du Querci, elle devient plus stérile encore. Il n'a là, pour alimens, que des châtaignes ; ce qui a fait donner au canton le nom de la *Châtaigneraie*. De toute l'Auvergne, cette partie est peut-être celle où la misère est la plus excessive et la nourriture la plus mauvaise ; et le visage hâve et basané des habitans, leur maigreur, les embarras de foie et de rate auxquels ils sont sujets, enfin l'altération visible de leur constitution physique, ne l'attestent que trop.

Dans la chaîne du Cantal, la race des hommes n'a point éprouvé la même dégradation ; quoique le froid y soit, et beaucoup plus vif, et beaucoup plus long que dans la Châtaigneraie. Elle y est, au contraire, robuste et nerveuse; mais elle n'a rien de remarquable, ni pour la hauteur de la taille, ni pour la régularité des formes. Dans plusieurs cantons, et notamment depuis Vic jusqu'à Aurillac, la race des femmes a été plus favorisée. Là, elle est distinguée par les agrémens extérieurs, et sur-tout par la fraîcheur du teint. Ce petit pays est la Circassie et la Géorgie de l'Auvergne. Par-delà Aurillac, il y a encore beaucoup de communes, renommées pour leurs belles femmes; et telles sont, entre autres, celles d'Itrac et de Crandelles. Il est vrai que ces Auvergnates à peau blanche manquent de légèreté dans la taille et de grâces dans les manières. Peut-être aussi ont-elles trop de gorge; désagrément, qui au moins est compensé par l'avantage qu'il leur donne d'être bonnes nourrices, quand elles allaitent. Mais la plupart offrent un genre de beauté qu'en d'autres contrées on admire, parce qu'il y est rare; ce sont des yeux bleus avec des cheveux noirs.

Parmi les habitans que la misère et la stérilité du pays forcent de s'expatrier, il en est qui se rendent en Espagne; et ceux-ci, distingués sous le nom d'Espagnols, emploient ordinairement à leur voyage plusieurs années. La plupart des autres, et spécialement ceux des communes de Sainte-Mandine, Saint-Eustache, Marsenac, Celle, Roquevieille, Mandailles, etc., vont, dans la République, exercer le métier de chaudronniers. Ce sont, en partie, ceux que tu vois à Paris avec un habit-veste, d'un brun maron.

Les émigrans de Salers s'appliquent également au chaudronnage. Cependant il y a, dans ce canton, trois communes qui ne fournissent que des rapetasseurs, ambulans, de vieux souliers.

Peut-être, mon ami, trouveras-tu minutieux l'état que je te donne, dans chacune de mes lettres, de ces métiers divers. Une pareille énumération peut enfin devenir fastidieuse, je l'avoue; mais si j'y reviens fréquemment, c'est qu'elle me paraît indiquer, d'une manière précise, le caractère moral de l'Auvergnat. Forcé de quitter sa terre natale, il ne va point, comme d'autres peuples, mendier sans pudeur dans les départemens voisins. Né laborieux, s'il abandonne son pays et ses parens, c'est pour chercher ailleurs du travail; et voilà, selon moi, ce qu'un écrivain honnête ne saurait trop louer.

Mais ce qu'en même tems tu as pu jusqu'ici

observer comme moi, c'est qu'entre toutes les manières de subsistance qu'ont imaginées depuis plusieurs siècles ces émigrans, il n'en est pas une seule qui montre une certaine industrie. Je les vois tous, les uns à l'exemple des autres, se faire savetiers, portefaix, chaudronniers, scieurs-de-long, terrassiers, mâçons, porteurs-d'eau, etc.; c'est-à-dire, embrasser toutes professions grossières, dans lesquelles l'esprit n'a aucune intelligence à déployer. Seulement, parmi ceux des villes, il y en a quelques-uns qui entreprennent un petit commerce de détail, susceptible d'une certaine combinaison d'idées. C'est ainsi, par exemple, que ceux de Salers vont, de ville en ville et de village en village, les uns, vendre des objets de mercerie; les autres, des couvertures de lit; d'autres enfin, des ornemens et ustensiles de culte.

Salers, situé au nord d'Aurillac, en est distant d'une petite journée. Cette ville, peu intéressante par elle-même, puisqu'elle n'a que quinze cents habitans, l'est beaucoup par ses hautes montagnes; qui, bien qu'un rameau du Cantal, portent néanmoins le nom particulier de montagnes de Salers, et nourrissent les plus beaux bestiaux qu'ait toute l'Auvergne.

Elle

Elle est bâtie sur un roc volcanisé, à l'extrémité d'une longue chauds, qu'a couverte autrefois une immense coulée de lave. Pareille à Saint-Flour pour la position, elle vivait, comme Riom, aux dépens des plaideurs, et par les produits d'un bailliage royal qui s'y trouvait établi. Aussi, quand l'opération de 1788 détruisit ce tribunal et le réunit au présidial d'Aurillac, Salers, privé de sa fabrique de chicane et de procès, fut-il dans la désolation.

Le pays ne fournissant pas le quart des grains qui sont nécessaires pour la subsistance des habitans, ils sont obligés de tirer les leurs des cantons d'alentour, et particulièrement du ci-devant Limousin. Il en est de même du vin, des étoffes, en un mot de tout ce qu'ils consomment : tout leur vient d'ailleurs ; et ils n'ont à donner, en échange, que des fromages, des bestiaux, et un peu de lin dont la qualité est excellente.

Le débit de leurs fromages deviendrait plus avantageux et plus considérable, s'ils avaient un chemin. Depuis long-tems ils en demandent un, qui, à l'ouest, communiquant par Pleaux avec le département de la Corrèze, et à l'est avec l'Auvergne orientale, par Murat, faciliterait le débit de leur denrée. Dans l'état présent des routes, elle ne peut être enlevée qu'à dos de cheval et de mulet. Or une bête à somme porte au plus deux quintaux de fromage ; tandis qu'une voiture ordinaire de roulage en conduirait trois ou quatre milliers, pesant.

Salers avait encore en 88 une fête célèbre, à laquelle accouraient avec empressement les villages voisins ; c'était la nativité de la Vierge. Ce jour-là, il existait dans la ville un roi et une reine. Leur fonction était de présider à la fête ; et leur prérogative, d'occuper, à l'église, la place d'honneur et de marcher les premiers à la procession, un cierge en main. Toute risible qu'était cette royauté, elle n'était pourtant point élective. Par un abus déshonorant pour la religion qui l'avait introduite, il fallait l'acheter au profit de l'église. C'était le curé lui-même qui la mettait à l'enchère ; et c'était le plus offrant qui l'obtenait. Pendant long-tems, une dévotion superstitieuse, une vanité imbécille l'avaient fait rechercher avec ardeur ; on se la disputait à prix d'argent, autant que le permettait l'extrême pauvreté du pays ; et l'on a vu des bourgeois extravagans vendre, pour l'obtenir, jusqu'à leurs héritages.

De pareilles gens devaient, par émulation,

imaginer à l'envi les plus folles dépenses, pour l'emporter sur leurs prédécesseurs. Un d'eux s'étant avisé d'arrêter, pendant la fête, les fontaines publiques, et d'y faire couler du vin, cette magnificence, si propre à réussir dans un pays où le bonheur du peuple est de boire, fut tellement applaudie, qu'elle passa en usage. Ainsi, pour honorer la Vierge, on enivrait gratis tous ceux qui se présentaient. Mais ces pélerins dévôts et brutaux n'étaient pas plutôt ivres, qu'ils se querellaient entre eux; ils s'assommaient à coups de bâton, et il ne se passait point d'année qu'il n'y eût plusieurs morts, et souvent jusqu'à douze ou quinze blessés. En vain on crut arrêter les batteries, en supprimant les fontaines de vin. Le paysan alla au cabaret, et se battit comme auparavant. On prit donc le parti de condamner à de grosses amendes les cabaretiers, chez lesquels il naîtrait, ce jour-là, quelques rixes; on mit sur pied tous les huissiers et toute la maréchaussée du canton; et avec ces précautions, l'on parvint à obtenir qu'il n'y aurait plus, pour la Vierge, que de l'ivresse sans morts.

Ce qui contribuait sur-tout à rendre ces batailles sanglantes, c'est le caractère querelleur et mutin qui distingue plusieurs des communes aux environs de Salers. On cite particulièrement dans ce nombre, Anglard et Saint-Paul. Il existait même, entre ces deux lieux, une telle rivalité, que jamais, soit dans les foires, soit dans les fêtes ou autres assemblées publiques, leurs habitans ne se rencontraient, sans qu'aussitôt il y eût assaut de bâtons.

Vers la fin du siècle dernier, ceux d'Anglard se révoltèrent contre le gouvernement, et firent une insurrection, dont la mémoire subsiste encore, et à laquelle il ne manqua que de se propager et de devenir propre à toute la France, pour ressembler à celle de 1789 et avoir produit, comme celle-ci, la liberté française.

Depuis quelque tems, lassés des impositions iniques dont on les surchargeait, les Anglardiens murmuraient avec amertume ; quand, le dimanche, après la messe, un d'eux se mit tout-à-coup à haranguer la multitude ; et après avoir déclamé, à sa manière, contre les abus innombrables de l'administration, il proposa de ne plus payer d'impôts. Aussitôt, et d'une voix unanime, tous opinèrent à ne plus payer ; et en effet, lorsque les collecteurs se présentèrent pour percevoir, on les renvoya. En vain la justice, avec ses formalités ordinaires, fit assigner, exécuter, décréter; ses foudres de papier restèrent sans force; et les sergens, recors & archers qu'elle en chargea furent chassés et maltraités. Il fallut alors faire marcher des troupes. Mais, à cette nouvelle, Anglard se mit sur la défensive; les femmes et les enfans s'armèrent de pierres; les hommes, de faulx, de haches et de fourches; et dans cet état, s'étant placés en embuscade près d'une gorge par où le détachement devait passer, ils l'attaquèrent et le défirent. Enfin on envoya contre eux un corps plus nombreux, qui les soumit; mais comme le village entier était coupable aux yeux de l'administration, et que par conséquent il eût fallu punir tout le village, sans exception de personne, elle préféra sagement de pardonner. On leur envoya donc des lettres-de-grace, qui furent enregistrées au bailliage de Salers; et elles y existaient encore, à l'époque de mon voyage.

Après Salers, il ne reste plus à voir dans la Haute-Auvergne que Mauriac, chef-lieu de l'ancienne élection de ce nom, et patrie de Chappes-d'Auteroche, de l'académie des sciences.

Les grandes et larges rues de cette ville annoncent qu'elle eut autrefois quelque importance ; et en effet, elle était, avec Saint-Flour, Aurillac, Salers, Chaudesaigues et Maurs, une de celles qui avaient droit d'envoyer des députés aux états de la province. Aujourd'hui, elle paraît déserte ; et malgré une de ses églises qui portait le titre de *notre-dame des miracles*, elle m'a paru n'offrir que l'aspect de la misère. Elle avait une tannerie, qui depuis l'impôt sur la marque des cuirs, est anéantie. Les femmes, ainsi que celles d'Aurillac, de Murat, etc., y font une dentelle grossière : c'est la seule fabrique ou manufacture du lieu ; et la pauvreté ne permet pas d'y en établir d'autre. Mais Mauriac est l'entrepôt des blés que fournit le département de la Corrèze pour Salers et pour les autres cantons du Cantal qui n'en produisent point suffisamment ; et ce commerce forme, avec quelques prairies excellentes qui sont dans son territoire, son principal revenu.

Quant à l'élection, elle pouvait avoir environ cent lieues quarrées. Mais la moitié de ce sol est en ronces, en landes, bruyères et rochers ; et l'autre partie, presque stérile, ne donne pas, à beaucoup près, les grains nécessaires pour la subsistance des habitans. Son produit consiste en fromages, qui se vendent dans ce qui formait le Limousin, le Languedoc et la Provence; en chanvres grossiers, qui ne servent qu'à faire du linge de cuisine, ou du linge de corps pour le paysan; en bêtes-à-cornes, dont l'espèce est médiocrement belle, attendu la médiocrité des pacages; enfin, en laines, de qualité si inférieure qu'en 1787 l'assemblée provinciale avait résolu d'y renouveller la race des brebis, laquelle y a totalement dégénéré.

Des différens cantons de l'Auvergne, celui-ci est un de ceux qui fournit le plus à l'émigration; et les émigrans vont presque tous, comme leurs voisins et leurs compatriotes, se faire, à Paris et dans les divers départemens de la France, chaudronniers, marchands de parapluies, et savetiers ambulans. Mais c'est trop m'arrêter sur ces lamentables et monotones tableaux d'expatriation, de misère, de villes pauvres, de manufactures ruinées par l'excès ou le mode erroné des impôts. Les Auvergnats ont dû m'occuper avant tout; et j'ai traité une partie de ce qui les concerne. En attendant que l'ordre de mes matières me permette de te présenter sur eux des données précises et des résultats généraux, je vous examiner leur climat, leur sol, la nature et les productions de leurs montagnes, en un mot tout ce qui chez eux n'est point l'homme, mais ce qui sans cesse influant sur l'homme, le fait, en partie, ce qu'il est.

LETTRE XXXIV.

Vues générales sur les montages d'Auvergne; leur nature. Mont-Dor. Eaux thermales; Panthéon y Bain-de-César; autres bains; température et qualité des eaux. Hospice et village des Bains. Monument. Etablissement à faire. Célébrité que le lieu peut aquérir.

UNE contrée, située au centre de la France, mais toute en montagnes, et dans laquelle on ne peut voyager sans traverser ou cotoyer des montagnes, n'est assurément point un pays semblable aux autres. Avant d'entreprendre de la parcourir, tout me disait que le climat et le sol, les productions et les hommes ne devaient pas y être les mêmes. Mais en quoi, et pourquoi ce ciel, cette terre, ces hommes n'y sont-ils donc pas les mêmes qu'ailleurs? Quels inconvéniens et quels avantages a une pareille contrée? Enfin, est-il des caractères frappans, des nuances tranchantes, qui distinguent l'Auvergne ? Voilà ce qu'en la parcourant je me suis demandé à moi-même.

Au premier coup-d'œil, ses montagnes semblaient m'indiquer ce que je devais penser sur ma demande. Ici, elles donnent naissance à des eaux minérales, dont les unes sont froides, les autres tempérées, celles-ci chaudes, celles-là brûlantes; là, s'en épanchent des rivières, des ruisseaux et des sources, qui dans leurs cours portent par-tout la fécondité ou le ravage. Ailleurs on m'apprend qu'elles renferment, dans leur sein, des carrières et des mines. La plupart nourrissent des troupeaux immenses, dont le produit excède peut-être celui de toutes les mines d'Europe réunies ensemble.

Cependant, à mesure que je les parcours, j'éprouve, avec surprise, un froid, étranger à la latitude du climat. En cherchant, en étudiant avec attention la cause de cette température non naturelle, je m'aperçois que ces montagnes attirent puissamment les nuages; je vois qu'ils s'y condensent, qu'ils s'y résolvent en pluie ou en neige, et produisent des vents froids, qui, par leur expansion portés plus loin, y deviennent ouragans et orages. Alors, si je médite sur ces faits, je crois entrevoir les rapports qui existent entre le ciel de l'Auvergne, sa température, et son sol. Je me dis à moi-même qu'avec une atmosphère froide, pluvieuse et variable, les hommes et la terre doivent y être modifiés de telle et telle manière, et j'en conclus que, si cette contrée diffère des départemens du Cher, de la Gironde, de la Côte-d'Or, etc., etc., etc., elle n'est ce qu'elle est que par ses montagnes.

Tout se tient, tout se lie dans la nature. Tel objet qui d'abord nous paraît isolé et sans aucun rapport, n'est souvent qu'un anneau d'une très-longue chaîne, à laquelle il appartient, et dont il réunit les parties diverses. Pendant long-tems on avait regardé les montagnes comme un accident local, comme une sorte de difformité naturelle, propre à tel ou tel pays. Buache est venu, qui nous a prouvé que ces bosses du globe semblent l'effet d'un dessein prémédité de la nature. Il nous les a montrées prenant leur origine au midi du nouveau monde, où effectivement leur hauteur est la plus considérable; venant, à travers l'Océan, atteindre le continent ancien; former, dans celui-ci, deux grands rameaux, qui bientôt se divisant eux-mêmes en plusieurs ramifications particulières, vont, après l'avoir traversé tout entier, se perdre dans les mers du nord et de l'est, sous la forme d'îles et de rochers, de bancs et d'écueils. Certes, c'est une grande et sublime idée que celle qui, d'une extrémité de la terre à l'autre, nous fait voir les Cordilières et le Caucase, les hauteurs de Norvége et celles du Tunquin, communiquant ensemble par des chaînons continus, qu'atteste la topographie de chaque nation. Ainsi, dans notre France, les Alpes et les Pyrénées font partie de la grande chaîne du globe ; mais ils en composent une particulière entre eux ; et les montagnes d'Auvergne sont un des principaux anneaux qui les joignent ensemble.

Si après avoir considéré les montagnes en masse, tu veux les étudier séparément, et connaître leur nature et leur organisation, alors tu en distingueras de plusieurs sortes. Dans la première classe tu placeras celles qui composées de granite pur, sont aussi anciennes que le globe, et qu'à ce titre les naturalistes rangent parmi les primitives. Dans la seconde, se rangeront toutes les autres, qui postérieures à celles-là, et beaucoup plus récentes, datent néanmoins de différentes époques. Les unes naquirent du débris des premières ; et ce sont les montagnes granitiques, de seconde ou troisième formation. Les autres, formées sous les eaux, composées de couches, et nommées *calcaires*, parceque leur pierre, chauffée à un certain degré, donne de la *chaux*, furent le résultat des dépôts de certains corps sousmarins, animalisés. Enfin, quelques-unes, par la nature de leurs matières, s'étant enflammées, elles devinrent volcans; et ces dernières ont des substances qui leur sont propres.

Sans entrer dans de plus longs détails sur la division des montagnes, je te dirai que l'Auvergne n'a guère que celles dont je viens de te parler : savoir les primitives, assez rares; les calcaires, les granitiques-secondaires et tertiaires, beaucoup plus communes; les volcaniques, au contraire, très-nombreuses. J'ajouterai même que toutes celles qui ont une certaine hauteur, sont du nombre de ces dernières, ainsi que les groupes et les chaînes qui les environnent; et que par conséquent les Monts-Dôme, les Monts-Cantal et les Monts-Dor furent entièrement volcanisés.

On désigne sous le nom général de Monts-Dor une masse de montagnes, dont la circonférence est estimée vingt lieues. Elles doivent ce nom à la plus haute d'entre elles, célèbre par ses eaux thermales et ses bains, laquelle le porte spécialement : et voilà pourquoi, en parlant des bains, on se sert de l'expression, *bains du Mont-Dor*; au lieu qu'on dit, *les Monts-Dor*, quand on veut désigner l'ensemble des hauteurs qui forment la chaîne.

Pour aller aux bains, on n'avait, il y a quelques années, qu'un chemin à travers les montagnes; mais si étroit et si scabreux, que les malades ne pouvaient s'y rendre qu'à cheval, ou en litière. Aujourd'hui, l'on y va par la grande route du département de la Corrèze. D'après des arrangemens particuliers, la poste de Clermont y mène directement, malgré une traversée de deux petites lieues; et une berline peut arriver jusqu'au village.

On ignore l'époque précise où ce lieu a commencé de devenir célèbre. Probablement il avait déjà une renommée, au tems où l'Auvergne, assujetie aux Romains, parlait la langue et suivait la religion de ses conquérans : et ce qui me le fait présumer, c'est le nom de *César*, que porte l'un des bains; c'est le nom de *Panthéon*, donné à un temple qu'on avait bâti près delà; enfin c'est une médaille de Domitien, dont je suis possesseur, et qui, lors des fouilles pour la nouvelle route, a été trouvée près du village, par l'ingénieur qui dirigeait les travaux.

Un des côtés du temple a subsisté jusqu'à nos jours. Il n'y a pas long-tems qu'on en a démoli les respectables restes ; et la place où il existait, en porte encore le nom. Sur ses fondemens est bâtie aujourd'hui une maison, qui forme à la fois le café et le billard du lieu. On voit encore, en différens endroits du village, sept tronçons des colonnes anciennes (1); et, dans la cave du café, une base attique, très-belle, et haute de cinq pieds.

Quoique les bains portent le nom de Mont-Dor, ils sont cependant éloignés de cette montagne; et appartiennent à celle de *Langle*, au pied de laquelle on les a établis, et d'où jaillit l'eau thermale.

Cette eau y afflue en telle quantité, qu'elle

―――――――――――

(1) Deux tronçons avaient été employés par les paysans, pour élever une croix à l'entrée de leur église; et deux autres, pour une autre croix, dans la place du panthéon. Ces derniers sont sculptés; mais on les a tellement placés, que les figures ont la tête en bas. Leur diamètre est de trois pieds.

fournit abondamment à trois éruptions différentes, à celle du *bain-de-César*, la plus voisine de la montagne; plus bas, à celle des bains proprement dits; plus loin encore, et dans la place du Panthéon, à une fontaine en plein air, nommée la Madeleine, et où, à travers la boue, sous le soleil et la pluie, viennent boire, pêle-mêle, tous les buveurs. Un intendant avait imaginé de faire creuser, vers le bas de cette place, un bassin dans lequel viendrait se rendre la décharge des trois sources. Son dessein était d'y former un bain pour les chevaux malades; et le bain eut lieu, quoique maintenant il n'en existe plus de vestiges. Mais ce fut pour exécuter ce sot projet, et pour baigner des chevaux, que l'ignorant administrateur fit abattre ce qui subsistait encore du temple antique.

Le *bain-de-César* est au pied de la montagne de Langle, et taillé dans le roc même. Haut de douze pieds, large de neuf, sur onze de profondeur, il a la forme d'une grotte, ou d'une tourelle: forme qui dans les anciens titres des la Tour (1), l'a fait appeler *Balneum-*

---

(1) En parlant ci-dessus de la petite ville de la *Cryptæ*,

Cryptæ, le bain de la grotte. On a donné à l'eau, pour bassin, une pierre ronde, à travers laquelle elle vient jaillir, en bouillonnant; mais cette cuve, on a eu la gaucherie de la faire si étroite et si peu profonde, qu'elle ne peut contenir qu'une seule personne, et que le malade est obligé d'y rester accroupi et dans la posture la plus gênante.

A quelques pas de-là, est le bâtiment du grand bain, qui avec une largeur de quinze pieds et une profondeur de vingt-six, n'avait cependant, comme celui de *César*, qu'une seule baignoire. La chaleur des eaux ne permettant de rester là que fort peu de tems, les deux baignoires ont vraisemblablement suffi, pendant de longues années, au nombre des malades; mais quand l'affluence de ceux-ci augmenta, il fallut aussi augmenter les cuves. Alors, avec quelques planches, on partagea en quatre celle du grand bâtiment; on plaça dans le milieu une pompe, qui mue par un homme, sert à donner la douche, quand la douche est ordonnée par le médecin : et c'est ainsi que le lieu existe

---

Tour, j'ai dit que la famille de ce nom possédait la seigneurie des Monts-d'Or.

actuellement. Quant aux malades, pour les amener aux bains et pour les reconduire dans leur logement, on a établi des chaises-à-porteurs; et ces chaises, dignes de tout ce qui les accompagne, sont en sapin brut.

Dans tous les pays qui ont des sources minérales, la saison des eaux est bornée; mais du moins elle y dure environ les trois mois d'été. Au Mont-Dor elle n'a guère que cinq à six semaines; depuis la mi-juillet jusques vers la fin d'oût, vieux style. Le 25 d'oût, les malades commencent à se retirer; dans les premiers jours de septembre, il n'y a plus personne, ni médecin, ni malades : le climat alors devient trop froid, et les eaux n'ont plus la même vertu. L'air du Mont-Dor est pur; mais il est très-vif. Au reste, pour te donner une idée de sa température, je n'ai besoin que de te citer un fait dont j'ai été témoin à mon premier voyage; c'est que le 10 oût, il y avait encore, sur les montagnes voisines des bains, de la neige qui n'était pas fondue.

On prétend que de toutes les eaux thermales de la république, celles du Mont-Dor sont les plus gazeuses. En effet, le gaz s'en dégage si abondamment, et sur-tout au bain-de-César, qui est le plus voisin de la source, que souvent, dans les jours d'orage et de grandes chaleurs, on ne peut y entrer sans courir risque de la vie. Les malades, alors, sentent aux jambes des picotemens, qui les avertissent du danger. Dailleurs, les gens préposés aux bains ont appris, par expérience, à le connaître ; et ils s'en aperçoivent, à la seule inspection de la vapeur. Il y a une vingtaine d'années qu'un soldat Espagnol, s'étant obstiné à se baigner, malgré les représentations qu'on lui avait faites, y périt asphyxié ; et ce fait est consigné dans un ouvrage qu'a publié en 1787 le citoyen Brieude, médecin.

Ce n'est pas à moi qu'il appartient de t'instruire sur la nature de ces eaux. Je laisse le chymiste analyser leurs principes, et le médecin prononcer sur leurs propriétés. Au reste, tu peux consulter, à ce sujet, et l'ouvrage du citoyen Brieude, et le mémoire de le Monnier, inséré parmi ceux de l'académie des sciences, pour l'année 1744. Moi, je te dirai seulement, que fortement aërées, en même tems que martiales, elles sont piquantes au goût ; mais que si on les laisse refroidir, on les trouve insipides ; parce qu'alors apparemment elles ont perdu le gaz dont l'acidité leur donnait de la saveur.

La chaleur du bain-de-César monte quelquefois jusqu'à 36 degrés et demi ; mais sa température moyenne est de 34. Celle du grand bain, comme un peu plus éloigné de la source, ne *** qu'à 33 ; et la fontaine de la Madeleine, qui par une plus grande distance encore, doit, dans sa route, se refroidir davantage, n'en donne que 29.

Un fait plus étonnant, est qu'à trente pas du bain-de-César, il sort de la montagne une autre fontaine, nommée de Sainte-Marguerite ; laquelle est froide. Peut-être l'eau thermale n'est-elle qu'un rameau de cette dernière source, échauffé dans son cours par les substances sur lesquelles il passe. Mais les deux jets eussent-ils une origine différente, ce n'en est pas moins un phénomène digne d'attention, que cette eau qui coule froide ; tandis que près d'elle est une cause, quelconque, assez forte pour donner à d'autres eaux une chaleur plus considérable que celle du sang humain, et pour avoir fourni sans interruption, à cette chaleur, depuis tant de siècles.

A une lieue du village des Bains, et sur

les bords de la Dordogne, est un hameau nommé la Bourboule, dans lequel existe le même phénomène. Là sont plusieurs sources, plus chaudes encore de quatre degrés que le bain-de-César; et près d'un rameau de l'eau thermale, sort également une fontaine d'eau froide, qui n'en est éloignée que par un espace de quatre pieds.

La Bourboule a aussi son bâtiment des bains, comme le Mont-Dor; et l'on assure même qu'il s'y guérit des maladies, pour lesquelles ceux-ci seraient inefficaces. Malgré tous ces miracles, le lieu néanmoins est inconnu; tandis que l'autre a de la célébrité. Il y a un très-gros livre à faire sur le hasard des grandes réputations. Quand quelque auteur entreprendra cet ouvrage, parmi les cent mille et un faits qu'il pourra citer il n'oubliera pas, sans doute, celui de la Bourboule.

Au reste, si les eaux du Mont-Dor ont quelque renommée, il faut avouer qu'elles n'en sont guère redevables qu'à elles-mêmes. Malgré l'harmonie de leur nom, on ne les trouve célébrées par aucun de nos poëtes; pas un seul écrivain, de mérite, ne les a vantées. Peut-être même n'en est-il pas, dans toute la

République, de plus rebutantes par tout ce qui les entoure. Bâtiment horrible ; nourriture très-chère ; logemens dégoûtans, sans cour, sans remises, sans commodité aucune ; écuries sans litière ; village sâle et boueux, voilà ce qu'on y trouve : mais elles guérissent ; et malgré les désagrémens qui les environnent, on y accourt.

Tu seras étonné sans doute que dans un lieu fréquenté, et d'une utilité si reconnue, on laisse subsister tout cet extérieur de misère et de gueuserie. Mais la personne à qui appartient la propriété des bains, les loue à des gens du lieu : ceux-ci les regardent comme une ferme, sur laquelle il doivent faire un profit ; et de-là tu vois ce qui doit arriver.

On n'avait pas même songé à donner aux buveurs une promenade ; quoique, pour cette sorte de malades, l'exercice soit un remède aussi salutaire que l'autre. Enfin pourtant, un intendant, il y a quelques années, fit applanir un terrein dans le vallon à l'extrémité du village. La promenade est assez vaste ; et elle suffirait pour sa destination. Mais lorsqu'il l'eut finie, il oublia d'y faire planter des arbres et construire des siéges ; de sorte qu'aujourd'hui, n'ayant ni une feuille pour garantir du soleil, ni une pierre où l'on puisse se reposer et s'asseoir, elle est totalement abandonnée et complètement inutile.

Graces au cit. Chazerat, tout allait changer. Déjà, comme je te l'ai dit, les bains ont une grande route ; avant peu, ils auroient eu un hospice décent. Les plans, que j'ai vus chez l'architecte, m'ont présenté un bâtiment simple, mais élégant. Pour la commodité des malades, il ne devait avoir qu'un rez-de-chaussée, surmonté de quelques logemens pour domestiques. Mais il eût pu recevoir douze maîtres ; et tous douze y auraient eu leur appartement et leur baignoire.

Les quatre bains actuels eussent été donnés au public. On n'eût pris, pour l'hôtel, que les eaux de celui de César ; parce qu'étant les plus chaudes, ce sont celles qui, dans le trajet, devraient moins perdre de leur vertu. Cependant, comme ce trajet est long, et qu'il s'agissait d'empêcher un trop grand refroidissement, l'architecte se proposait d'employer, pour conserver leur chaleur, un moyen aussi ingénieux que simple : c'était de ramasser celle qui forme la décharge des quatre bains ; de les conduire à la Dordogne, dont le lit n'est pas loin de-là, par un aqueduc voûté, qui passerait sous l'hôtel ; et de suspendre dans l'aqueduc le tuyau destiné aux nouvelles baignoires. Par ce moyen, le tuyau se trouverait isolé de tout ce qui peut le refroidir. Plongé dans un courant d'eau chaude, il conserverait, presque en entier, à celles qu'il conduirait, leur température primitive, et les livrerait aux malades, telles à peu-près qu'il les aurait reçues de la source.

L'hôtel des bains ne devait être, selon ce plan, qu'une hôtellerie ordinaire, où l'on ne serait entré qu'en payant ; mais aussi, l'on y aurait joui du droit, qu'a tout homme qui paie, de s'y faire servir à son gré.

S'il a lieu, on y arrivera par une rue, qui deviendra la continuation de la grande route. Placé sur le bord de la Dordogne, il dominera, d'un côté, sur la rivière et le vallon ; et de l'autre, il aura, pour avenue, la promenade actuelle, mais plantée d'arbres divers. Quoique, dans le plan, je ne me rappelle point d'avoir vu de portique, je n'en suis pas moins convaincu, qu'il en existera un ; et qu'on n'aura garde d'oublier qu'il faut aux malades, pour les temps de pluie, un promenoir couvert. La rue du village, au reste, doit être redressée et pavée. Enfin l'architecte compte réunir les respectables restes des colonnes de l'ancien Panthéon, et employer sur-tout la belle base attique, enfouie dans la cave du café. Mais les tronçons ne suffisant pas pour la hauteur que demande son projet, il veut placer, entre chacun, une assise de pierre nouvelle, et former ainsi un monument, qui, destiné à l'embellissement du lieu, en attestera tout-à-la-fois la noble antiquité. Au dessus de l'obélisque s'élevera une renommée, la trompette en main. Prête à s'envoler, la déesse paraîtra s'élancer dans les airs; comme pour aller au loin annoncer aux Français qu'une piscine nouvelle est ouverte en Auvergne; et les appeler tous à participer aux prodiges sans nombre, dont chaque jour elle y a été le témoin.

J'applaudis, avec toute la sincérité dont mon ame est capable, au projet de cet asile, consacré au soulagement de l'humanité souffrante. Mais, je te le demande, suffira-t-il seul? N'y manque-t-il pas sur-tout la partie qui l'honorerait le plus? Dans la plupart des établissemens publics qui ont eu lieu jusqu'ici, je ne vois jamais que les avantages de l'homme opulent. Il est le but unique auquel tout se rapporte. On semble ne s'occuper que de lui; et l'on oublie qu'il est une classe d'hommes, très-nombreuse, qui accablée de travaux, privée de toutes les jouissances, sujette à mille infirmités, languit abandonnée, et meurt sans secours.

Chaque année, il arrive au Mont-Dor un grand nombre de ces êtres malheureux, hommes et femmes; d'autant plus à plaindre que la paille sur laquelle ils couchent, que le grenier froid qu'ils sont forcés d'habiter, leur sont néanmoins loués chèrement. A la vérité, il est des heures, dans la matinée, où le bain s'ouvre gratuitement pour eux : mais, tandis que le malade riche, au sortir du sien est déposé dans un lit chaud, pour y attendre paisiblement la crise d'une sueur favorable, ceux-ci, sans lit, sans draps, sans abri, sont obligés d'aller s'enfoncer dans des greniers à foin : encore refuse-t-on souvent de les y admettre, parce que leur sueur gâte le fourrage, et lui donne de l'odeur. Je t'ai parlé, à l'instant, d'un bain pour les chevaux, ordonné par un intendant, et pratiqué par lui aux dépens du Panthéon. Eh bien, ce Visigoth, l'ennemi des arts, cet administrateur imbécille si compatissant pour les chevaux, veux-tu savoir ce qu'il a fait pour les malades pauvres ?.... Rien.

Je dois rendre justice au medecin qui, lors de mon voyage, était préposé aux eaux. Désintéressé dans sa conduite, je l'ai vu soigner avec affection le paysan et le malheureux ; je l'ai entendu désirer pour eux un soulagement. Mais que peut la voix de l'homme probe, qui crie seul, au loin, dans un désert ? Le cit. Chazerat voulait que le prix de la location de l'hôtel des bains fût employé à bâtir un hospice pour les pauvres. Peut-être serait-il mieux encore de les construire tous deux, à la fois ; de les rendre indépendans l'un de l'autre ; et de ne pas soulager les pauvres, en donnant à un aubergiste le privilége exclusif de rançonner les riches.

Au reste, c'est au directoire du département du Puy-de-Dôme, qu'il appartiendra maintenant d'accomplir ce projet dans toute son étendue. Seul il va désormais avoir, dans son arrondissement, l'administration de certains travaux publics. Il ne suffit point que douze personnes trouvent aux bains un hôtel agréable, où l'on leur procure quelques-unes des commodités que l'habitude leur a rendues nécessaires; il faut qu'un remède, offert par la nature à tous les hommes indistinctement, cesse désormais de n'être un remède que pour le riche. Il faut que, soit au Mont-Dor, soit à la Bourboule, soit ailleurs, si le directoire le préfère, il y ait un établissement national, où le cultivateur qui nous nourrit, le soldat qui nous défend (1), l'ouvrier qui nous fournit toutes les aisances de la vie, où le pauvre enfin, soit reçu et guéri gratuitement.

Cette institution est digne de magistrats, chargés, par toute une contrée, des fonctions augustes de régir ses intérêts. Je la leur demande, au nom de l'humanité, de la vertu, de l'Auvergne elle-même; tout étrangère qu'est pour moi cette contrée. Que la première, elle ait l'honneur d'en donner l'exemple à celles qui, comme elle, ont des eaux minérales; et alors ce ne sera plus une renommée, en pierre, qu'il faudra, pour vanter une de ses montagnes; ce seront tous les cœurs honnêtes,

---

(1) En 1792, l'assemblée nationale législative a décrété que dans tous les lieux d'eaux thermales qui sont fréquentés par les malades, il y aurait un hospice pour les soldats et les invalides.

ce seront tous les Français, qui la célébreront elle même à jamais.

Quand l'hôtel national des bains sera construit, et qu'il se sera établi dans le village quelques auberges décentes, je ne doute pas que l'affluence des malades n'y augmente considérablement. La Basse-Auvergne, riche en denrées et pauvre en argent, ne peut que gagner beaucoup aux consommations qu'occasionneront tous ces voyages; et c'est sous cet aspect d'utilité, que doivent être considérés des ouvrages, qui autrement mériteraient l'animadversion de la contrée, puisqu'ils ne seraient exécutés qu'à ses dépens.

J'ai même, en ce moment, mon ami, un pressentiment particulier, dont je veux te faire confidence. Tu sais qu'en France tout est mode; et qu'après avoir passé bien du tems sans voyager, notre nation enfin a pris du goût pour les voyages. Mais ces voyages, la mode d'abord leur donna pour but l'Italie; puis la Hollande, et la Flandres; puis l'Angleterre; enfin, depuis quelques années, c'est la Suisse.

Qui sait si l'Auvergne aussi n'aura point son tour? Elle est si peu connue, et a tant de droits à l'être! Naturalistes, amateurs, voyageurs étrangers, jeunes gens dont l'éducation est finie, tous voudraient la visiter et la connaître; et pendant quelque tems, ils résideraient aux village des bains; parce que de ce centre, ils pourraient voir successivement et sans beaucoup de peine, les divers points de la circonférence. Bientôt, d'autres personnes, et même des sociétés entières, voudraient faire-là, dans l'été, un voyage de curiosité et de plaisir. Toutes ces troupes de désœuvrés riches, qui courent aux différentes eaux chercher de l'amusement et du jeu, se donneraient rendez-vous au Mont-Dor. Ce que sont tous les ans, Spa, Bath, Aix-la-Chapelle, etc. les bains le deviendraient à leur tour. Il s'y établirait des lieux d'assemblée; les plaisirs y accourraient en foule, surpris de se trouver-là pour la première fois; les malades enfin pourraient y connaître la joie, la joie si nécessaire à la guérison de tous les maux : et alors ils auraient un nouveau motif, pour applaudir à un établissement, qui, avantageux pour eux, le deviendrait en même tems pour l'Auvergne.

LETTRE XXXV.

Mont-Dor ; vallon des bains ; Dordogne ; montagne du Rigolet ou du Capucin ; cascade de la Dor ; pic de la Croix ; laves du Mont-Dor ; sa nature ; plantes ; neige ; vallon-des-enfers.

S<small>I</small> le Mont-Dor aquérait une certaine renommée, indépendante de ses eaux; si la mode (ce qui me paraît très-possible), en fesait un but de voyage, ou un objet de curiosité pour des gens riches, il est, au-dessus du village des Bains, une belle et magnifique vallée, dans laquelle on pourrait pratiquer de superbes promenades. Elle est formée principalement par quatre montagnes; à droite, le Rigolet et Luclergue ; à gauche, Langle, celle-là même d'où sortent les eaux thermales des bains ; puis, Servielle, que le peuple avait nommée *l'Ecorchade*, à cause des ravins dont elle était sillonnée, mais qui aujourd'hui est éboulée en partie.

Le Rigolet est une montagne à cîme ronde, élevée de 230 toises au-dessus du village, et couverte de verdure et de bois; ou plutôt, ce n'est qu'une immense roche volcanisée, sur la calotte de laquelle s'élèvent d'énormes prismes de basalte. Les gens du pays lui ont donné le sobriquet bizarre de *Capucin*; parce que parmi ces prismes, il y en a un, isolé de la montagne, et dont en effet la forme pyramidale représente très-bien un ci-devant capucin, qui se serait posé là pour te regarder, ayant son manteau sur les épaules et son capuce sur la tête.

La vallée s'ouvre du sud au nord, et a près d'une lieue et demie de long, sur un quart de lieue en largeur. Traversée, dans tout cet espace, par la Dordogne; ornée, à droite et à gauche, par des bouquets de sapins, par quelques terreins cultivés, et surtout par des pâturages, qui, pendant la belle saison sont couverts de troupeaux; elle est couronnée, à son extrémité supérieure, par la plus haute des montagnes d'Auvergne, par ce Mont-Dor, qui donne à la fois son nom, et

au

au lieu des bains, et à la chaîne des hauteurs voisines.

On dirait que ce mont célèbre est placé-là, comme par magie. Il ferme la valée, de sa large base; s'arrondit autour d'elle, en demi-cercle; et s'élevant par une pente peu rapide, forme un vaste amphithéâtre qu'occupe une forêt de sapins. Tu vois s'épanouir devant toi, les uns au-dessus des autres, ces arbres à tige élancée, à feuilles de dard; et leurs cîmes caduques, ainsi que leur physionomie sauvage, produisent-là un effet inconcevable. Mais ce qui rend, par-dessus tout, le tableau majestueux et imposant, c'est la masse effrayante de la montagne, dont le sommet, effilé en cône, domine la vallée, et se termine enfin à 512 toises d'élevation au-dessus du sol des bains (1).

Quelque considération qu'elle soit, et par sa hauteur et par son étendue, néanmoins c'est à un faible ruisseau qu'elle doit son nom. Ce

---

(1) Le Mont-Dor, selon les mesures de Cassini est à 2984 toises de distance du village des Bains, et à 15,000 du puy de Dôme. Il est élevé de 788 toises au-dessus du sol inférieur de Clermont, et de 1048 au-dessus du niveau de la mer.

ruisseau s'appelle la *Dor*. Il y prend sa naissance, non loin d'un autre nommé la *Dogne*; et s'en précipite sous la forme de cascade. Les deux sources vont se réunir dans la vallée; et confondant leurs noms, ainsi que leurs eaux, donnent à la rivière qu'elles forment ensemble, le nom de *Dordogne*.

Le lieu d'où s'élance la Dor est un large ravin vertical, qui se rapprochant vers le bas par ses deux côtés, et se terminant en pointe, offre au loin la figure d'un triangle. Le fond rouge du ravin rend plus éclatant encore l'argenté brillant des eaux. Par-tout ailleurs cette riche et sauvage décoration serait admirée, même isolée de tout ce qui l'entoure. Ici, elle ravit; parce qu'elle est le dernier trait d'un tableau magnifique; parce que placée au point central de la circonférence qui ferme la vallée, elle attire et fixe irrésistiblement les regards; parce qu'enfin, à la hauteur proportionnée où elle se trouve, on la croirait une perspective posée-là, comme à dessein, par le choix de l'art le plus habile, ou plutôt, par la baguette d'une fée puissante.

Cependant cette même cascade dont le site et les détails, adoucis au loin par l'illusion de la perspective, se montrent sous des formes ravissantes, si tu consens à essuyer quelque peine et même à courir quelque risque pour la considérer de près, tu la trouveras horrible. Jadis une coulée de lave vint s'épandre sur cette partie de la montagne. La Dor qui prend sa source un peu plus haut, arrive, par sa pente, sur la coulée. Ses eaux l'ont fendue et déchirée; elles l'ont séparée en différens blocs, en différens pics isolés, dont les cavités, les aspérités et les pointes effraient l'œil. Dailleurs, en décomposant les parties ferrugineuses que contient la lave, elles y ont développé diverses teintes, noires, rougeâtres, rembrunies, qui contrastant avec la verdure de la montagne, augmentent encore l'horreur de tout cet ensemble.

La cascade a une hauteur considérable. Mais outre qu'en avant sont des roches qui en cachent une partie vers le bas, elle rencontre, dans sa chûte, plusieurs proéminences ou étages de lave, sur lesquels elle est obligée de couler; et ces obstacles, en la coupant, pour ainsi dire, par tronçons, nuisent au genre de beauté que lui imprimerait son déploiement tout entier. Elle tombe dans une sorte de puits, qu'elle s'est creusé ; puis, s'échappant par un ravin profond, devenu son lit, elle va, en suivant la pente de la montagne, parcourir la vallée et s'unir avec la Dogne.

Si l'on ne veut connaître que le Mont-Dor, un chemin particulier y conduit. Il est même possible d'arriver à cheval jusqu'à la base du cône qui le termine, et qu'on nomme le *pic de la Croix*. Mais à moins d'être accoutumé aux périls des montagnes, je ne conseillerais pas d'affronter celui du pic. Il est beaucoup de gens qui ne se verraient point sans effroi sur la pointe de cette quille, entourrés de précipices par tous les côtés. A coup sûr, la tête leur tournerait.

Je laisse aux naturalistes à t'expliquer comment cette roche isolée et plus élevée que toutes les autres parties des Monts-Dor, a pu néanmoins être volcanisée ; et comment, dans le cours d'une longue suite de siècles, les éboulemens, les météores, les tremblemens de terre, etc. etc. ont opéré-là des changemens, qui maintenant y rendent tout méconnaissable. Dans son état actuel, le pic de la Croix est un granite, qui a été très-fortement chauffé ; dans son premier état, ce fut probablement un granite primitif.

Au reste, la plus grande partie des laves de ce canton sont également granitiques; et on reconnaît distinctement leur nature (1), parce que le feu du volcan, tout violent qu'il était, ne le fut point assez néanmoins pour fondre une matière aussi réfractaire, et pour en faire une substance homogène. A la vérité, la chaleur extrême qu'elles ont subie, a dissipé, en partie, l'espèce de gluten qui liait leurs élémens : mais ces élémens subsistent ; ils ont gardé leur juxta-position primitive ; et quoiqu'altérés, ils sont encore très-reconnaissables. Ajoute à cela que le feu, en les travaillant, leur a donné, à presque toutes, une teinte ou couleur quelconque. Tu pourras t'en convaincre par celles que les eaux charrient dans la vallée des bains ; et peut-être y trouveras-tu, au moins si j'en juge d'après ce que j'en ai

---

(1) J'ai entendu plusieurs personnes les regarder comme laves de porphyre ; mais différens naturalistes célèbres, de Paris, à qui j'en ai montré des échantillons, et particulièrement le citoyen Sage, les ont déclarées granitiques.

rapporté, plus de quatre-vingt nuances différentes.

Cet aperçu, tout superficiel qu'il est, nous annonce que le Mont-Dor est une vaste ruine, dans laquelle on reconnaît, par-tout, les vestiges d'un long incendie. Après le feu, les eaux en ont changé la face, une seconde fois ; elles l'ont sillonné profondément par des gorges et des ravins, l'ont hérissé de pics hideux, y ont déchaîné des roches ; mais en même tems, elles l'ont, presque par-tout, paré de verdure ; et aujourd'hui, de nombreux troupeaux y paissent.

Dans tout pays, les plantes et les simples qui naissent sur les montagnes passent pour avoir plus de vertu que ceux des plaines. Le Mont-Dor jouit, à ce titre, d'une renommée. Sa véronique et son pied-de-chat sont recherchés à la ronde ; et les femmes du village viennent même, dans les auberges, en offrir aux voyageurs (1). La plupart de ces paquets de

---

(1) Les voyageurs botanistes qui désireraient connaître les plantes d'Auvergne, peuvent s'adresser dans Clermont au citoyen Delarbre. Il en a fait un catalogue complet, qui contient 1800 articles et que probablement il publiera un jour.

plantes sèches, qu'on débite en France sous le nom de *vulnéraires de Suisse*, ne sont ordinairement que des simples, cueillis sur le Mont-Dor, ou sur le puy-de-Dôme. Le jardinier qui cultivait le jardin botanique de Clermont, se formait, avec ce genre d'industrie, bien estimable, un petit commerce. Dans les voyages qu'il fesait annuellement sur ces montagnes pour y accompagner le citoyen Delarbre, directeur du jardin, il cueillait les simples dont on compose ces paquets ; et moyennant une étiquette allemande, il en formait, à l'instant même, du Suisse. Entre nous, mon ami, s'il ne se trouvait pas des sots, pour qui rien n'est bon que ce qui vient d'un pays étranger, cette tricherie, dans laquelle ils ne sont point trompés, n'est-elle pas bien excusable ? Et après tout, puisqu'il est des Français qui veulent des vulnéraires, ne vaut-il pas mieux encore qu'ils envoient leur argent en Auvergne, où il y en a si peu, qu'à Fribourg, ou à Bâle, qui ont tant d'autres moyens d'en tirer de la France ?

Je t'ai parlé déjà du grand froid qui règne sur le Mont-Dor, et dans ses environs. Je t'ai dit que le 10 oût 1787, j'y vis de la neige qui n'était pas encore fondue. Cette neige, au reste, diffère de celle de nos villes et de nos campagnes, en ce qu'elle n'est point, comme celle-ci, composée de floccons légers, en forme de duvet; mais de petits glaçons, très-minces, très-luisans, et assez solides entre eux pour supporter un certain poids. Je me suis assuré de ce dernier fait, dans le second des deux autres voyages que je fis au Mont-Dor, l'année suivante. Le 17 juillet, j'y trouvai un banc de neige, long de 81 pieds sur 21 de large; mais si ferme, que je pouvais y marcher sans enfoncer plus de deux ou trois lignes.

Très-certainement, la neige ne tombe pas sous cette forme de glaçons. Mais quelle cause sa condense et la rapproche ainsi, après sa chûte ? est-ce la continuité ou l'excès du froid ? est-ce l'effet de quelques pluies, qui peuvent survenir ? est-ce enfin l'action du soleil sur certaines molécules, alternativement fondues et glacées ? Non; les deux premières causes ne donneraient pas à la neige, de lames et des écailles; elle la changeraient en une masse de glace. La dernière ne formerait qu'une couche de verglas à la superficie; tout ce qui se trouverait au-dessous, garderait sa nature première.

Au reste, le soleil qui agit si puissamment sur la neige des plaines, paraît avoir beaucoup moins de force sur celles des montagnes; et je n'en veux, pour preuve, que le banc dont je viens de te parler. Il était, à la vérité, assez près du pic de la Croix, et par conséquent sur une des parties les plus hautes et les plus froides du Mont-Dor. Mais, quoiqu'au plein midi, quoique sur le penchant de la montagne, quoique parfaitement exposé, et loin de tout objet capable d'y porter de l'ombre, il avait néanmoins résisté à plusieurs mois de soleil et de chaleur.

D'après le peu d'observations que le tems m'a permis de faire sur cet objet, j'ai cru m'apercevoir que ces grands lits de neige ne fondent que par les bords de leur contour, et par celle de leurs couches inférieures qui touche le sol. L'eau qu'ils distillent, s'imbibe dans la terre, ou coule en filets. Insensiblement ils s'affaissent, et se cernent ainsi, par une dissolution lente. Mais, jusqu'à leur entière destruction, la superficie reste la même; et le soleil n'y opère rien, au moins par ses rayons directs; quoiqu'en apparence ce soit la partie sur laquelle il devrait agir davantage.

Dans les vallons bas et étroits où il ne peut luire, c'est le contract de l'air chaud et ses courans, qui fondent la neige. J'en ai vu également la preuve dans la gorge où la Dogne prend sa source.

Cette gorge s'appelle *les Enfers*; et j'avoue que par son aspect effroyable, par les formes affreuses des roches volcanisées qui l'entourent, par les monceaux énormes de laves brisées et d'argiles cuites, dont les dégradations du tems l'ont couverte, elle mérite ce nom. On dirait qu'il lui fut donné à l'instant même où tout y brûlait.

Je n'entreprendrai point de te la décrire; il est des objets qu'il faut voir. Seulement, pour suppléer à ce qu'ici je ne puis te peindre, et pour te rendre sensibles tous ces effets, si pittoresques sur les lieux, et si froids sur le papier, je désirerais une gravure bien faite, qui les plaçât sous tes yeux. Souvent, ce qui exige de moi plusieurs pages de descriptions et de discours, un coup-d'œil suffirait pour te le faire comprendre; et en augmentant ton plaisir, je diminuerais de beaucoup ma peine.

Pendant mon premier voyage, j'ai inutilement cherché dans l'Auvergne un dessinateur, qui pût m'accompagner dans mes courses, et me seconder dans mon travail. Cette idée me suivait par-tout. A la vue des choses intéressantes que je rencontrais, elle venait m'affliger; et souvent, au milieu de mes transports, elle me fesait soupirer de douleur.

Lorsque je publiai mon premier ouvrage, j'y annonçai que si ma santé me permettait de retourner en Auvergne, je m'empresserais d'accomplir mon projet. J'ai tenu parole, autant qu'il était en moi. Avant de quitter Paris, j'avais contracté, à ce sujet, des engagemens avec deux graveurs habiles, dont l'un est déjà connu par des entreprises du même genre. C'était de leurs mains que j'avais voulu recevoir un dessinateur..... Hélas! il furent trompés eux-mêmes. En vain je leur écrivis d'Auvergne, pour leur demander quelqu'un qui le remplaçât; malgré toutes leurs recherches, ils ne purent rencontrer un artiste, ou assez habile, pour accomplir notre projet, ou assez maître de son tems pour se livrer à l'exécuter sans délai. Ainsi, après l'ennui d'une longue attente et les tourmens de l'impatience, je vis avorter mon espoir; et il me fallut achever seul mon voyage ; le découragement dans l'ame et la douleur dans le cœur.

La gorge des Enfers était un des objets que j'eusse fait dessiner. Si l'on veut en avoir le coup-d'œil à vol-d'oiseau, il faut la voir du Mont-Dor. Là, sont des roches proéminentes, qui la dominent perpendiculairement ; et du haut desquelles on peut, couché sur le ventre, ou debout, si l'on se sent la tête assez forte, admirer, en frissonnant, tous ces horribles détails. Mais pour la visiter, il faut y entrer par la vallée des bains et se résoudre à marcher, non sans quelques risques, sur tout ce long amas de laves brisées, et ces terres cuites, devenues tripoli, dont elle est jonchée.

Le val étant profond et ouvert au nord, tu sens que la neige doit s'y entasser plus profondément, et s'y conserver plus long-tems qu'ailleurs. A l'époque du 17 juillet, elle avait encore cinq pieds de haut ; elle occupait toute la profondeur de la gorge, et venait, de chaque côté, s'appuyer et arcbouter contre ses flancs.

L'eau de la Dogne, obligée de circuler sous cette masse, s'y était conservé une libre issue. Pendant l'hiver, elle y avait coulé ; sans autre ouverture que celle qui était nécessaire pour son passage et pour le courant d'air que les eaux vives emportent toujours avec elles : et ce courant, entrant par l'un des bouts du canal, sortait par l'autre. Mais au printems, quand l'atmosphère était devenue tempérée, l'air n'avait pu parcourir cette route, sans attiédir la neige, et par conséquent sans la fondre. Devenu, avec la saison, de plus en plus chaud, il en avait fondu davantage. Enfin, toujours fondant, il y avait creusé une vraie voûte, fort large, parfaitement ceintrée, haute de quatre pieds, et sous laquelle on pouvait entrer, en se baissant. Ce qui restait de neige au-dessus de l'arcade n'avait plus qu'un pied d'épaisseur; et dans cet état, elle formait, sur le ruisseau, et dans le sens du courant, une sorte de pont sans parapet, composé d'une arche toute en longueur.

Au moment où j'observais ce phénomène, l'air atmosphèrique de la gorge était à 17 degrés et demi de chaleur. Ayant fait un trou dans la neige, pour connaître la température de celle-ci, j'y plongai mon thermomètre. Il descendit à un degré au-dessus de 0, et resta constamment à ce point.

Je remarquerai encore que cette neige extérieure était sèche. Il n'y avait que celle de l'intérieur de l'arcade, qui fondît; mais aussi celle-là découlait, de toutes parts, en filets d'eau; et une partie sortait même en très-gros tourbillons, sous la forme de vapeurs. C'était un spectacle singulier que cette brume épaisse, s'épanchant avec un ruisseau, par la bouche d'un antre de neige. C'en était un que cette neige elle-même, dans une saison où plusieurs des contrées voisines avaient déjà moissonné leurs grains. Mais ce qui me fit plus d'impression encore, et ce qui peut-être en fera moins à d'autres, ce fut de voir tous ces météores aqueux, dans un lieu où le feu jadis avait embrâsé jusqu'aux rochers, et qui, selon sa juste dénomination, fut vraiment un *Enfer*.

LETTRE XXXVI.

La Cascade.

La Dordogne, au moment où elle prend son nom, n'est encore qu'un faible ruisseau, qui, en été, pourrait être franchi sans peine. Cependant, à mesure qu'elle avance dans la vallée, ses eaux s'accroissent et grossissent ; parce que la pente des lieux porte dans son lit toutes celles qui affluent des montagnes voisines. Arrivée près du village, elle est déjà une petite rivière.

Le plus considérable des ruisseaux qu'elle reçoit, est celui qui porte le nom de *Cascade*, et qui en effet forme la plus belle, ainsi que la plus célèbre de toutes les cascades des montagnes d'Auvergne. Celle-ci, qu'il ne faut pas confondre avec la cascade de la Dor, dont je t'ai parlé dans ma dernière lettre, est vers la cime d'une montagne volcanisée ; à ta gauche, quand tu montes dans la vallée des bains ; et à peu de distance du village. Les eaux, en creusant la montagne depuis tant de siècles, l'ont entrouverte à une très-grande profondeur; et celles de ses couches qu'elles ont mises ainsi à découvert, nous prouvent qu'elle fut formée par les diverses éruptions d'un volcan.

Si tu cotoyes le ruisseau en le remontant, par-tout tu trouveras, sur ton passage, ces différentes natures de dépôts; mais ils sont très-sensibles sur-tout dans certaines parties, auxquelles l'éboulement a donné une grande hauteur perpendiculaire. D'abord, ce sont des fragmens de laves, qui dans le tems, furent apportés-là par les eaux, et amoncelés confusément par elles. Au-dessus de ce banc est une couche, très-épaisse, de ces matières pulvérulentes, qu'on nomme cendres, et dont le volcan couvrit les laves. Ensuite il y envoya une coulée de basalte, qui s'y est cristalisé en beaux prisme; puis, une lave ordinaire; puis, une lave granitique, de la nature de celle dont je t'ai parlé plus haut.

Quelqu'un qui aurait l'habitude de marcher sur des roches, et qui ne craindrait pas le risque de se mouiller un peu, ou même de faire quelques chûtes, pourrait monter à la

cascade

cascade par le ravin de son ruisseau. Je te préviens que la fatigue est extrême; mais aussi, quand on est sensible aux beautés de la nature sauvage, par quels plaisirs on est dédommagé!

Ce n'est point seulement la roideur et l'escarpement de la montagne, qui contribuent à rendre plus pénible cette singulière route; c'est sur-tout l'immense quantité de laves qu'on y rencontre, en blocs de toutes les grosseurs, et qui sans cesse obligent à des détours. Il en est d'énormes, que la pente du terrein a fait rouler jusqu'au ruisseau. L'eau, arrêtée par eux, vient les frapper dans sa chûte. Elle blanchit, elle écume; et ne peut couler qu'en les tournant et en les suivant dans leurs contours. S'ils n'ont qu'une hauteur médiocre, alors elle s'élève au-dessus d'eux, retombe en nappe de l'autre côté; et dans son cours, sautant ainsi de roc en roc elle forme cent cascades, dont la moins belle serait une merveille dans nos jardins anglais.

A travers tout cet amas de laves qui offrent à la fois, et le monument d'un grand incendie, et les décombres d'une immense ruine, la nature a fait naître, ce qu'elle produit partout où elle conduit une eau pure, de la verdure et des arbres. Ces masses volcaniques dont la base est baignée par l'eau, sont à la fois couvertes de pelouse à leur partie supérieure. Par-tout, le long du ruisseau, l'on voit des sapins et des frênes. Quelques-uns sont venus s'implanter dans les fentes d'un bloc ; mais ne trouvant-là, ni l'espace, ni la nourriture qu'exigeait leur accroissement, par une sorte d'instinct ils ont poussé horizontalement deux fortes racines, qui embrassant la roche par ses deux côtés sont allés chercher ailleurs la sève dont ils avaient besoin. D'autres, abattus par les hivers et par les tempêtes, sont tombés à travers le ruisseau. Leurs cadavres desséchés gissent, étendus sur des roches ; et ils présentent l'image de la mort, tandis qu'autour d'eux tout offre celle de la régénération et de la vie.

L'on arrive enfin au haut de la montagne ; et alors se déploie devant vous, toute entière, sa vaste et superbe décoration. C'est une immense coulée de basalte, qui, haute de 60 pieds, et terminée par une surface plane, est venue sur la montagne s'arrondir en demi-cercle, et dont l'enceinte ovale, malgré une largeur et une profondeur considérables, est presque aussi régulière, si l'on en excepte un endroit qui s'est affaissé par des éboulemens, que pourrait l'être l'amphithéâtre d'une de nos salles de spectacle. Dans certaines parties, elle repose sur des cendres volcaniques; ce qui prouve que la matière est venue là en coulant. Dans d'autres, elle a formé des colonnes prismatiques. Il en est où la lave paraît avoir été mal fondue; mais par-tout elle se délite; et comme les éclats se détachent perpendiculairement par écailles ou par lames, la masse, dans sa hauteur, paraît taillée à pic. Vers le fond de l'enceinte, les parties inférieures de la base ont beaucoup plus souffert de la dégradation. Par un effet local, elles se sont creusées en profondeur; de sorte qu'aujourd'hui il existe, sous la coulée de basalte, une sorte d'arceau ou de portique, fort long, et où l'on peut se promener à couvert.

Quelque frappant que soit le spectacle de cette galerie si extraordinaire, de cette enceinte verticale, si haute et si régulièrement arrondie, à peine cependant a-t-on le tems de les admirer; tant la cascade attire puissamment les regards.

C'est au centre de l'enceinte, que celle-ci

est placée, comme dans le point-de-vue le plus favorable ; c'est de cet hémicycle, haut de 60 pieds, qu'elle se précipite. Mais sa chûte est telle, les laves sur lesquelles elle tombe la font rejaillir avec tant de force et en parties si tenues, qu'elle forme une bruine, et s'il est permis de s'exprimer ainsi, une poudre d'eau, qui mouille, lors même qu'on est à une certaine distance.

Le ruisseau qui la forme, prend naissance, un peu plus haut dans la montagne. Tu pourras le visiter, examiner sa source, son lit, le lieu de sa chûte. On y monte par un sentier pour les troupeaux, ouvert au bas de la vallée, et que tu apercevras sans peine, quand tu commenceras à entrer dans le ravin ; ou que t'indiqueront les gens du lieu.

Après une pluie, ou à la fonte des neiges, la cascade n'est plus un simple ruisseau ; c'est une rivière rapide, qui, par une courbe très-allongée, s'élançant impétueusement dans son vaste bassin, va s'épandre avec fracas, bien au-delà du lieu ordinaire de sa chûte. Au tems d'été, quand elle a moins d'eau, elle tombe perpendiculairement, ou n'a qu'un jet très-faible. Claire et brillante alors, toujours égale dans sa largeur, on dirait un drap d'argent, qu'une main invisible déploie à la cime du massif de basalte, et qu'il laisse flotter vers sa base.

Si, par aventure, le vent est assez fort pour l'agiter, si le soleil peut en même tems la frapper de ses rayons; ces deux hasards, dont j'ai eu le bonheur de jouir à la fois, te la présenteront sous mille formes changeantes, toutes plus piquantes les unes que les autres. A chaque instant, selon que le vent avait sur elle plus ou moins de prise, je la voyais s'étendre, se diviser, se rétrécir, s'arrondir en colonne, ou s'épanouir en éventail. Quelquefois, jetée contre la roche, et déchirée par les aspérités qui s'y rencontrent, elle formait, dans certains endroits de sa chûte, une pluie à larges gouttes; tandis que dans d'autres, elle tombait sous la forme d'une vapeur blanche, ou d'une écume à gros floccons.

Au milieu de toutes ces ondulations si mobiles, la réfraction ou la réflection des rayons solaires me donnait encore des effets de lumière ravissans; et quelquefois même toutes les nuances brillantes de l'arc-en-ciel.

Le vent n'imprimait-il à la cascade qu'un

balancement doux ; les couleurs semblaient suivre son mouvement, et se balancer comme elle. Dans des momens plus calmes, c'était une blancheur éblouissante, qui m'aveuglait par son éclat. Tu eusses cru l'eau changée en un torrent de lumière. Enfin, le courant venait-il à se diviser en filets ou à se résoudre en gouttes ; alors tout étincelait, les gouttes paraissaient du feu : mais ce feu, semblable à celui de certains artifices, avait toutes les couleurs possibles. Un poëte, en ce moment, eût cru voir une pluie de diamans, de rubis, d'émeraudes et de toutes les pierreries ensemble ; et, malgré tout l'hyperbolique que semble annoncer cette peinture, le poëte aurait eu raison.

Le rocher-lave d'où découle la cascade, se délitant sans cesse, il est impossible que ces dégradations continuelles ne lui fassent éprouver à elle-même quelque changement. Le citoyen Delarbre qui l'a vue, pour la première fois, en 1749, et qui depuis cette époque, l'a revue toutes les fois qu'il est allé herboriser au Mont-Dor, m'a dit, en 1787, que dans cet espace de tems elle avait reculé de dix toises. Il paraît probable que, si en quelques endroits la coulée de basalte est de nature à s'écailler et à éclater plus aisément, dans d'autres elle est infiniment plus compacte et plus dure. Sans cela, il serait aisé de calculer quand la cascade a commencé, quand elle n'existera plus, ou au moins quand les dégradations du tems l'auront portée jusqu'au lieu de sa source.

Tout ce qui se détache du massif de basalte tombe dans le bassin ; il s'y amoncèle, en exhausse le sol, et tend par conséquent toujours à diminuer la hauteur de la cascade. Celle-ci, en effet, s'accourcirait annuellement, si sans cesse, et sur-tout dans la crue de ses eaux, elle ne travaillait à emporter tout ce qui s'oppose à son cours. Il n'est alors que les masses considérables, qui, par leur pesanteur et leur volume, puissent lui résiter. Le reste est poussé, entrainé par elle. Les blocs roulent dans son lit escarpé ; et tandis que les uns n'y font que s'user et s'arrondir, les autres, dans leurs chûtes fréquentes, éclatent et se brisent. Tous sont portés dans la Dordogne, qui les reprenant à son tour, les charie avec les siens, à travers ce qu'on nommait Limousin, Périgord et Guyenne. Usés les uns par les autres, limés et frottés par le terrein sur lequel ils passent, ils deviennent successivement éclats, fragmens, galets, grenaille, gravier, puis sable fin; et c'est sous ce dernier degré d'altération, sous ce résidu de sable, que les Monts-Dor vont encombrer le vaste bassin de la Gironde et le golfe de Gascogne.

LETTRE XXXVII.

Chaînes des montagnes de Dôme. Puy-de-Dôme. Célébrité, situation, forme, hauteur de ce pic. Pâturages et plantes. Vue dont on y jouit. Nature de sa lave; comment il a brûlé. Laves colorées, Sarcoui. Antiquité de ces volcans. Fable à ce sujet. Forêt carbonisée.

OUTRE les Monts-Dor, il y a encore, dans la Basse-Auvergne, une autre chaîne de montagnes, qui moins considérable que la première pour la hauteur et l'étendue, est néanmoins plus connue des Français par le nom qu'elle porte: c'est celle de Dôme. Longue de huit lieues, sur une largeur, tantôt plus, tantôt moins considérable, celle-ci court du nord au sud; et elle est composée de plus de 60 *puys* différens, que désormais j'appelerai les *Monts-Dôme*, quand j'en parlerai collectivement.

Tu te rappelles sans doute, mon cher ami, ce que je t'ai dit ailleurs sur les puys; et tu sais qu'en Auvergne on appelle ainsi une montagne en cône.

Les Monts-Dôme non-seulement furent volcanisés, comme les Monts-Dor; mais presque tous ont un caractère particulier qui les distingue. D'ailleurs, la chaîne étant dans une plaine haute, et se trouvant isolée, on peut les tourner assez facilement et les examiner par leurs faces diverses.

Avant que Dôme eût donné son nom au département dans lequel il se trouve situé, il n'y avait personne, parmi les gens instruits, qui ne le connût. Consigné dans les fastes des sciences, il est devenu célèbre par l'expérience fameuse, qui, la première, prouva que l'air était pesant; mais il mérite de l'être chez le botaniste, par les plantes qu'il nourrit; chez le naturaliste, par la singularité de la pierre dont est composée sa masse; chez le voyageur enfin, par sa forme, son élévation, et la vue magnifique qu'il offre.

Outre qu'il est placé vers le centre de la chaîne, il surpasse encore en hauteur les montagnes qui l'entourent, et semble un géant au milieu de ses enfans. Ce qui contribue sur-tout à lui donner cet air de paternité, c'est une montagne nommée le *petit puy-de-Dôme*, qui s'élevant à ses côtés, attachée à lui par sa base, et moins haute seulement de 84 toises, paraît naître et sortir de ses flancs.

Un sot proverbe du pays (et les proverbes populaires sont presque toujours tels) dit que :

<blockquote>Si Dôme était sur Dôme,
On verrait les portes de Rome.</blockquote>

L'Auvergnat qui a fait ce plat distique, a voulu énoncer par-là qu'avec les deux montagnes placées l'une sur l'autre, on aurait une élévation hors de toute mesure. Mais cette prétendue hauteur, inappréciable, ne serait que de 1550 toises; et assurément, cet homme-là ne se connaissait guère en hautes montagnes.

En 1739, Cassini comptait 4834 toises, de Clermont au grand-Dôme. Le chemin doit en avoir davantage à présent ; parce que depuis ce tems on l'a refait, et que, pour l'adoucir, on y a pratiqué différentes sinuosités, qui n'existaient pas alors. (1)

---

(1) Boulainvilliers, dans son *état de la France*,

Du moment que tu quittes la ville, tu montes toujours, pour y arriver ; jusqu'à un courant de lave, qu'il faut traverser par sa largeur, et à l'extrêmité duquel se trouve une auberge nommée *la Barraque*.

Là, commence la plaine haute, dans laquelle est située le puy ; et, quoiqu'il ne se présente à toi que par le côté, il se développe néanmoins tout-entier, depuis sa cime jusqu'à sa base. Impatient d'y monter, ou du moins d'être assez près pour en saisir les détails, tu presses ton cheval. Il te reste encore une petite demi-lieue à parcourir. Tu admires la route, qui, en cet endroit, unie comme une allée de jardin, est sablée en pouzzolane. Enfin la montagne se montre à toi en face ; et tu vois sa masse superbe s'élancer fièrement dans les

---

article Auvergne, parle de Clermont, comme d'une ville *située au haut d'une haute montagne nommée le puy-de-Dôme*. Je ne releverais pas cette erreur, si je n'en avais rencontré beaucoup d'autres chez cet écrivain ; et particulièrement sur les noms, qu'il a presque tous estropiés. On ne doit guère se fier à lui, que quand il cite des faits, tirés du mémoire fourni par l'intendant.

nues, ayant à ses côtés le petit puy, au-dessus duquel elle plane et s'élève.

On peut la considérer encore de divers autres points de l'horizon ; mais nulle part elle n'a cette même majesté. C'est là son véritable point-de-vue ; c'est là, seulement, qu'elle offre ce cône majestueux, qui, exact dans ses énormes proportions, a, pour cîme, un plateau que dans certains cantons on regarderait comme une montagne très-étendue, et où, selon les fables anciennes du pays, se tenait, deux fois la semaine, l'assemblée générale de tous les sorciers de France.

A cette beauté sublime, il joint encore les agrémens d'une beauté riante ; et malgré sa pente escarpée, il est couvert d'herbe dans toute sa superficie ; excepté deux ou trois endroits où il laisse percer des protubérances de laves gris-blanc, qui semblent ne se montrer-là que pour avertir qu'il a été volcanisé, et qu'il ne l'a pas été comme les autres montagnes. Tu ne saurais croire, mon ami, combien ce jet magnifique est agréable sous sa robe verte, et quel charme inconcevable lui donne cet ensemble de grandeur et de grâce. Les voyageurs qui ont parcouru les Pyrénées et les Alpes ont pu voir assurément des montagnes plus imposantes par leur élévation, et même par leur volume; mais difficilement ils en auront rencontré une mieux dessinée, mieux filée, et sur-tout mieux placée pour plaire.

Malgré son escarpement presque perpendiculaire, j'ai connu des jeunes-gens, qui, tantôt en rampant sur les genoux, tantôt en s'accrochant avec les mains, l'ont gravie à pic; mais il n'y a que des jeunes-gens, capables d'une folie, dans laquelle on risque sa vie cent fois.

On y monte par deux chemins différens; l'un, au midi; et nommé le chemin d'Alagnat, parce qu'au de-là de Dôme il conduit à cette commune; l'autre, au nord, et appelé *la Gravouse*, parce qu'il est couvert d'une pouzzolane noire que les paysans désignent sous le nom de *grave*, ou gravier.

Le seul moyen de le voir sous tous ses aspects, et d'en bien connaître tous les accidens, est de monter par le sentier du midi et de descendre par la Gravouse. Cette dernière route a de quoi intéresser encore, même après qu'on a vu Dôme. Par elle, on voit le petit puy, qui, volcanisé comme le grand, mais d'une manière différente, offre un cratère superbe, justement renommé, et dont je te parlerai ailleurs. On peut, par les deux routes, monter, à cheval, jusqu'à la pointe la plus élevée de la cîme; quoique, par l'une et par l'autre, il y ait des pas très-dangereux : mais quelque soit celle des deux par laquelle il te plaira de descendre, je n'ai pas besoin de te dire que tu ne pourras descendre qu'à pied.

A l'est et au sud, le puy est parfaitement isolé. Au nord et à l'ouest, il est adossé à plusieurs autres montagnes plus petites, qui, appuyées elles-mêmes les unes contre les autres, lui servent, en quelque sorte, d'arc-boutant, et donnent, de ce côté, à ses pâturages une étendue qu'on est étonné de lui trouver, parce que quand on le voyait de la plaine, elles étaient cachées par sa crête.

Les villages voisins envoyaient-là leurs troupeaux. Ces animaux y restent depuis le printems jusqu'à l'automne; c'est-à-dire, depuis environ la mi-mai (vieux style), où les neiges commencent à fondre, jusqu'en octobre, où elles commencent à tomber; et ils ne revoient plus l'étable, que quand on y ramène les bœufs pour labourer, ou les vaches pour les traire.

Quoique le puy ne soit qu'un rocher brûlé,

cependant les pluies et les vapeurs dont-il est imbibé sans cesse, lui donnent une fécondité rare ; et cette fécondité, il la communique aux montagnes qui l'entourent. Toutes, si l'on en excepte une ou deux, sont couvertes, ainsi que lui, d'une herbe touffue ; et toutes servent de pacage. Malgré les bestiaux qu'il nourrit, il est quelques cantons de réserve, où son herbe fournit, dans l'année, plusieurs coupes en foin ; et, le 8 octobre, j'y ai vu faucher encore.

Outre cette verdure qui cache sa lave, et qui le pare ; outre un grand nombre de violettes, d'œillets sauvages, de marguerites jaunes et blanches, et autres fleurs dont les couleurs sont très-belles et très-vives, il nourrit encore une infinité de plantes et de simples, renommés pour leurs vertus. Je t'ai déjà dit que ces sachets qu'on débite en France sous le nom de *vulnéraires de Suisse*, sont, la plupart, composés de simples cueillis sur le Mont-Dor ou sur le puy-de-Dôme ; et qu'il n'en coûte, pour les naturaliser suisses, qu'une étiquette mise à Clermont.

Arrivé à la cime du pic, tu jouis d'un des plus beaux spectacles, et d'une des vues les
plus

plus riches de toute la France. Elevé de 820 toises au-dessus du niveau de la mer, de 560 au-dessus du sol inférieur de Clermont, de 84 au-dessus du petit-Dôme, rien ne borne plus tes regards que dans un lointain immense; comme les dieux de l'Olimpe, tu crois voir l'univers à tes pieds. Sous tes yeux sont les 60 puys avec leurs cratères antiques, leurs ravins, leurs courans de lave, et leurs lits de pouzzolane noire ou rouge. Plus loin, c'est la Limagne; la Limagne toute entière, avec ses villes, ses villages, et ses monticules sans nombre. Par-tout, des champs de toutes couleurs, des vignobles, des habitations à toutes les distances, des chemins à perte de vue, des grouppes de montagnes; enfin, que te dirai-je, le coup-d'œil de quatre ou cinq départemens différens, et un pays de cent trente lieues.

Accoutumé à ne mesurer de l'œil que des espaces limités, tu es effrayé de cet horizon sans bornes; tes regards incertains craignent de s'égarer dans cette immensurable étendue; ils cherchent au loin quelque objet où ils puissent se reposer, et croient presque voir l'immensité.

Tome II.   G

Pour te délasser d'un spectacle fatiguant, qui finit par porter à la tête une sorte d'étourdissement et d'ivresse, tu te promènes sur le puy, en le parcours à différentes hauteurs, et c[...] à connaître sa nature. Tout t'y paraît n[...].

En 1751, Guettard, de l'académie des sciences, avait publié un mémoire, dans lequel il avançait que Dôme était une roche volcanisée. Mais le premier des naturalistes qui ait prononcé sur la nature primitive et la volcanisation de cette roche, est le citoyen Desmarets, de la même académie. Après de longues observations, il a cru pouvoir affirmer que la montagne n'avait été que chauffée, ou calcinée légèrement ; mais qu'elle l'avait été, sans éprouver ces commotions et ces bouleversemens qui changent l'organisation des montagnes volcaniques.

M. de Saussure pense comme le citoyen Desmarets sur cette déflagration paisible. Il croit également, comme lui, que Dôme fut une roche primitive. Seulement, tous deux different, en ce que selon le physicien de Genève, ce fut, originairement une roche à base de feld-spath terreux, et, selon l'académicien, un granite. Depuis ces naturalistes, d'autres sont venus l'examiner aussi ; et, parmi ces derniers, il en est, qui sans adopter ni l'un ni l'autre sentiment, ont prétendu qu'elle était de nature argileuse.

Ainsi donc voilà un rocher que les flammes d'un volcan n'ont point fondu ; mais qu'elles ont tellement altéré qu'aujourd'hui sa nature primitive n'est plus reconnaissable. Par un prodige inconcevable, leur effet fut assez violent pour calciner sa masse entière, pour y produire des tubérosités et des boursoufflures très-volumineuses ; mais, par un autre prodige plus incroyable encore, cette masse ne coula point, ou au moins sa lave s'est fort peu étendue. Si, en descendant par la Gravouse l'on voit des pouzzolanes et des scories, elles y furent lancées par le volcan du petit puy. Si, le long de la route du midi, l'on trouve un courant de lave qui cotoie la base de Dôme, ce courant descend des puys nommés Monchié et Salomon ; et l'on ne peut s'y tromper, puisqu'on le remonte jusqu'à son origine, et que d'ailleurs sa lave n'a nulle analogie avec celle de Dôme. Je ne sais qu'un seul endroit où l'on reconnaisse une coulée de cette dernière ;

et encore m'eût-elle échappé, si le citoyen Mossier, dans un voyage que je fis au puy avec lui, ne me l'avait fait remarquer. Elle descend sur la base de la montagne, traverse un terrain qui aujourd'hui est couvert de bois, et vient aboutir près de l'autre courant dont je parlais tout-à-l'heure, en fesant avec lui un angle droit.

A l'œil, la roche de Dôme, dans son état actuel, est une pierre, d'un blanc gris, d'un grain très-fin, et d'une apparence terreuse. Dans certaines parties de la montagne, elle contient de petites aiguilles de schorl, et quelques lames de mica. Tantôt on la trouve assez dure pour faire feu sous le briquet; tantôt elle est si tendre, que, frottée entre les doigts, on l'égraine et on la réduit en sable. Fondue au chalumeau, elle ne donne pas, comme les laves ordinaires, un verre noir; mais un verre blanc, semé de petits points noirs ferrugineux. Enfin M. de Saussure, malgré ces caractères si apparens, n'a point osé encore lui donner un nom ; et parmi les naturalistes auxquels il en a montré des échantillons, *il ne s'en est trouvé aucun*, dit-il, *qui ait pu décider positivement sa nature* (1).

---

(1) On avait construit une chapelle sur la cime de

Une pierre que ne connaît point M. de Saussure, doit paraître, en histoire naturelle, une chose fort curieuse. Pour nous autres personnages vulgaires et ignorans, elle a un autre mérite encore ; c'est de joindre souvent à sa couleur gris-blanc, du jaune, du rouge, etc., et autres nuances vives et brillantes. Les teintes en sont bien fondues, bien décidées et tranchantes ; et dans un cabinet, elles doivent produire un effet très-agréable. Au reste, je te préviens que dans la chaîne dont Dôme fait partie, il y a plusieurs montagnes, voisines de celles-ci, telles que le grand-Sarcoui, Charcoux, etc., qui ont une lave du même genre, et colorée comme la sienne. Celle du grand-Sarcoui est même plus brillante encore ; et j'y ai pris des morceaux, mi-partis de blanc et de rose, de citron et de blanc, etc., dont les couleurs étaient aussi belles que si elles

---

Dôme, et elle était bâtie avec les laves noires des puys voisins. Aujourd'hui, la chapelle est totalement détruite ; mais il existe encore de gros fragmens de ces laves : et comme ils sont, en partie, recouverts de terre, on pourrait croire qu'ils appartiennent à la montagne, s'ils n'étaient enduits de mortier, et d'une nature différente.

fussent sorties des mains du teinturier le plus habile.

Ce Sarcoui, tant par la nature de sa roche, que par sa forme singulière, mériterait d'être étudié aussi par un naturaliste. Rond dans sa circonférence, bombé sur sa cîme, il ressemble parfaitement, pardonne la comparaison, à un chauderon renversé. Du reste, aucun vestige de cratère, aucune apparence de volcan. Il paraît être sorti de terre, poussé par des feux souterrains ; comme tant d'autres îles ou montagnes, qui sont le produit d'éruptions volcaniques.

Peut-être même, Dôme, malgré son élévation, n'a-t-il pas une autre origine. Selon cette hypothèse, le rocher dont sont formés ces deux puys aurait été calciné dans le sein de la terre. L'expansion volcanique l'aurait élevé à la surface ; et en se moulant selon les filières par où il avait à passer, il aurait pris, à Dôme, une forme pyramidale ; à Sarcoui, une forme arrondie, avec calotte sphérique (1). Encore une fois, on peut citer beaucoup d'exemples de projec-

---

(1) M. de Montlosier va plus loin encore. Ce ne sont point seulement deux ou trois des puys, qu'il croit être des formations volcaniques ; c'est la chaîne

tions pareilles ; le Vésuve et l'Etna ont formé ainsi des montagnes. Or, si les volcans ont pu en produire ailleurs, ils l'ont pu également ici ; et quoique ce fait soit très-difficile à concevoir, il l'est cependant beaucoup moins encore que la violence et la durée de l'incendie qui a été nécessaire pour calciner, dans toute leur vaste étendue, ces masses énormes et isolées.

Un autre fait, également digne d'observation, c'est que les pics, dont il s'agit, sont séparés les uns des autres par d'autres pics qui ont été volcanisés différemment d'eux. Ainsi, par exemple, à l'occident de Dôme, le puy de Monchié et celui de Salomon ont été des volcans ordinaires ; ils ont eu des courans de lave, et ils ont conservé des vestiges de bouches volcaniques ; tandis que Dôme, qui les touche par sa base, a brûlé en place ou n'a coulé que sur lui-même. Au pied de celui-ci, vers l'orient, est le petit-Dôme, qui a été volcan comme Monchié, et qui aujourd'hui encore a un superbe cratère en

---

entière des Monts-Dôme. Selon le commandeur Dolomieu, le puy-de-Dôme est le produit d'une montagne volcanique, plus élevée, et qui a été détruite par l'océan, tandis que lui-même par sa nature poreuse il a continué de subsister.

entonnoir; et par-delà le petit-Dôme, sont Charcoux et le grand-Sercoui, dont la roche a été calcinée comme celle du grand-Dôme.

Outre les caractères particuliers que je viens de détailler, la lave de ce dernier puy en a encore un autre qui la distingue des laves de la plupart des volcans ordinaires; c'est de contenir, dans son intérieur, ou à sa surface, des paillettes de ce fer attirable à l'aimant, que les naturalistes, à raison de ses lames unies et brillantes, ont appelé *spéculaire*. Elle en a une si grande abondance; les eaux pluviales en détachent et en apportent dans la plaine une telle quantité, que le chemin d'Alagnat, quand le soleil y donne, en devient luisant. Dans certains endroits où ces eaux le déposent et l'entassent, on le voit former des veines noirâtres; et je suis convaincu, qu'avec de la patience et un barreau aimanté, un peu fort, on pourrait, dans un jour, en amasser plus d'un tonneau. La pierre elle-même a des veines qui en sont tellement chargées, qu'elle en est absolument noire. Le lieu où l'on en trouve le plus, est vers la cime du puy, en montant par le sentier du sud. On ne peut s'y tromper. Depuis quelques années, tant de personnes sont venues y fouiller, qu'aujourd'hui la montagne en est sillonnée profondément, et que deux cents tombereaux n'enleveraient pas les décombres qu'elles ont fait ébouler.

Ce fer, devenu spéculaire par la sublimation du feu, annonce que la roche, avant sa volcanisation, en contenait beaucoup ; et peut-être est-ce celui-ci qui a teint, de tant de nuances différentes, ces laves dont je t'ai parlé : car tu sais que le fer est le grand coloriste de la nature, et que c'est à lui que les végétaux, les minéraux, que tout enfin, jusqu'à notre sang même, doit sa couleur.

L'époque où Dôme a brûlé est d'une antiquité si lointaine, pour nous autres sur-tout qui ne connaissons nos Gaules que par des histoires d'un jour, qu'on ne peut même hasarder sur cela des conjectures. J'ai entendu raconter à Clermont une anecdote étrange, qui trop invraisemblable pour être crue, fixerait au moins nos doutes, si elle était vraie.

A peu de distance et au sud de Dôme est un village, nommé Las-Champ, où le ci-devant chapitre de la cathédrale avait des domaines qu'il affermait. Au treizième siècle, dit-on, les fermiers vinrent demander aux chanoines d'être déchargés du prix de leur bail, pour l'année ;

alléguant que le puy ayant pris feu, leurs moissons avaient été incendiées. On ajoutait à l'anecdote, que leur requête existait encore actuellement ; et qu'elle se trouvait dans les archives du chapitre, ou dans celles de la ville.

J'ai fait des recherches pour vérifier cette historiette. J'ai questionné des chanoines, des échevins, des gens instruits dans les antiquités de leur pays. Tous m'en ont parlé comme d'une fable, qu'à la vérité ils avaient entendu conter, ainsi que moi, et que quelque bel-esprit de Clermont avait imaginée pour faire le plaisant ; mais nul d'eux n'avait vu la prétendue requête ; et nul d'eux n'y croyait. Les désastres sans fin qu'eût occasionnés le long incendie d'une montagne aussi considérable, n'auraient-ils pas répandu dans Clermont une désolation et une terreur, dont aujourd'hui l'on trouverait, chez les chroniqueurs et dans les actes du tems, des preuves multipliées ? D'ailleurs, la chaîne qui forme ces puys a brûlé presque toute entière : c'est un fait dont il est possible de se convaincre, quand on a des yeux ; et qu'on ne peut nier, qu'en disant, comme un prétendu philosophe du pays, qu'anciennement il y avait eu là des forges. Mais, soit que ces montagnes se soient toutes allumées successivement l'une par l'autre, soit qu'elles aient brûlé toutes à-la-fois dans leur étendue de huit lieues, l'on avouera que ces épouvantables fournaises, avec leurs fleuves de laves brûlantes, avec leurs tremblemens de terre et leurs pluies de rochers calcinés, ont dû faire, au loin, bien d'autres ravages qu'une moisson incendiée à Las-Champ.

Quelque ancienne que soit leur inflammation, je connais pourtant un fait qui leur est antérieur encore; et ce fait, je te le donne comme certain : c'est qu'à la base de Dôme, vers le sud, et probablement autour des autres montagnes, il y avait des forêts. Quand ce puy, ou quand les puys voisins prirent feu, ils lancèrent sur ces bois, des cendres et des pouzzolanes brûlantes, qui les enfouirent et les charbonnèrent; de même que les cendres du Vésuve couvrirent, bien des siècles après, Herculanum et Pompéïa. Avec les siècles, la croûte volcanique est devenue terre; mais les arbres, quoiqu'en charbon, se sont conservés entiers sous leur enveloppe; et en 1786, quand on fit le chemin d'Alagnat, il y eut des endroits où l'on fut obligé de creuser assez profondément pour les mettre à découvert. Ils étaient debout; et avaient leurs branches étendues horizontalement, comme dans leur situation naturelle. Plusieurs personnes, et le citoyen Mossier, entre autres, m'ont assuré les avoir vus, au moment des travaux.

Pour moi, ayant passé sur le chemin, après de longues pluies qui avaient creusé le fossé, j'ai trouvé, en plusieurs endroits, des branches charbonnées, que l'eau avait mises à découvert. Les fibres longitudinales du bois y étaient encore très-bien marquées ; mais mouillées et humides, elles noircissaient comme l'encre la plus forte ; et, pour peu qu'on les frottât entre les doigts, elles se réduisaient en boue. J'ai eu la fantaisie de creuser plus loin, et d'en rapporter un tronçon, afin d'avoir en ma possession l'une des curiosités les plus antiques et les plus singulières de France. A la vue, ce n'est qu'un charbon très-léger, pareil à ceux que fournissent nos cheminées ; mais il diffère des autres charbons, en ce que mis au feu, il brûle sans décrépiter, sans donner de chaleur ; et qu'il se consume très-promptement, de même qu'une poussière de braise.

Depuis l'extinction du volcan, d'autres forêts sont nées sur la terre qui couvrait les anciennes. Actuellement encore, le même endroit de sa base est couvert de bois taillis ; et peut-être sont-ce ces forêts nouvelles, qui, au tems de la domination des Romains dans l'Auvergne, lui firent donner son nom latin de *dumum*, dont on a fait, en français, celui de Dôme.

LETTRE XXXVIII.

Hauteur respective des montagnes les plus élevées d'Auvergne. Vue comparée de ces montagnes avec celle de Dôme. Propriété de Dôme pour annoncer les variations de l'atmosphère, pour attirer les nuages. Formation des nuées dans la Limagne.

SI l'Auvergne méridionale portait le titre de Haute-Auvergne, ce n'est pas que ses montagnes soient pour cela plus hautes que les montagnes de la Basse; le Cantal, au contraire, a cinquante-quatre toises de moins que le Mont-d'Or: mais c'est que réellement le terrein y est plus élevé. La preuve en existe dans ces ruisseaux ou rivières, qui prenant leur source au nord et au nord-est de la Haute-Auvergne, ont leur pente vers la Basse; et particulièrement dans l'Alagnon, qui traverse une grande partie de cette dernière. Celle-ci d'ailleurs n'a que deux groupes, un peu considérables, de montagnes; les Monts-d'Or et les Monts-Dôme. L'autre, au contraire, quoiqu'elle n'ait qu'une seule chaîne, a dans cette chaîne néanmoins plusieurs rameaux, tels que les Liorens, les Salers, etc., etc.; qui s'épanouissant, comme d'un centre commun, vers tous les points de l'horizon, ont également une grande élévation.

Les plus hautes montagnes de l'Auvergne sont le Mont-d'Or; puis, le Cantal; puis Dôme. La première a mille quarante-huit toises au-dessus du niveau de l'Océan; la seconde neuf cent quatre-vingt-quatorze; la troisième huit cent vingt. Après ces trois-ci, l'on peut compter Violant, et le puy Mary; les deux principales des Salers. Peut-être même Mary et Violant sont-ils au moins aussi hauts que Dôme; et quant à moi, je n'en doute point: mais, quoique dans plusieurs livres de géographie on donne leur mesure précise, cette mesure n'est nullement exacte. Ainsi, on lit dans le dictionnaire de d'Expilly, que Mary a neuf cent cinquante-six toises au-dessus du niveau des mers, et Violant huit cent cinquante. C'est une erreur; au moins pour Mary. Il est plus bas que Violant; et quand je n'aurais point sur cela le témoignage unanime de toute la contrée, il suffirait, pour s'en convaincre, de suivre la grande route qui va de Salers à Mauriac. Pendant long-tems, on a les deux puys à sa droite; et leur différence est très-sensible.

Les cinq montagnes que je viens de citer ont des caractères qui les rapprochent. Toutes cinq furent volcanisées; toutes se terminent en cône; toutes, à l'exception de Dôme, donnent naissance à un grand nombre de ruisseaux; enfin, toutes ont des herbages, et nourrissent des troupeaux pendant une partie de l'année.

La vue dont on y jouit, quoique très-étendue pour toutes les cinq, n'a pas, sur toutes, le même agrément. Celle de Violant, par exemple, est bornée, vers différentes parties de l'horizon, par des montagnes. Elle n'est belle qu'au sud-ouest, et à l'ouest; parce que là n'étant offusquée par rien, elle s'étend sur le ci-devant Limousin, le Rouergue, et le Bas-Languedoc.

La plus vaste, sans contredit, est celle du Mont-d'Or; et tu en auras une idée, quand je t'aurai dit que de cette montagne on voit les Alpes; et qu'elle-même, dit-on, s'aperçoit de Nevers qui en est éloigné de trente lieues, et des environs de Montauban, qui en est à près de quarante. Cependant, comme elle est en-

tourée

tourée aussi d'autres montagnes, qui, bien que moins hautes, le sont néanmoins encore beaucoup, l'œil rencontre presque par-tout des obstacles qui l'arrêtent; et il n'a, pour ainsi dire, que des percées vers certaines parties de l'horizon, totalement découvertes.

Dôme, quoiqu'avec un lointain moins étendu, offre un tableau bien plus satisfesant; parce qu'outre l'avantage d'être isolé de toutes parts, de dominer toutes les hauteurs qui l'entourent, et par conséquent de n'être borné qu'à l'horizon, excepté vers les Monts-d'Or; il a encore celui de ne montrer en perspective qu'un pays agréable et varié, aussi intéressant par sa population que par sa culture.

Quant aux détails, objet qui fait le principal agrément d'une vue, ceux du Mont-d'Or, sans être ni aussi nombreux ni aussi riches qu'à Dôme, ont un avantage cependant; c'est d'être plus rapprochés, et sur-tout plus frappans par leurs grands effets et par leurs contrastes. Dans ce nombre, je compte six lacs, parmi lesquels il faut distinguer, au sud-est, celui de Pavin, dont je parlerai ailleurs; plusieurs vallons, très-verds et très-agréables, entre autres celui des Bains; des ruisseaux qui serpentent à travers ces vallons, et dont les sinuosités, tantôt cachées, tantôt apparentes, amusent et trompent l'œil tour-à-tour; des gorges, dont il est impossible de se peindre l'horreur; des monticules, de formes diverses, et vus à vol-d'oiseau; des flancs de montagnes, déchirés dans toute leur longueur; des forêts de sapins; des roches arides et nues; enfin, des précipices et des éboulemens sans nombre.

Je sais tout ce qu'a de mérite, aux yeux du peintre, ce genre de beautés; mais pour qu'un paysage plaise à l'homme, il ne suffit pas, selon moi, des beautés de la nature agreste; il faut qu'il y voie encore l'homme et ses travaux. Au reste, ce que je dis ici du Mont-d'Or, tu peux l'appliquer au Cantal; ce que j'ai dit de Violant, tu le rapporteras également à Mary. Nulle part, sur ces montagnes, tu n'apercevras de traces humaines. Pour rencontrer quelques vestiges de culture, tes yeux seront obligés d'errer au loin. Sans certains villages, semés çà et là par les vallées, tu te croirais dans un désert. En vain, tu chercheras autour de toi un être vivant, tu n'y démêleras que des troupeaux répandus sur les herbages, ou des oiseaux-de-proie qui planent dans les airs. En vain, tu prêteras l'oreille, pour saisir quelques sons humains; il n'y retentit d'autre bruit que le fracas des cascades, le mugissement des taureaux, et, de tems à autre, le chant de quelque pâtre, dont la voix rauque et sauvage est répétée par l'écho des vallons.

Enfin, pour résumer ce que je pense sur cet article, le Mont-d'Or offre, de près, des tableaux du plus grand effet; mais ces tableaux sont morts, c'est l'image glaçante de la solitude. Au loin, la vue y est sans borne; mais elle est vague et monotone. On l'admire; mais elle attriste, et bientôt on la quitte avec ennui. Dans celle de Dôme, au contraire, tout rit, tout enchante. Tandis que Dor nous présente, à contempler, des déserts, Dôme nous place dans le centre du plus beau pays. En un mot, nous nous éloignons de l'un sans regrets; et, en quittant l'autre, nous voudrions le revoir chaque jour.

Dôme, après avoir été autrefois dévoré par les flammes, est maintenant battu par les vents, par les pluies et les orages: ou plutôt, il est l'arsenal où se forment les tempêtes et les pluies qui vont féconder ou ravager la Basse-Auvergne; et je pourrais lui donner, à juste titre, l'épithète qu'Homère donnait au maître des dieux, celle d'*assemble-nuages*.

Illic et nebulas, illic consistere nubes
Jussit, et humanas motura tonitrua mentes,
Et cum fulminibus facientes frigora ventos.
Ovid. mét.

Il y a des jours où il reçoit une quantité d'eau si démesurée, qu'elle suffirait presque pour couvrir la Limagne entière; et cependant, quoique fréquemment inondé par ces torrens et ces déluges, sa roche brûlée s'en imbibe si facilement, le terrein d'alentour est si poreux, qu'il n'a presque aucun ravin, et qu'il n'a pas une seule source.

La fontaine qui en est la plus voisine est celle qu'on voit à la ferme de Villeneuve, à mi-chemin environ du puy et de la *Barraque*. Il y en a une autre à la Barraque; et une troisième vers l'ouest, du côté d'Alagnat. Sans doute il va plus au loin en former d'autres; et je regarde comme certain, d'après la pente du terrein et l'inspection des lieux, que c'est à lui seul que sont dues la *Font-* (fontaine) *de-l'arbre*, et celles de Fontanat et de Royat, qui, toutes trois, réunies ensemble, vont former le ruisseau de Clermont. Ainsi ce mont dont le voisinage est, pour la ville si fâcheux et si redoutable, lui devient utile au moins par le courant d'eau dont il compense tous les maux qu'il lui porte.

Cette vertu qu'il a d'attirer et d'absorber les nuées, est devenue le baromètre des Clermontois. Voient-ils sa cîme pure et nette; ils sont sûrs d'un tems serein. Est-elle enveloppée de brouillards; ou, selon leur expression populaire, *Dôme prend-il son chapeau*, ils pronostiquent du mauvais tems; et jamais cet oracle ne les trompe.

Nous ne connaissons pas encore ce que c'est que cette vertu secrète qui fait qu'un corps en attire un autre, ou qu'il est attiré par lui. Mais, comme nous en voyons par-tout les effets, et qu'elle paraît être une loi de la nature, il a fallu la désigner par un mot quelconque; et on l'a nommée *attraction*. Dans le ciel, c'est cette attraction, qui retenant les planètes dans leur orbite elliptique, les fait circuler autour du soleil; c'est elle, qui réunissant ou opposant, sur notre globe, l'action du soleil et de la lune, soulève nos mers, et y produit, deux fois le jour, ce mouvement alternatif que nous appelons marée.

Notre globe, ainsi que les différentes parties qui le composent, a aussi son attraction ; et dans les grandes masses, telles que les montagnes, on la voit agir sensiblement sur les nuages. J'en ai vu la preuve au puy de Dôme ; et ce spectacle, la première fois que j'en fus témoin, me frappa même tellement, que sans cesse, soit à Clermont, soit à la campagne, j'avais les yeux sur ce pic. Si l'atmosphère n'est chargée que de ces vapeurs déliées et invisibles qui n'empêchent point le ciel d'être beau, ou si les nuages sont trop élevés, son attraction ne peut agir sur eux. Alors sa cîme est pure et nette ; et c'est ainsi qu'il devient le signe d'un beau tems. Si, au contraire, les nuages deviennent plus pesans et s'abaissent, alors la force attractive des soixante montagnes de la chaîne agit sur eux. Forcés de céder à cette masse puissante, ils s'en approchent ; mais dans leur descente, rencontrant Dôme, qui plus élevé et plus considérable qu'elles, a une action antérieure et supérieure à la leur, ils se portent vers lui et vont se réunir autour de sa cîme.

Cent fois j'ai vu l'effet que je t'annonce

ici; et il semblait une expérience particulière, ordonnée pour mon instruction, ou pour mon plaisir. Des nuages étaient à une grande distance de Dôme; tout-à-coup ils changeaient de direction pour s'approcher de lui; en avançant, ils augmentaient de vîtesse, et venaient avec impétuosité s'y précipiter, les uns après les autres. Quelquefois ils lui formaient une couronne, qui, selon leur volume et l'état de l'atmosphère, avait plus ou moins de hauteur. Tantôt ils l'enveloppaient tout entier, et prenant sa forme, semblaient un cône de nuage qui s'élançait dans l'azur des cieux; tantôt ils planaient au-dessus de lui, ils ne le touchaient que par leur couche inférieure, et paraissaient une montagne lumineuse, placée en équilibre sur la pointe d'une montagne verte. Souvent une nuée ne venait toucher le puy que par une de ses extrémités; clair et brillant dans tout son contour, excepté à l'endroit où elle le joignait, il la tenait ainsi suspendue dans sa situation horizontale; jusqu'à ce qu'il l'eût peu-à-peu sucée et absorbée toute entière.

J'ai vu un effet plus singulier encore. La nuée, après être venue frapper le cône horizontalement, à l'instant même, et comme par une puissance magique, changeait de situation; elle tombait perpendiculairement le long de la montagne, ainsi qu'un corps solide qu'on aurait cessé de soutenir. Dans sa chûte, elle y roulait en tourbillons; et s'éclaircissant à mesure qu'elle tombait, finissait par disparaître entièrement. Plusieurs fois il m'est arrivé de voir le ciel parfaitement pur dans toute sa circonférence, et la chaîne des puys totalement couverte de nuages. Ils s'étendaient sur elle en forme de bande, et en suivant sa longueur. Ceux qu'attirait la cîme de Dôme, étaient plus hauts que les autres; et la bande, avec cette hauteur, ressemblait à certains leviers de balance, qui, arqués dans leur milieu, sont portés sur un pivot.

Je serais trop long, si je te détaillais tous les phénomènes dont j'ai été témoin en ce genre. Il en est un pourtant que je veux te raconter encore; parce que l'ayant vu sur la montagne même, je n'ai pu y craindre aucune illusion d'optique. D'ailleurs, celui-ci m'a fait un double plaisir; en ce qu'après m'avoir montré la formation et la naissance des nuages à la superficie de la terre, et pour ainsi dire *ab ovo*; après m'avoir montré leur ascension dans l'atmosphère, il m'a fait voir encore leur chûte sur Dôme.

J'étais parti, dans les premiers jours d'oût et de très-grand matin, avec mon frère, pour aller au puy; et l'un des plaisirs que nous nous promettions dans ce voyage, était de voir, à la montagne même, l'effet des premiers rayons du soleil sur le vaste horizon qu'on y découvre.

Un événement imprévu nous empêcha d'arriver à tems; et nous n'étions encore qu'aux premières montagnes, quand le soleil se leva. Alors, ayant arrêté mon cheval, pour jouir au moins du spectacle que pouvait m'offrir la Limagne daus ce moment brillant, je fus étonné de voir à cette plaine l'apparence d'une mer sans rivages. Un brouillard épais et lourd la couvrait au loin, et lui donnait cette ressemblance d'océan. Tout en était couvert; excepté quelques langues-de-terre, qui plus élevées ou plus sèches, paraissaient s'avancer dans cette mer comme des promontoires. Il n'y avait, au-dessus de la vapeur, que quelques monticules, et sur-tout celui de Clermont; mais tandis que leur tête était éclairée par un soleil éclatant, leur pied baignait dans l'air humide, et l'on eût dit des îles au milieu des flots.

L'aspect de la mer n'était point nouveau pour moi. J'en ai joui cent fois sur les côtes de Bretagne, de Flandres et de Normandie ; et ici, quoiqu'à chaque instant je me disse à moi-même que ce que je voyais était une terre, à chaque instant cependant j'avais besoin de ma raison pour n'être pas trompé. Nulle part encore je n'ai vu un mensonge qui ressemblât autant à la vérité. Au reste, ce spectacle, qui est commun à quelques autres pays, n'est point rare en Auvergne ; et j'ai appris, depuis, qu'on en jouit assez fréquemment ; sur-tout au printems, après les dégels ; et en été, après quelques pluies.

Tant que la vapeur conserva sa surface plane, elle fut stagnante et tranquille ; mais bientôt dilatée par la chaleur du soleil, et devenue plus légère, elle commença de s'élever, et se pelotonna. Alors elle donna prise aux vents ; et cette mer, qui pendant quelque tems avait paru si calme, devint tout-à-coup orageuse. Les divers pelotons, roulant sur eux-mêmes, s'élevant, s'abaissant, se poussant et se repoussant les uns les autres, imitèrent très-bien le mouvement des vagues. Je m'amusais de ce roulis; mais au milieu de cette agitation, les prétendues vagues continuaient toujours de s'élever; bientôt elles devinrent des nuages; et alors toute l'illusion cessa.

Je repris ma route. Néanmoins, comme ces nuages étaient encore au-dessous des hauteurs où nous nous trouvions, et que je pouvais les observer sans peine, je ne les perdis point de vue. Ils montaient toujours; non en masses, mais par portions séparées, et conservaient une belle couleur blanche. Arrivés à notre hauteur, ils s'ammoncelèrent, se réunirent, se groupèrent; et alors devenus plus denses, ils prirent des teintes noires et foncées. Enfin, ils s'élevèrent beaucoup au-dessus de nos têtes; et en ce moment je cessai de les observer, parce que je crus qu'il n'y avait plus d'observations à faire.

Quand nous fûmes au pied de Dôme, nous vîmes tout-à-coup sa crête s'envelopper de brouillards si épais, que désespérant d'y rien voir, nous prîmes la résolution de tourner ailleurs. Une chose m'arrêta cependant. Le vent venait de s'élever; il soufflait sud-est, et portait les nuages vers nous. Je remarquai que ces nuages, au lieu de s'avancer parallèlement et sur une seule et même ligne dans l'atmosphère, venaient tous, par des directions convergentes, se rendre à la montagne. On eût dit que le ciel, jaloux de se montrer dans toute sa pureté, cherchait à s'en délivrer, en les poussant-là. Tous s'y portaient également; et ils semblaient enfin s'y précipiter; comme un corps pesant, qui lancé de fort haut, tombe dans un abyme.

Je n'hésitai plus. Nous montâmes par la Gravouse. Mais à peine fûmes-nous sur le petit Dôme, que la scène parut être voisine de nous. Les nuages ne s'abaissaient pas assez pour couvrir celui-ci; ils descendaient le long du grand puy; et coulaient, par le col qui les sépare tous deux, vers les parties inférieures de la montagne. Ce n'était qu'un brouillard grisâtre; mais il était assez épais pour nous cacher Dôme. Quoi qu'il ne fût qu'à dix pas de nous, il n'arrivait pas jusqu'à nous cependant; et malgré sa rapidité, il paraissait contenu entre deux limites, comme une rivière qui coule entre ses deux rivages. La hauteur où nous nous trouvions était très-claire; le soleil y luisait même par intervalles.

Pour monter à Dôme, il fallait s'enfoncer dans le courant de brume; et c'est ce que nous fîmes. Alors nous nous trouvâmes dans une telle obscurité qu'à quelques pas autour de nous, nous avions peine à distinguer les objets. En peu de tems, je sentis mon habit humide. A la vérité, nous avions pris sur cela notre parti. Je savais que ces brouillards mouillent très-fort; et en conséquence, nous nous étions attendus, avant de monter, à être percés jusqu'à la peau.

Notre magnanime résolution fut inutile. A mesure que nous montâmes, la brume devint de plus en plus froide, et de plus en plus claire; mais en même tems, elle devint sèche: et quoique par-tout, sur notre route, l'herbe eût déjà été mouillée, par la rosée du matin, aussi abondamment qu'après une grande pluie; cependant nous arrivâmes au pic avec nos habits aussi secs que si nous avions marché dans la plaine. Il est vrai que le froid y était très-piquant; et que m'étant assis pour écrire mes observations, je fus obligé de me réchauffer la main avant de pouvoir tenir la plume.

Nous étions-là au-dessus de la vapeur; et dans cette situation, ce n'était plus pour nous du brouillard, c'étaient des nuages. Après les avoir vus, sur le chemin, me cacher le ciel, je les voyais ici me cacher la terre. Tant que ma vue pouvait s'étendre, je n'apercevais au-dessous et devant moi qu'une mer de nuages. Jamais je n'avais joui de cette belle décoration ; et l'effet m'en était nouveau. Accoutumés à voir les nuées dominer sur nos têtes et ordonner seules de notre terre, ainsi que de notre ciel, nous ne les regardons qu'avec cette sorte de terreur ou de plaisir qu'on sent à la vue des maîtres de sa fortune et de son sort. Ici tout changeait. Non-seulement je n'avais plus rien à redouter des orages qu'elles pouvaient porter dans leur sein ; mais je les voyais à mes pieds, je les dominais à mon tour, et paraissais leur commander. La pyramide gigantesque qui en ce moment m'élevait au-dessus d'elles, m'inspirait je ne sais quelle fierté indéfinissable. Quoique je ne fusse-là qu'un atôme, il me semblait néanmoins participer à sa grandeur, et partager sa puissance ; et ce sentiment, que j'étais tout surpris de trouver dans mon ame, et que je n'approfondissais qu'en rougissant, me donnait cependant un plaisir dont je ne pouvais me défendre.

Ce plaisir au moins était justifié par le spectacle qui s'offrait à moi. Le vent poussait avec rapidité les nuages vers la chaîne des montagnes où j'étais. L'attraction de Dôme les amenait tous sous mes pieds ; et successivement ils venaient tous passer sous mes yeux. A l'extrêmité de l'horizon, l'éloignement me les fesait paraître immobiles. Un peu moins loin, ils semblaient s'ébranler ; d'autres, plus rapprochés encore, marchaient avec quelque rapidité ; enfin, leur vîtesse s'accélérant toujours jusqu'à la montagne, ils venaient, comme je te l'ai déjà dit, s'y précipiter impétueusement. Variés à l'infini dans leurs formes, arrondis, découpés, séparés par pelotons, réunis en grandes masses ; tantôt tourbillonnant les uns sur les autres, tantôt s'entr'ouvrant et se déchirant dans une largeur immense, ils présentaient des accidens si multipliés et si rapides, qu'à peine mon œil pouvait les saisir. Quelquefois ils venaient frapper la montagne en tel nombre, et sous un tel volume à la fois, qu'ils jaillissaient verticalement jusqu'à la crête du pic et nous entouraient tout-à-coup d'un brouillard épais. Nous restions ainsi, quelquetems, sans pouvoir rien distinguer. Mais bientôt le vent, emportant au loin le voile obscur qui nous enveloppait, et déroulant, pour ainsi dire, le ciel tout-entier devant nous, développait de nouveau, à nos regards, l'immensité d'un azur sans taches.

Ce que tu éprouverais au milieu des mers, si tout-à-coup on t'y plaçait sur un rocher contre lequel viendraient se briser les flots; voilà exactement ce que j'ai éprouvé sur Dôme, assis au-dessus des nuages. Mon océan avait aussi son mouvent et ses vagues; mais il était suspendu dans les airs; et ce qui sur-tout ajoutait à sa magnificence, c'est que dans toute son étendue il était illuminé par un soleil brillant. Tu ne saurais imaginer, mon ami, quel éclat répandait sur lui cette clarté éblouissante; quels reflets étincelans lui donnait la variété si mobile de ses ondulations; et surtout le coup-d'œil magique qu'il aquérait soudain, quand, après nous avoir été caché pendant quelques instans par un brouillard, il se remontrait à nous inondé de lumière. Selon que par leur position diverse, les vagues qui le composaient s'offraient plus ou moins directement aux rayons solaires, elles présentaient des couleurs différentes. Ainsi, tandis que les
                                                                unes,

unes, frappées directement par la lumière, éblouissaient de blancheur, dautres, ombragées par celles-ci, avaient la noirceur d'une nuée d'orage, et semblaient des blocs de lave entourrés de montagnes de neige.

Les nuages étaient à la fois, et trop considérables, et poussés par un vent trop violent, pour que la montagne pût, dans leur passage, les absorber en entier. Ils venaient la frapper par sa face antérieure; mais poussés par d'autres, et forcés d'avancer, ils se partageaient en deux courans; et après avoir circulé par ses côtés, ils allaient se rejoindre au nord-ouest, et former des nuées nouvelles. Dans leur passage, ils ne suivaient point la direction horizontale avec laquelle ils étaient venus; ils baissaient, et descendaient obliquement, en cédant à la force qui les attirait sur Dôme. Mais quand ils étaient à quelque distance de lui, je les voyais se relever, reprendre dans l'atmosphère la hauteur où les portait leur équilibre, et aller promener au loin, sur les campagnes et sur les vallons, leur ombre errante.

Quelle conséquence tirer de tout ceci? il en est plusieurs. Tu as vu les montagnes attirer les nuages ; tu vas voir ces nuages produire les vents, les grêles, les pluies, neiges et orages, auxquels l'Auvergne est sujette. Tout se tient dans la nature ; je te l'ai déjà dit ; et ce qui était effet, devient cause à son tour. Je vais donc te parler du climat de l'Auvergne; l'ordre de mes matières m'y conduit ; et cet article n'est pas un des moins intéressans.

LETTRE XXXIX.

Pluies abondantes ; phénomène particulier dans l'attraction des nuages. Ouragans. Villages dans les vallées ; toits plats ; point de moulins-à-vent. Ecirs neigeux. Ecirs venteux. Effets de l'écir sur la neige ; signaux de reconnaissance sur les chemins.

Si l'on considère, sur une carte, la position de l'Auvergne, on a de la peine à concevoir comment un pays éloigné de la mer, et sans eau (car je ne compte pour rien quelques lacs de peu d'étendue, et des torrens qui sont à sec pendant une partie de l'année), fournisse cependant à des pluies si abondantes. Mais ce pays, situé au centre de la France et très-élevé par lui-même, est couvert de montagnes, dont plusieurs sont fort hautes. De quelque point de l'horizon que souffle le vent, il lui apporte des nuages ; et tu as vu, dans ma dernière lettre, que ces nuages vont s'accumuler autour des montagnes, et qu'elles ont, pour les attirer, une force, inconnue, mais irrésistible et très-réelle.

Cette force croît-elle en raison de la masse et, toutes choses égales, une montagne plus grosse qu'une autre, attire-t-elle plus de nuages ?

D'après les principes de l'attraction, enseignés par la physique, je l'ai cru. Cependant il paraît que la forme, plus ou moins aiguë, de ces gibbosités de la terre, influe plus ou moins sur leur action; au moins, dans certaines circonstances : et ce qui m'autorise à le penser est un hasard dont j'ai été témoin. Les voyageurs ont quelquefois de ces bonnes fortunes. Pour en tirer parti, il ne faut que s'être accoutumé à ouvrir les yeux.

Le 17 juillet, j'étais, par un tems très-beau, sur le pic de la croix, au Mont-Dor; quand, tout-à-coup, au-dessous et autour de moi, les parties élevées de la montagne parurent s'obscurcir de brouillards. Bientôt la brume devint plus épaisse. Peu-à-peu elle s'abaissa. Enfin, je la vis descendre, et rouler en tourbillons jusques dans les vallées et les gorges; et insensiblement tout en fut enveloppé. Mais en même tems je remarquai aussi qu'il n'y eut d'abord que les sommets terminés en pic ou hérissés de roches pointues, qui furent obscurcis de la vapeur. Pendant plus d'une heure, les cîmes qui étaient rondes ou plates, restèrent nettes, quoique plusieurs néanmoins fussent plus élevées que les premières. Elles ne furent pas même atteintes du brouillard, lors qu'il commença de couler dans les vallons, et que par conséquent, après avoir été élevé au-dessus d'elles, il s'abaissa au-dessous. Elles semblaient l'écarter et le repousser. Enfin, de toutes les parties du Mont-Dor, ce furent celles qu'il couvrit les dernières ; et cependant quelques-unes avaient plus de volume que les sommets aiguës.

Cette nullité d'action, malgré un excès de masse, est un fait remarquable; et il me frappa d'autant plus, que les pointes, comme je te l'ai dit, manifestèrent leur attraction dès l'instant même que la vapeur commença d'être sensible. Peut-être y avait-il, en tout ceci, de l'électricité. Je me contente d'indiquer ici ma conjecture. Combien de choses doit laisser à dire un étranger et un voyageur, qui pressé de tout voir, ne peut donner à chaque objet que des momens, et qui après avoir entrevu quelque part un fait intéressant, se voit dans l'impossibilité de revenir l'examiner une seconde fois, et par conséquent d'y découvrir peut-être de nouveaux aperçus, plus curieux encore que les premiers!

Ces courans, ces chocs et ces fontes subites de nuées doivent nécessairement occasionner, dans l'air, des commotions, dont résultent des tempêtes et des ouragans affreux. Il en est de si violens, que plus d'une fois, sur la route de Rochefort et sur celle de Pontgibaud, c'est-à-dire, à droite et à gauche du puy-de-Dôme, on a vu des charrettes, très-chargées, renversées par eux. Souvent on trouve, en voyageant, des arbres qu'ils ont fracassés, des maisons même qu'ils ont, ou renversées, ou, en partie, détruites. A Malrieu, dans la vallée de Saint-Paul, près Salers, on m'a montré un effet, plus extraordinaire encore, de leur violence. Au mois de mars, 1786, une grange étant entrouverte, soudain une bouffée de vent y entra, fracassa la porte, et sortant par le comble, enleva le toit de dessus ses murs. Mais elle l'emporta tout entier, avec sa charpente et tout ce qui le composait; et, sans le déranger aucunement, alla le déposer à dix pas de-là, comme elle y eût porté ton chapeau, si elle te l'avait ôté de dessus ta tête.

Quoiqu'à mon avis, la pression, la dilatation, la condensation des nuages attirés par les montagnes, forment, dans l'atmosphère, des courans d'air, dont la vîtesse est en raison du mouvement qu'ils reçoivent, je n'ai garde de croire qu'en Auvergne tous les vents doivent leur origine à cette cause. Je suis convaincu, au contraire, que là, comme ailleurs, ils en ont plus d'une; et je n'en veux, pour preuve, que le fait suivant.

J'allais, avec mon frère, dîner à la campagne, vers la fin de septembre, au levant de Clermont. Quoiqu'il ne fût pas encore neuf heures, le soleil était très-chaud; le vent soufflait sud; et jamais je ne vis un plus beau ciel. Mais, en peu de tems, ce vent devint si violent, qu'il cassa sous nos yeux de très-grosses branches d'arbres, et que notre postillon avait de la peine à se tenir sur son cheval. Malgré cette violence cependant il soufflait continûment et sans interruption; et non par bouffées, comme font ordinairement tous les vents de tempête. Enfin, il dura ainsi jusqu'au soir;

mais ce que je remarquai, et je le repète, c'est que les nuages n'entraient pour rien dans ses effets ; c'est que les cîmes des hautes montagnes étaient parfaitement nettes ; et que dans le ciel entier, tant que ma vue pouvait s'étendre, il était impossible d'apercevoir la plus petite nuée. Il est vrai que dans la nuit, le vent tourna à l'ouest ; et que le lendemain, au lever du soleil, commença une pluie, qui d'abord accompagnée de tonnerre, dura, presque sans interruption, soixante heures. C'est celle dont je t'ai parlé ailleurs, et celle qui me donna lieu d'observer l'inondation de la Limagne.

Les dégats que font, sur leur passage, ces terribles souffleurs, ont influé sur l'architecture du pays. C'est pour donner moins de prise à leur irrésistible impétuosité, que les villes et villages des montagnes sont bâtis presque tous dans des vallées ou des gorges ; et que les toits sont non-seulement plats et surbaissés, mais qu'on les couvre encore, ou avec des lames de basalte, matière extrêmement pesante, ou avec des tuiles en gouttière qui ne fesant point corps entre elles aussi étroitement que nos tuiles plates, sont moins sujettes à être enlevées.

Te dire après cela que dans toute l'Auvergne il n'existe pas un seul moulin-à-vent, et qu'il ne serait pas même possible d'y en conserver un seul, est, je crois, une chose inutile. Heureusement pour la contrée, elle a des ruisseaux en grand nombre ; et l'on y a multiplié assez les moulins-à-eau, pour satisfaire aux besoins des habitans.

Les ouragans d'hiver s'appellent *écirs*. Je t'ai déjà dit quelque chose de ceux-ci, en te parlant de la Chaise-Dieu et de la Tour. Je t'ai décrit la violence de ces tempêtes, le déluge de neige qui les accompagne, l'impossibilité où elles mettent de distinguer autour de soi aucun objet, la coutume qui règne dans les communes de sonner alors les cloches, pour guider, par le bruit, les personnes qui seraient en route ; enfin, le danger trop certain que court un voyageur, au milieu des tourbillons qui l'aveuglent, de tomber dans quelque précipice et d'y périr enfoui. C'est ce qui arriva, il y a sept ou huit ans, à deux marchands Bordelais, dont j'ai entendu conter le malheur, lorsque j'ai parcouru les environs des

Monts-Dor. Surpris par un écir avant d'avoir pu gagner une habitation, ils s'égarèrent, et périrent.

Il y a un autre écir, qui semblable au premier par l'impétuosité, n'est pourtant qu'un simple ouragan sans neige.

Celui-ci diffère des ouragans de certaines îles et de certains continens, en ce qu'il ne souffle point toujours, comme eux, d'un point déterminé de l'horizon, et qu'il n'a, ni une époque constante, ni une direction fixe, ni une durée connue. Dans les montagnes d'Auvergne, c'est un vent quelconque; mais il ressemble aux derniers, en ce qu'il a une violence affreuse, et que, comme eux, il souffle, sans interruption et avec la même impétuosité, pendant plusieurs jours.

Par-tout où il passe, il pousse et balaie devant lui la neige. La force avec laquelle il la chasse est même telle, qu'elle pénètre dans les greniers à travers les tuiles du toit, et qu'on est obligé de couvrir en chaume les granges où l'on veut conserver des grains.

Celle dont il dépouille, en partie, les champs et les montagnes, il la porte dans les gorges, les ravins et les ruisseaux. Elle chemine; toujours poussée en avant, jusqu'à ce qu'il s'élève un abri, devant et derrière lequel elle s'arrête. Plus de chemins. Ce qui auparavant était creux, devient de niveau avec la terre. Le cit. Duvergier, ci-devant prieur-curé de Sauzet-le-Froid, aux environs du Mont-Dor, m'a dit qu'en 1786, sa cour, dont le mur a six ou sept pieds de haut, avait été ainsi tellement comblée, que pour aller à son église, il s'était vu forcé de passer par-dessus la muraille. Les ruisseaux alors sont entièrement cachés ; et la neige devient une masse sous laquelle l'eau coule.

Dans les lieux où la fontaine publique se trouve hors de l'enceinte du village et fort exposée aux vents, cette fontaine est toujours entourée, en partie, par un mur, qui ordinairement a six ou sept pieds de hauteur. Lors d'un écir ou d'un ouragan, le mur sert à garantir les bestiaux qu'on mène à l'eau. Sans cette précaution, ils auraient tant à souffrir, ou de la violence du vent, ou du fouet de la neige, qu'ils ne pourraient boire.

Au voisinage des montagnes, l'écir produit un autre effet. Ses tourbillons viennent y enlever la neige. Ils la jettent au loin, par monceaux, sur les terres voisines ; et malheur aux voyageurs et aux voituriers qui se trouveraient là en ce moment. Chemins, fossés, ravins, tout est comblé, à plusieurs pieds de hauteur. On n'ose plus passer sur ces routes, sans craindre d'y rester enfoui; et le commerce reste interrompu, jusqu'à ce qu'une pluie ou un autre vent quelconque les ait un peu mises à découvert, ou que quelque roulier, plus hardi ou plus expérimenté, aille, à ses risques, frayer le chemin. Lorsque j'ai passé à Pontgibaud, l'aubergiste chez qui je logeais m'a dit que, l'hiver précédent, des voituriers avaient été forcés de rester chez lui huit jours entiers; arrêtés ainsi par la chûte et le transport des neiges de Dôme.

Aussi a-t-on pris des précautions pour les guider dans ces momens de péril. D'espace en espace, sur cette partie de la route qui est voisine du puy, on a construit des piles de pierres, qui, par leur hauteur, toujours élevées au-dessus de la neige, servent à indiquer au voyageur la vraie direction de sa marche; et, comme la plupart s'étaient dégradées et détruites, l'assemblée provinciale, en 1787, s'occupa du soin de les faire réparer.

Dans les montagnes, et sur-tout aux carrefours, j'ai vu beaucoup de ces signaux de reconnaissance. Ordinairement, ce sont des croix, ou de gros blocs de laves, plantés perpendiculairement. Avec ces indications, le paysan trouve à se conduire ; ou bien il prend par les hauteurs et les terres labourées, que le vent a découvertes en balayant la neige.

Est-il à cheval, et obligé de traverser un vallon où il soupçonne quelque ruisseau ou quelque ravin ; alors il met pied à terre, et fait marcher sa monture en avant. Si la bête s'enfonce, au moins le maître ne court aucun risque ; et il en est quitte pour aller, à la commune voisine, chercher quelques hommes, qui avec des pelles viennent enlever la neige et dégager l'animal.

Au reste, en lisant tout ceci, tu te rappeleras avoir lu, chez les voyageurs, que dans les contrées du nord les tempêtes de neige sont également très-fréquentes ; qu'elles produisent là les mêmes accidens qu'en Auvergne ; et que les Lapons, pour reconnaître leurs chemins pendant l'hiver, y plantent, d'espace en espace, des branches de sapin ; comme les Auvergnats montagnards élèvent, le long des leurs, des croix et des pyramides.

Deux pays, très-éloignés entre eux, peuvent éprouver les mêmes phénomènes ; la nature a pu les rendre semblables et n'y suivre qu'une seule et même loi. Mais si des hommes y habitent, dès ce moment naîtra, dans les deux contrées, une nouvelle ressemblance. Obligés de se défendre contre les mêmes fléaux, ils emploieront nécessairement les mêmes moyens; et le lecteur inattentif, qui lira leur histoire, sera surpris d'y trouver une conformité, que la nature des choses y ordonnait, et qu'il attribuera à toute autre cause.

LETTRE XL.

Orages ; leur formation sur les montagnes ; leur violence. Tempête pareille à celle nommée œil-de-bœuf, au Cap. Grêles. Désastre occasionnés par elles. Cantons sujets à la grêle ; d'autres, non-sujets. Usage de sonner les cloches. Anecdote sur les géographes qui levaient la carte d'Auvergne.

SI dans certaines saisons et dans certaines circonstances, les nuages qu'attirent les montagnes ne produisent que des pluies et des tempêtes ; dans d'autres, ils enfantent des grêles, des orages et des tonnerres. C'est une chose très-ordinaire, en été, de voir une nuée électrique se former autour de Dôme ; puis, après l'avoir frappé d'une infinité d'éclairs, et souvent même de quelques coups de foudre, s'étendre, par la force expansive de son action même ; pour aller porter, à plusieurs lieues de là, l'épouvante et le ravage.

Des personnes, dignes de foi, et que le hasard avait conduites en promenade sur le puy dans un moment où une nuée à tonnerre vint s'y porter, m'ont assuré avoir vu, sous leurs pieds, les éclairs jaillir d'un nuage à l'autre, et la foudre éclater. Long-tems j'ai envié leur bonheur. J'eusse donné tout au monde, j'eusse tout risqué, pour pouvoir observer de près ce brillant météore; le plus inexplicable à la fois et le plus formidable de tous ceux que l'homme connaît. Dans tous les voyages que j'ai faits aux environs de Dôme, j'ai constamment épié l'occasion de pouvoir en être témoin ; et toujours mes vœux ont été frustrés.

Une fois, une seule fois, j'en eus l'espérance. Je me trouvais près de Côme, l'une des montagnes de la chaîne. Une nuée arrivait des Monts-Dor, avec un grand fracas de tonnerre, et des éclairs redoublés; et elle se portait sur Dôme. Déjà son extrémité antérieure nous avait atteints, et la pluie commençait à tomber fortement. Je courus vers la montagne, ravi de joie; mon cœur palpitait d'aise. Hélas ! mon bonheur ne dura qu'un instant. La pluie cessa tout-à-coup; le nuage alla crever tranquillement sur un village voisin ; et ce plaisir d'observation, que j'attendais avec tant d'impatience, ce plaisir dont mon
imagination

imagination s'était fait depuis long-tems une peinture si enchanteresse, je le vis s'échapper, au moment même où je me croyais prêt à le saisir.

Ce qui peut rendre excusable le désir téméraire qui m'occupait alors ; c'est qu'en effet il n'y a qu'une montagne élevée, d'où l'on puisse observer, avec quelque fruit, la formation et les effets d'un orage. De quelque côté qu'il s'annonce, le vaste horizon dont on jouit permet de le voir naître, s'avancer, et s'accroître. C'est autour du spectateur, c'est presque toujours sous ses pieds, qu'il vient gronder. Enfin, s'est-il grossi d'autres nuages ; il s'écarte, portant à-la-fois dans ses flancs, et des fleuves d'eau qui inondent, et des torrens de feu qui détruisent et consument.

Les voyageurs auxquels nous devons des relations du Cap-de-Bonne-Espérance, nous parlent tous de cet ouragan fameux, si redouté des matelots, et qui commençant au loin par un petit nuage noir qu'ils ont appelé *œil-de-bœuf*, vient crever autour de la montagne de la Table et produire sur la mer une tempête horrible.

Le même phénomène arrive autour du Cantal ; et le cit. Brigade en a fait la remarque. Les pâtres de la montagne ont appris, par expérience, à le connaître et à l'annoncer. Souvent nos yeux, dans toute l'étendue du ciel, ne distinguent rien qui les frappe; et les leurs, plus exercés, aperçoivent, à une certaine hauteur, une vapeur légère, qu'ils font remarquer. Bientôt, elle grossit; elle devient nuage; et, dans sa route, se gonflant d'autres nuées qu'elle absorbe, par un prodige inconcevable elle les change en grêle ou en foudre.

Pour se former une idée des orages d'un pays de montagnes, il faut en avoir vus. Leurs éclairs ont une lueur si éblouissante et des fusées de feu si fréquentes et d'une telle longueur, que l'œil ne peut en soutenir l'éclat. Il en est de même de leur tonnerre. Ceux de nos autres départemens ne sont, en comparaison, qu'une pétarade de feu d'artifice, ou un orage-d'opéra. Soit effet des échos multipliés qui le répètent, soit plutôt abondance de ce fluide électrique que lui fournit l'affluence convergente des nuages, il gronde avec des roulemens si sonores; ses éclats ont un fracas si retentissant; ses déchiremens enfin sont si perçans, si aigus, qu'involontairement tout le corps en frissonne.

Encore, s'il ne produisait que du bruit,

bientôt l'habitude rendrait nul son vain murmure; mais il frappe, et ne cause souvent que trop de dommages. « Une observation de quinze » années sur un espace de dix lieues quarrées » autour du Cantal, dit le cit. Brioude dans » sa *Topographie médicale de la Haute* » *Auvergne*, m'a fait voir, chaque année, » quelque ferme brûlée, nombre de bestiaux » tués, et au moins cinq ou six personnes. »

Par une sorte d'instinct naturel, les animaux sauvages semblent pressentir ces momens de terreur, et ils fuient tous. Les bestiaux eux-mêmes témoignent dans leurs pacages une sorte d'épouvante. Ils s'agitent, courent de côté et d'autre, et se cachent autant que le lieu le permet. Bientôt les coups de vent qui s'élèvent les obligent à se tenir couchés. Mais ce qu'ils paraissent craindre le plus, et ce qui en effet est le plus à craindre pour eux, c'est la grêle. Quelquefois elle a tant de grosseur, et le vent ajoute à sa chûte une telle force, que les jeunes veaux en sont tués, et leurs mères blessées ou meurtries. Si elle ne blesse point celles-ci, souvent par une sorte de déchirure elle leur emporte le poil; et alors

K 2

ces animaux perdent leur lait pour quelque temps.

Nous n'avons, je le répète, qu'une faible idée de ces redoutables météores, nous autres habitans de départemens et de villes à plaine. Eloignés des foyers où ils se forment et d'où ils s'épandent, nous traitons presque d'exagérations tout ce qu'un voyageur en raconte. Les nôtres ont-ils maltraité un champ ou cassé quelques vîtres, nous les regardons comme un fléau ; et, nous ignorons qu'ailleurs il en est d'autres, qui ne s'annoncent que par des désastres dont le récit fait frémir.

Rappelle-toi ce que le *Mercure* et les autres papiers de ce genre ont publié de l'orage qui en 1788, vers la fin de juin, ravagea une partie de l'Auvergne. Il partit des embranchemens sud des Monts-Dor, creva aux environs d'Ardes, vers trois heures du matin ; et courant à l'est, détruisit tout, dans un espace de douze lieues de long sur une ou deux de largeur. Non-seulement les fruits furent abattus, les arbres déchirés ou fracassés, les moissons et les vendanges détruites ; mais tout le gibier fut tué dans les campagnes ; et ce qui est bien autrement important, beaucoup de bestiaux périrent.

A la Rénerie, soixante moutons furent entraînés et noyés par les eaux. A Rantières, il y en eut deux cents, tués par la grêle dans leurs parcs. Par-tout, la terre n'offrait qu'un spectacle de désolation. Le paysan lui-même, quoi qu'accoutumé aux malheurs, trop fréquens, de cette espèce, paraissait consterné de celui-ci. Tous voulaient s'expatrier. Il fallut que les propriétaires, pour retenir leurs métayers et les empêcher d'abandonner les terres, leur fissent des avances de tous les genres, et les nourrissent gratuitement. L'abattement n'avait point encore cessé, quand je visitai le pays. Cependant on avait engagé déjà le cultivateur à reprendre ses travaux. Déjà quelques-uns venaient de semer des raves ou *rabioles*, pour nourrir leurs bestiaux; d'autres avaient labouré sur le grain abattu; en un mot, ils commençaient à cultiver la terre; en attendant qu'une grêle nouvelle vînt la ravager encore.

Il est des cantons que leur position malheureuse semble condamner régulièrement à ces lamentables désastres. Tels sont, entre cent autres, Blanzat, Chateaugai, Sayat, etc. villages à vignobles, et placés au nord de la branche ouest des montagnes qui forment le bassin de Clermont.

Sayat, recommandable par un des plus beaux vallons de l'Auvergne, avait été, lors de mon voyage, grêlé cinq années de suite. Chateaugai l'avait été pendant sept. Enfin, en 1786, ce dernier canton avait été épargné; mais, l'année suivante, dans la nuit du 11 octobre, un orage, précédé par douze heures d'un vent affreux, vint ravager de nouveau les trois communes. J'allai, quelques jours après, en voir les tristes effets à Sayat. La grêle y était tombée d'un demi pied d'épaisseur; par-tout, les vignobles étaient jonchés de feuilles déchiquetées, de grappes coupées, de raisins arrachés et fendus. Les seps, pendans, offraient un état de délabrement et de nudité, qu'il m'est impossible de te peindre. Jamais je n'oublierai ce spectacle. Tout étranger qu'il était pour moi, il m'arracha des larmes, parce que j'y voyais toutes celles que devaient répandre les malheureux qu'il intéressait.

C'est au voisinage du puy-de-Dôme que ces vignobles proscrits doivent leur constante infortune. Situés sur les confins de la Limagne, sous plusieurs chaînons de montagnes coniques, et à l'extrémité de la chaîne des Monts-Dôme, ils ne peuvent échapper aux orages que soutirent vers eux ces puissans conducteurs électriques. C'est à une position pareille, que Clermont doit également attribuer ses tonnerres, ses pluies, ses vents, et les variations de son climat. Par un coup de baguette magique, enleve Dôme et quelques autres montagnes à roches pointues; et ces tristes cantons, ainsi que Clermont lui même, n'auront plus rien à redouter; ou au moins, ce danger d'orages ne sera pour eux que ce qu'il est pour le reste de la France.

Mais s'il est, en ce genre, des situations malheureuses, il en est aussi de favorables et de fortunées. Gergoviat, par exemple, montagne considérable par son étendue et couverte de vignobles dans tout son contour, n'a, de mémoire d'homme, jamais été grêlé. Il est vrai que Gergoviat est une montagne à cîme plate; et que Sayat est à l'extrémité d'une suite de montagnes granitiques, qui par les pointes et les aspérités, vraiment effroyables, de leurs sommités, ne peuvent qu'attirer un nuage orageux. En 88 les malheureux habitans de Sayat se construisaient une église, que sans doute ils auront eu soin d'orner d'un clocher à pointe ; et ce clocher n'a dû encore qu'augmenter leur malheur, s'il est possible que leur malheur augmente.

Une remarque que je ne dois pas oublier ici, c'est que rarement les villages situés entre les Monts-Dor et la chaîne de Dôme, éprouvent des grêles. Ce fait m'a été certifié par le cit. Savigné, alors curé de Vernet. Depuis vingt-quatre ans qu'il habitait cette commune, il ne l'avait vue grêlée qu'une seule fois ; et la même chose a lieu, m'a-t-il dit, pour les villages qui se trouvent, comme le sien, placés vers le milieu des deux chaînes. La force attractive dont elles sont douées porte l'orage vers l'une ou vers l'autre; et il va crever sur elles, ou au moins par-delà l'espace qui les sépare.

Tu te doutes bien qu'aux premiers coups de tonnerre, on ne manquait pas, en Auvergne, non plus que dans le reste de la France, de sonner toutes les cloches des villages. En vain le parlement avait rendu, quelques années avant mon voyage, un arrêt, pour supprimer cet abus, trop souvent dangereux ; il subsistait toujours. Souvent les magistrats de l'ancien régime s'applaudissaient des réglemens qu'ils publiaient. Du haut de leur tribunal, ils s'imaginaient régir les provinces; et ils ne savaient pas que par la force des abus, presque toujours leurs lois, même les plus sages, y restaient sans exécution et complètement dédaignées. Le parlement de Paris avait ordonné que les boucheries de Brioude seraient hors des murs; et les boucheries sont encore dans la ville. Il avait défendu de sonner les cloches en tems d'orage; et tous les villages d'Auvergne sonnaient, comme auparavant. J'ajoute même que si un curé eût pris sur lui de vouloir faire observer la loi, et que par hasard la foudre eût tombé sur le lieu, on l'eût accusé du malheur, et qu'il aurait couru les plus grands risques. Il est vrai que malgré les sonneries, elle ne tombait pas moins, et qu'elle n'en éclatait même que plus souvent; mais, si tu fais, sur cet objet, quelque remarque au paysan, il te répondra qu'on n'a pas sonné assez tôt, ou assez fort; et il n'en sera que plus acharné à sonner une autre fois.

De tous les fléaux qui affligent le genre humain, celui que l'Auvergnat craint davantage, est la grêle; parce que c'est celui dont il éprouve le plus fréquemment les désastres. Parmi les saints du paradis, s'il en était quelques-uns auxquels il avait une dévotion particulière, c'était, avant tous, ceux qu'il croyait être des protecteurs ou des patrons contre la grêle. Enfin, si les curés, dans certains momens, prenaient un ascendant sur lui, c'était en le menaçant de la grêle. Qu'un d'eux eût dit, en chaire, à ses paroissiens, que lorsqu'ils feraient telle ou telle chose, Dieu grêlerait leurs champs et leurs vignes : il allait les faire tous trembler.

Quand Cassini envoya, dans l'Auvergne, des ingénieurs pour en lever la carte, ces géographes furent obligés d'établir sur certaines montagnes, des signaux qui servissent de bases à leurs mesures et à leurs triangles. Mais dans quelques endroits, en voyant ce travail et les écritures qui en étaient le résultat, on les crut des sorciers, venus là pour griffonner du grimoire, afin de faire tomber la grêle ; et on voulut les assassiner. Pour qu'ils pussent continuer leur opération, il fallut leur donner une escorte de maréchaussée.

Je sais, comme toi, mon ami, qu'en riant de l'ignorance stupide de ces Auvergnats, on ne peut s'empêcher de blâmer leur brutalité. Mais avoue aussi avec moi qu'ils sont, à la fois, vraiment dignes de pitié. Au printems, exposés à des gelées qui font périr les boutons de leurs fruits et de leurs vignes ; en été, à des orages qui dévastent leurs champs ; dans toutes les saisons, à des inondations plus désastreuses encore ; je te le demande, est-il un peuple qui ait plus à se plaindre des élémens et du ciel ? Assurément, si l'ancienne mythologie de l'Egypte et de Perse subsistait chez eux, je ne crois pas que le dieu bon y eût beaucoup d'adorateurs ; tous les hommages seraient pour le *mauvais principe*.

LETTRE XLI.

Climat. Influence des montagnes sur la froidure du voisinage. Vents froids et chaleurs étouffantes; vents humides, mais élastiques; vents réguliers; vents du soir. Rosées. Saisons. Neiges; avalanches.

Tu te rappelles, mon ami, ce que je t'ai dit du climat de Clermont, de ses vents, de ses pluies, et de ses orages. Eh bien, ce climat, quoique plus froid que ne le comporte sa latitude, est tempéré cependant. Mais à peine a-t-on fait une demi-lieue vers les montagnes, que tout change. C'est un autre sol, un autre aspect, une autre température; on se croit transporté magiquement dans une autre contrée.

Pour te rendre ce changement très-sensible, je n'aurais qu'à te conduire sur la plus belle route des montagnes; celle qui mène dans le ci-devant Limousin, et qui passe au pied du Puy-de-Dôme. A peine sortiras-tu de Clermont, que tu commenceras à monter; parce que là commence la base des hauteurs qui font l'enceinte du bassin de la ville. Cependant, comme la pente est douce, tu monteras en ligne droite; et tu te trouveras par-tout environné de vignobles, d'arbres de différentes espèces, et sur-tout de noyers. Après un quart d'heure de marche, la pente deviendra plus rapide; parce que tu t'éleveras sur les montagnes. Là tu verras encore des noyers; mais les vignobles cessent; et tu n'en retrouveras plus un seul, à moins que tu ne te rapproches de la Limagne et de ses coteaux. Enfin, tu arrives à la cîme des premières montagnes. Trop escarpée pour admettre un chemin droit; cette cîme n'offre plus qu'une route en zigzags. Clermont est devant toi, et, pour ainsi dire, à tes pieds; mais plus de noyers, tu entres dans le climat froid (1).

La première fois que je fus à portée de faire cette observation, elle me frappa singulièrement; et m'étonna même d'autant plus, que comme nous étions en été et que le soleil

---

(1) La même chose subsiste un peu plus loin, sur le chemin qui conduit à Graveneire.

était fort chaud, je ne sentais point sur mon corps l'impression d'une température plus froide. Si les vignobles et les noyers avaient cessé tout-à-coup et l'un après l'autre, ce ne pouvait être, selon moi, l'effet d'une élévation aussi peu considérable que celle où je me trouvais. Je l'attribuois à une qualité de terrein plus mauvaise. Cependant, quand en continuant ma route, je ne vis plus reparaître, ni une vigne ni un noyer, alors il fallut bien reconnaître le fait et songer à en chercher la cause.

De retour sur les lieux, et promenant au loin mes yeux autour de moi, je m'aperçus que vers le midi, il y avait des vignobles à une hauteur de montagnes plus considérable que celle où j'étais. Il semblait qu'ils fussent placés graduellement, et comme par étages; et que plus les étages s'avançaient au sud et s'éloignaient du lieu où je me trouvais, plus aussi ils étaient élevés. D'après cette remarque, je ne pouvais guère me tromper. La cause d'une température plus froide était de mon côté; et je conclus que cette cause était le voisinage du puy-de-Dôme, et que les montagnes par l'effet des vents qu'elles produisent et par celui des nuages qu'elles attirent, refroidissent autour d'elles l'atmosphère.

En été, ces vents causent, dans la température de l'air, un changement subit, que j'aurais eu peine à croire, si je ne l'avais vingt fois éprouvé. Après une grande chaleur, le vent vient-il tout-à-coup à souffler, l'air se refroidit tellement qu'on croit passer de l'été à l'hiver. Cette variation rapide arrive principalement le soir; et il n'est pas rare alors de voir une différence de plus de moitié, entre la graduation qu'avait le thermomètre pendant le jour, et celle qu'il prend en ce moment.

Ce climat qui annonce des chaleurs si faibles, ou au moins si modérées, en a cependant parfois de telles qu'on ne peut y résister. Les vents, par une cause qui ne m'est pas connue, cessent tout-à-coup. Pas le moindre souffle; l'air est dans une stagnation absolue; et en peu de tems, il s'échauffe tellement par l'action du soleil, que depuis dix heures du matin, jusqu'à quatre après-midi, il devient étouffant, et qu'on ne peut respirer. On ne voit pas d'année, où dans les campagnes, pendant le travail des moissons, il n'y ait plusieurs personnes suffoquées par ces chaleurs brûlantes;

et presque toujours ce sont des femmes. En 1787, il y en eut deux à Sénectère, une à Saillant, une à Sauzet-le-froid, et deux auprès de Pontgibaud ; sans compter plusieurs autres en différens endroits de la Limagne.

Les Auvergnats ont donné, à quelques-uns des vents, un nom particulier, qu'on leur donne aussi dans quelques autres contrées. Ainsi, ils appellent l'ouest, *Vent-de-nuit* ; le nord-ouest, *Traverse* ; l'est, *Vent solaire* ; et le nord-est, *Bise*. Mais peu importent ces dénominations locales, qui n'instruisent de rien. L'intéressant à connaître, c'est que les vents y sont très-variables ; que celui qui souffle le plus fréquemment est l'ouest, dont la nature, en France, est d'être humide ; et que de ces deux causes naissent la plupart des maladies qu'éprouvent les habitans.

Au cinquième siècle, Sidoine Apollinaire parlait de cette fréquence du vent de ponent, et des vapeurs qu'il amène : *Quid de regionis nostræ climate loquar? cujus spatia divinum sic tetendit opificium ut magis vaporibus orbis occidui subjiceremur.* Le ciel d'Auvergne est aujourd'hui ce qu'il était alors ; et sans doute il est tel depuis bien des siècles.

L'atmosphère

L'atmosphère, malgré son humidité constante, malgré les nuages et les brouillards dont elle est si souvent chargée, n'a pourtant pas, comme l'air des pays bas et marécageux, l'inconvénient de relâcher la fibre, d'abattre et d'affaisser les forces. Sa propriété, au contraire, et spécialement sur les montagnes, est d'avoir un ressort et une élasticité qui se communiquent à nos organes, et dont le voyageur s'aperçoit bientôt à l'appétit et à la vigueur qu'il éprouve.

C'est ce que j'ai constamment éprouvé moi-même, en parcourant les hauteurs. Peut-être le plaisir que je ressentais animait-il mon courage; mais, quoi qu'accoutumé à la vie sédentaire d'un homme de lettres, et par-conséquent peu fait à marcher, jamais je n'y ai senti une vraie fatigue. Cent fois il m'est arrivé d'y passer six ou sept heures de suite, sans m'asseoir un seul instant; et je ne m'apercevais de quelque lassitude que quand j'étais dans la plaine.

« Il règne, en Haute-Auvergne, dit le » cit. Brieude, des brises qui partent entre » le nord et le sud-est, depuis le lever du » soleil jusqu'à midi, et qui reprennent après » son coucher jusqu'à dix heures. Ces mêmes

» brises reparaissent vers la fin d'oût, et vers
» le mois de septembre. »

Je crois avec d'autant plus d'assurance à l'observation d'un homme qui a long-tems habité Aurillac, qu'elle explique et confirme, en partie, une des miennes. Dans mes voyages, je n'ai vu, sur les montagnes, qu'un seul vent qui fût réglé ; c'est celui qui dans la belle saison souffle, le soir, vers le coucher du soleil : encore celui-ci n'a-t-il de constant que l'heure à laquelle il souffle, que le froid qu'il amène, et la rosée dont il est accompagné. Voici les remarques que j'ai eu occasion de faire à ce sujet.

J'étais, dans le commencement de septembre, à Sauzet-le-Froid ; lieu situé, comme je te l'ai déjà dit, sur la lisière des Monts-Dor, et à l'extrémité sud des Mont-Dômes. J'y passai trois jours ; et ce tems fut employé tout entier à visiter ce que le voisinage, dans un espace de plusieurs lieues, pouvait m'offrir d'intéressant.

Des courses curieuses ne se font guère, sans que souvent le retour ne soit un peu prolongé dans la nuit ; et en effet, dès la première journée, nous eûmes deux heures de marche à nuit close. Dans d'autres circonstances, ce voyage nocturne, par des chemins de traverse effroyables, m'eût fort contrarié. Il donna lieu à des observations et des réflexions, qui m'occupèrent et m'intéressèrent beaucoup.

A l'instant même où le soleil passa sous l'horizon, la rosée commença de tomber; et bientôt elle fut si abondante que mon habit devint humide, comme si j'eusse essuyé une pluie de bruine. En même-tems, se leva un vent d'est, très-piquant et assez fort. Quoique la nature de ce vent soit d'être sec; quoique le propre de ceux qui ont quelque violence soit d'empêcher la rosée, cette rosée néanmoins continua de tomber comme auparavant. Dans le jour, nous nous étions plaint de la chaleur; nous commençâmes tous à nous plaindre du froid. Malgré un habit de drap, je fus obligé de prendre une rédingotte. Mes compagnons firent de même; et néanmoins nous arrivâmes, tellement morfondus, que notre premier cri, en mettant pied à terre, fut de demander du feu.

Le lendemain, et le sur-lendemain, à pareille heure, même vent et même rosée. Je voulus savoir si les deux météores avaient régulièrement lieu tous les jours. On me dit que tantôt soufflait un vent d'est ; tantôt un vent de nord ; quelquefois, quoique très-rarement, un autre ; mais que tous les soirs, au coucher du soleil, il s'élevait un vent quelconque, qui se fesait sentir pendant une partie de la nuit, en diminuant toujours de force jusqu'à son extinction totale ; tandis que la rosée tombait pendant la nuit entière, et toujours aussi abondante.

Dans les autres pays, on voit assez régulièrement, pendant la belle saison, le soleil produire, à son lever, un léger vent d'est, et, à son coucher, un vent d'ouest. Il serait curieux de connaître la cause, qui dans les montagnes d'Auvergne, produit des effets différens. Mais de pareilles découvertes tiennent à de longues observations ; et malheureusement ces observations, je le répète, n'appartiennent point à un étranger, qui avare de son tems, étourdi par tout ce qu'il voit et pressé de tout voir, ne peut s'arrêter sur aucun objet.

Une autre remarque, plus singulière encore, et que me procura mon séjour à Sauzet, c'est que, malgré l'immense quantité de vapeurs que doivent faire supposer dans l'atmosphère ces rosées si considérables et si longues, le ciel cependant était parfaitement pur. Il y avait même des instans où les étoiles me paraissaient n'avoir aucune scintillation ; et à la vue simple, j'en distinguais plusieurs, de quatrième et de cinquième grandeur, qu'à Paris je n'avais pu voir qu'avec une lunette. Cette particularité serait-elle propre à l'atmosphère des montagnes ? Je ne le crois pas ; et voici sur quoi je me fonde.

Les voyageurs anciens et modernes qui nous ont décrit l'Egypte, disent tous, unanimement, que ce climat, si renommé par sa fécondité, quoique privé de pluies, n'est fertile qu'à raison des rosées abondantes dont il est humecté sans cesse. Eh bien, malgré ces fontes éternelles de rosées, nul ciel sur la terre n'est aussi pur que celui de l'Egypte. Alexandrie, bâtie dans la partie la plus basse de ce climat fangeux, et sur les bords mêmes de la mer, eut un observatoire célèbre. C'est là qu'Hypparque, et, après lui, Ptolémée, dressèrent, à la vue simple, ces catalogues d'étoiles ; les deux premiers dont puisse se glorifier l'astronomie. Un ciel très-vaporeux pourrait-il donc à la fois rester très-pur, s'il a de grandes rosées ? Les vapeurs, au moment qu'elles commencent à se dissoudre, cesseraient-elles de nuire à sa sérénité ? et en serait-il de l'atmosphère, comme de l'eau, qui chargée de certains sels, reste encore, après les avoir dissous, aussi parfaitement limpide qu'elle l'était auparavant.

Au reste, ce sont ces rosées journalières, encore plus que les eaux d'irrigation, qui entretiennent dans certains vallons cette magnifique verdure, dont il est impossible de trop vanter la fraîcheur et la beauté. Dubos disait aux peintres : « Voulez-vous voir un beau ciel ? » voyagez en Italie. Voulez-vous peindre de » beaux animaux ? ajoutait-il ; allez en Flandres. » Moi, je leur dirai, voulez-vous une belle verdure ? venez en Auvergne.

Les saisons, dans cette contrée, ne doivent pas être les mêmes que dans le reste de la France ; tout ce que tu viens de lire me dispense de le prouver. En tout tems, les nuits y sont froides ; en tout tems, il y a, le matin et le soir, beaucoup de rosée. Souvent le ciel y est nébuleux ; plus souvent encore on y a des brouillards.

La neige commence à tomber en octobre (*v. s.*) ; mais elle se fond presqu'aussitôt. Ce n'est qu'à la fin de ce mois, pour certains cantons, et à la fin de novembre, pour d'autres, qu'elle commence à tenir. Alors les aurores boréales deviennent fréquentes. Pendant une partie de l'hiver, les vents soufflent de l'ouest; et l'atmosphère est froide et humide. Pendant l'autre partie, ce sont les vents de nord et de nord-est; et à cette époque, l'air non seulement devient froid et sec, mais il est même si piquant et si âpre, que les personnes qui voyagent en ont les mains et le visage gercés jusqu'au sang. Sur la fin d'avril et au commencement de mai, le tonnerre et les éclairs commencent à succéder aux météores de la congélation; et ils annoncent l'approche de la chaleur. Enfin, en juin, le vent tourne à l'est; les neiges fondent sur les hautes montagnes; et la terre est rendue à l'homme et aux bestiaux.

Ainsi, mai est rempli par des giboulées et des brouillards. L'été dure pendant juin, juillet et oût; l'automne, pendant septembre et une petite partie d'octobre; et l'hiver occupe tout le reste: ou, pour résumer en deux mots, la chaleur ne commence qu'en juin; l'automne est beau, quoique court; l'hiver, très-long; et le printems, nul. Tel est le tableau de la température, pour le général de l'Auvergne; car la

Limagne et quelques cantons particuliers en ont une plus douce.

La neige commence à se montrer sur le sommet des montagnes, avant de tomber dans les vallons; et dans les vallons, avant de couvrir la plaine. En automne, très-souvent le nuage qui ne produit dans la Limagne que du brouillard, donne de la pluie sur les hauteurs voisines, et de la neige sur les montagnes. J'ai vu ce fait, pendant les vendanges, à Gergoviat. Le 25 octobre, la pluie tomba pendant 24 heures; et, le lendemain, je vis les Monts-Dor, le Puy-de-Dôme et les montagnes du Forez, couverts de neige. Le 19 novembre, la neige avait déjà blanchi Dôme trois fois; et il n'en était pas tombé un atôme à Clermont, qui n'est qu'à deux ou trois lieues du puy. Aussi Fléchier, écrivant dans cette ville son histoire des *grands jours*, et parlant d'une chambre qu'il y occupait au mois de novembre, disait-il: « Je vois l'hiver à deux lieues de moi; c'est » ici la coutume de le voir, deux mois avant » qu'on le sente. »

Il est très-rare que dans la mauvaise saison il pleuve sur les montagnes. S'il y tombe de la pluie, ce n'est que pendant quelques momens; bientôt la neige succède.

Non seulement ces montagnes ont de la neige beaucoup plutôt que les plaines et les vallées qui les entourent; mais elles en ont en plus grande quantité; et, en raison de son abondance et de leur pente, cette neige y produit des effets particuliers.

Quelquefois certaines portions de la couche glissent, et se détachent du lieu qui les supportait. Dans leur chûte, elles en entraînent d'autres; et celles-ci emportant et fesant rouler à leur tour toutes celles qu'elles touchent, elles forment enfin une masse, dont le volume est énorme et la force incalculable. Dans les Alpes, où l'on a donné à ce phénomène le nom d'avalanche, on l'a vu détruire des villages entiers. Il a souvent lieu en Auvergne; et, sous cet aspect, les montagnes de cette contrée méritent la dénomination d'Alpes, que leur a donnée Sidoine Apollinaire.

Lumen ab arvernis veniens feliciter arvis....
Alpibus ex illis properans.

Sur le chemin de Vic en Carladès, et près de Triel, j'ai vu une ferme qui éprouva, il y a peu d'années, une avalanche. Heureusement le globe de neige ne l'atteignit pas; mais il vint frapper une étable, dans laquelle étaient quatre domestiques, avec quarante bêtes à cornes; et il la rasa entièrement. Un des valets fut sauvé, comme par miracle; jeté à quelque distance de là, sous une poutre qui l'arrêta et le garantit. Les autres, emportés avec le bâtiment et les bestiaux, furent précipités dans la gorge; et ils y périrent.

LETTRE XLII.

Influence de la froidure du climat sur les productions de la terre. Cantons plus froids que d'autres par leur position. Poêles inconnus. Usage des paysans de passer l'hiver dans leurs étables. Vie qu'ils mènent dans ces habitations; maladies qui en sont les suites. Dévotion, danses et plaisirs de ce séjour.

LES montagnes d'Auvergne n'ayant point les mêmes saisons et le même ciel que le reste de la France, elles ne doivent point avoir la même nature de sol; et en effet, les productions y sont différentes aussi. Non seulement la vigne et les arbres-à-fruit y meurent ; à moins qu'ils ne soient dans certains vallons bien exposés : mais les terres n'y portent même que du ségle, de l'orge, de l'avoine, et du sarrasin. Point de froment. Ce grain, plus délicat que les autres, n'y peut croître ; quoique, pendant l'hiver, il dût se conserver sous la neige, et quoiqu'il croisse très-bien dans le nord de l'Europe et dans celui de l'Amérique, à des latitudes ou des températures beaucoup plus froides que celles des montagnes d'Auvergne.

A la vérité, il arrive, dans le printems, une révolution que l'on croirait pouvoir lui nuire. Les neiges, en se fondant, et en s'infiltrant dans les champs ensemencés, y portent avec elles une grande quantité d'air. Cet air, dilaté par la chaleur nouvelle, soulève et gonfle tellement les terres, qu'on ne peut y marcher sans enfoncer jusqu'à mi-jambe; et il semble que dans cet ébranlement, le blé doit se déraciner et périr. Mais l'effet dont je parle est commun à tous les pays où il tombe beaucoup de neige; et cependant le froment y vit. Il devrait être commun au ségle et aux autres grains; et cependant il ne leur nuit pas. Combien de phénomènes dont nous ne cherchons pas à deviner la cause; parce que, dès notre enfance, nous sommes habitués à les voir, et que l'accoutumance les rend pour nous des faits ordinaires!

Je ne puis te rien dire de précis sur le froid des montagnes d'Auvergne, pendant l'hiver; puisque je l'ai quittée avant cette époque. Mais voici deux observations qui te mettront à portée de juger au moins quelle est la différence de la température entre la montagne et la plaine.

Le 9 oût, j'allai à Rochefort, petite ville sur la route du Mont-Dor. A midi, en pleine campagne, et par un tems d'orage, mon thermomètre marqua 21 degrés de chaleur; et, le soir, à Clermont, une heure après le coucher du soleil, il en marqua 25. Ce jour avait été, pour la Basse-Auvergne, un des plus chauds de l'année.

Pendant mon séjour à Sauzet, dans le commencement de septembre, j'occupai une chambre tournée à l'est. Elle fut ouverte au soleil, une matinée toute entière; et je suspendis, à l'ombre, mon thermomètre près de la fenêtre. De retour vers midi, je l'observai; il marquait 14 degrés; et Clermont, à la même heure, en avait 22. Il est vrai que Sauzet, quoiqu'entouré de montagnes, en est assez éloigné cependant pour n'être garanti des vents par aucune d'elles; et qu'il doit à cette position une température particulière, qui l'a fait nommer Sauzet-*le-Froid*.

Il est des lieux que certaines circonstances locales rendent, de même, plus froids que d'autres, sans que néanmoins ils soient aussi élevés : et tel est, entr'autres, le Fageole, montagne qu'on traverse en allant de Brioude à Saint-Flour. Avant de quitter la première de ces deux villes, on m'avait averti de me vêtir en drap, et de me couvrir d'un manteau. J'en eus besoin. Un cavalier de maréchaussée, qu'on m'avait donné pour m'accompagner, me conta même, sur ce froid, plusieurs anecdotes, parmi lesquelles je me contente d'en choisir une.

L'hiver précédent, ce citoyen, avec un de ses camarades, avait été chargé de conduire aux prisons de Clermont deux criminels, tirés de celles de Murat. En traversant le Flageole, ils trouvèrent, sur le chemin, un paysan mort de froid, et deux autres, expirans, qu'ils mirent sur leurs chevaux pour les conduire dans quelqu'étable du voisinage. Un des prisonniers eut deux doigts gelés, et il les perdit. Les conducteurs eux-mêmes, quoique marchant à pied pour se réchauffer, étaient tellement transis, qu'ils eurent de la peine à gagner le village voisin.

Quelqu'extrême et quelque long que soit le froid de l'Auvergne, on n'y connaît cependant point l'usage des poëles. L'homme opulent se chauffe dans un sallon, le sans-culotte dans sa cuisine; le tout mal clos, et presque toujours les portes ouvertes. Quand on leur demande la raison de cette inconséquence, ils répondent qu'un appartement, échauffé par un poêle et bien clos, deviendrait nuisible à la santé; en ce qu'acclimatant, pour ainsi dire, à un air chaud, il rendrait trop sensible aux impressions inévitables d'une atmosphère très-froide.

Si ce raisonnement est fondé en principes, il devient une objection contre les habitans de Chaudesaigues et contre la plupart des paysans d'Auvergne, qui passent leur hiver, les premiers, dans des étuves; les seconds, dans des étables. Les uns et les autres éprouvent effectivement des maladies et des infirmités particulières, qu'on ne peut attribuer qu'à cette alternative continuelle de froidure et de chaleur.

Tu m'objecteras peut-être que les Russes et les autres peuples du nord habitent des logemens fortement chauffés par des poëles; qu'au sortir de ces fours étouffans, ils sont exposés à la rigueur d'un ciel de glace; et que, sans doute, ce passage subit de l'un à l'autre n'est pas aussi dangereux qu'on le prétend, puisqu'ils continuent d'user de poëles. Mais, mon ami, les peuples dont tu me parles ont des pelleteries en abondance. Gants, bottes, robbe, bonnet; tout, chez eux, est en fourrure. Sous cette enveloppe chaude et légère, ils bravent sans danger les intempéries d'un air âpre et dévorant, et ne lui livrent que la très-petite partie du visage qu'ils ne peuvent cacher. L'Auvergnat, au contraire, exposé aux mêmes rigueurs, n'a, pour s'en défendre, qu'une étoffe grossière, qui par le désavantage de ses formes, le couvrant mal, n'est que pesante, sans être chaude. Ses montagnes ont très-peu d'animaux à fourrure. Et puisque ce genre d'habillement lui est interdit par sa pauvreté, peut-être a-t-il raison de se rendre moins sensible au froid, en s'y durcissant par l'habitude.

Les paysans des Monts-Cantal et des Salers emploient un autre moyen; c'est de rester au lit, le plus long-tems qu'ils peuvent. Ils ne se lèvent que quand l'heure de soigner leurs bestiaux est venue; ils se couchent, dès qu'ils les ont soignés de nouveau pour la nuit, et ne se chauffent que dans l'intervalle.

Il n'en est point ainsi à la Planèse, où le bois manque absolument; aux Monts-Dor et

dans

dans les autres pays de montagnes, où il est rare et très-cher. Là, le paysan ne pourrait qu'être horriblement malheureux pendant son long hiver; ou plutôt, il ne pourrait y vivre, s'il n'avait trouvé un moyen de ne s'y point chauffer. C'est ce qu'il fait, en vivant au milieu de ses bestiaux; et le genre d'existence qu'il a en ce moment, est assez bizarre, pour exiger de moi que je t'en parle.

Ordinairement son habitation est partagée en trois; à droite, l'étable; à gauche, la grange; au milieu, la maison ou le logement : tout cela tenant ensemble, et se communiquant par des portes intérieures. Quand le froid commence à se faire sentir, on quitte la maison; et la famille entière passe dans l'étable, qui, dès ce moment, devient l'appartement d'hiver.

La forme des étables est un quarré-long, surmonté d'un grenier dans lequel ou met le foin et les autres fourrages secs, destinés aux bestiaux. Elles ont, pour donner quelque clarté, deux lucarnes, qui ferment par une planche à coulisse; et deux portes, dont l'une communique au dehors, et l'autre dans la maison. Mais pour les rendre plus chaudes et en même tems pour avoir un grenier plus grand, elles sont fort basses. Les animaux, bœufs, vaches, chevaux, moutons, etc, occupent les deux côtés, à droite et à gauche. Les lits de la famille sont au fond, comme dans l'endroit le plus chaud; de sorte que pour y parvenir, il faut passer à travers la double rangée des bestiaux.

Ces lits, au reste, sont des espèces de coffres en sapin, placés à demeure les uns au bout des autres contre le mur, et garnis de paille. Les pauvres n'ont, avec cette paille, qu'une couverture; ceux qui sont plus à leur aise, y joignent une sorte de large sac ou paillasse, remplie de balle d'avoine. Ce sac s'appelle *matelas de guérets*; parce que c'est dans les guérets que naît l'avoine qui donne la balle dont ils sont composés. Il n'y a que les riches qui aient un lit de plume; c'est-là un luxe dont on est fort jaloux. Aussi, une fille, qui en se mariant apporte quelque dot à son mari, ne manque-t-elle jamais de faire insérer dans le contrat, que ce mari lui donnera, pour son lit, un *matelas de plume*, et non un *matelas de guéret*.

La vie que mène une famille dans son étable, est fort étrange. On se lève à huit ou neuf heures. Le père alors, avec ses enfans mâles et ses valets, s'il en a, va panser ses bestiaux et leur donner de la litière. La femme, pendant ce tems, se rend, avec ses filles, dans la maison. Elles allument un fagot de bruyère, et font la soupe. On dîne; mais le plus vîte qu'il est possible, pour ne pas se refroidir; puis, l'on court se réfugier dans l'étable. Le soir, à cinq heures, soupe nouvelle; et nouvelle retraite, jusqu'au dîner du lendemain.

Ce sont les femmes qui sont chargées de tout le détail du ménage. Ce sont elles qui traient les vaches et font le beurre et le fromage: aussi, se couchent-elles plus tard et se lèvent-elles plutôt que les hommes. Est-il tombé une neige nouvelle, qui ait comblé le chemin de la fontaine; une d'elles se charge d'aller frayer un sentier nouveau. Garnie de guêtres et de gros sabots, retroussée le plus qu'elle peut, elle va, revient plusieurs fois de suite, et applanit enfin une route à ses compagnes.

Un homme se croirait déshonoré, s'il allait chercher de l'eau; et très-certainement il deviendrait le jouet de la commune. Ces rustres montagnards ont, pour les femmes, ce profond mépris et ce dédain despotique, qui est propre à toutes les peuplades sauvages ou demi-barbares. Ils les regardent comme des esclaves, destinées à tous les travaux qu'ils réputent vils et qu'ils dédaignent. Pour eux, leur unique occupation est de panser leurs bestiaux; à moins que le besoin ne les oblige de battre du blé et d'aller aux marchés voisins. Hors de-là, leur vie est, comme celle des sauvages, une inaction habituelle et une oisiveté profonde.

Il est très-rare pourtant qu'une famille passe l'hiver, seule et isolée dans son étable. Ordinairement plusieurs ménages se réunissent ensemble; et si l'un d'eux en a une, ou plus grande, ou plus chaude, c'est-là qu'on vient se rendre et que se tient l'assemblée.

Le matin, dès que la soupe est mangée, chacun accourt. On s'asseoit en rond sur des bancs; et je n'ai pas besoin de dire à quoi le tems s'emploie. On jase, on rit, on crie contre les impôts et contre ceux qui les répartissent ou les perçoivent. On raconte les historiettes qui courent sur les filles et les garçons du voisinage; on dit du mal de ses municipaux, de ses supérieurs, de tous ceux qui ne sont pas là. A cinq heures, on se sépare pour aller manger la soupe; on revient jaser et médire encore quelque tems; puis, chacun retourne chez soi coucher.

Les femmes étant pour très-peu de chose dans tout ce caquetage d'hommes, et courant le risque de passer peut-être une journée sans parler, elles se sont arrangées pour avoir aussi leur tour: et, de bonne foi, la chose était juste. D'abord, quand on rentre après avoir soupé, elles sommeillent un peu, pour gagner des forces. Mais les hommes ne sont pas plutôt retirés, que devenues maîtresses du terrein, elles s'en emparent enfin; et Dieu sait comme alors elles s'en dédommagent!

Pendant ce tems, le maître de l'étable dort dans son coffre. Mais, après tout, comme il ne serait pas juste non plus qu'en fournissant aux dames un parloir, il payât encore leurs plaisirs; elles ont, pour la veillée du commérage, une lampe particulière, dont l'huile est payée à frais communs. On fournit à cette légère dépense, en filant: ouvrage qui, très-heureusement, n'empêche point de parler. Mais hélas! il n'est point de bonheur, quel qu'il soit, qui puisse durer toujours. Vers minuit, ou une heure, il faut se séparer; et en voilà jusqu'au lendemain soir.

Un poêle, entretenu à grands frais, ne donnerait pas la chaleur que procure dans l'étable cette multitude d'hommes et d'animaux, entassés. L'air y devient étouffant. Il se change en une fumée épaisse, qu'on voit sortir en vapeurs par les ouvertures; et l'on ne conçoit pas comment ces montagnards, accoutumés à en respirer un d'une autre nature, peuvent y vivre. Faut-il, les jours de repos, aller aux offices; ils passent tout-à-coup et sans précautions, de cette atmosphère si chaude, dans une atmosphère glaçante. Obligés de traverser la neige, quelquefois dans un espace très-considérable, ils arrivent à l'église, mouillés; ils restent-là deux ou trois heures, et souvent en reviennent malades.

Une autre cause de maladies est la qualité mal-saine de l'air qu'ils respirent dans ces étables. Non seulement cet air, par l'enfoncement particulier de l'endroit qu'ils habitent, ne se renouvelle jamais; mais, après s'être corrompu par la respiration des hommes et des animaux, il devient encore infect par les exhalaisons putrides qu'exhale sans cesse un fumier qui n'est jamais enlevé. Aussi, aux approches du printems, quand le soleil rend le mouvement et l'action aux divers principes que la Nature tenait engourdis, ces miasmes pestilentiels se développent tout-à-coup dans le sang de ces malheureux montagnards; et ils font naître, parmi eux, des fièvres putrides et malignes, d'autant plus dangereuses, qu'ordinairement la misère interdit à ces sortes de gens toute espèce de secours.

Dans certaines communes dressées par leurs curés à une dévotion plus grande que d'autres, l'usage était établi que les ménages qui se réunissaient en une même étable, y fissent, en commun, des exercices de religion. Le matin, quand tout le monde était arrivé, on disait le chapelet; dans le jour, on chantait des cantiques; enfin, le soir, avant que les hommes se retirassent, on fesait la prière. Toute cette dévotion n'empêchait pas les juremens et les gaillardises de recommencer, l'instant d'après; mais au moins elle les suspendait pendant quelques momens.

Ailleurs, les exercices de piété n'avaient point lieu parmi les compagnons d'étable. Chacun y priait Dieu, quand et comme il lui plaisait; mais la plupart des soirées étaient employées à danser; et ce joyeux usage est même assez général. L'homme de la troupe qui est réputé le meilleur musicien, se tient debout et chante. Celles des femmes qui ne dansent point l'accompagnent de leurs voix aiguës; et tout le reste, hurlant de joie, saute et gambade lourdement; tandis que les bœufs ruminent au bruit cadencé des sabots.

LETTRE XLIV.

Substances minérales ; argilles ; tripoli ; granite ; grès, meules. Pierres calcaires ; marbres, marbres de Savenne, de Vernassal, de Lauriat, de Chalvignac, de Nonette. Porphyre. Améthistes ; Espagnols venant chercher des améthistes en Auvergne ; anecdote à ce sujet.

Tu as vu, dans mes précédentes lettres, mon ami, quelle influence ont les montagnes d'Auvergne sur son climat, sur sa température, ses vents, saisons et orages. Je t'ai montré comment l'atmosphère, modifiée par elles, influait, à son tour, sur les productions du sol, et même sur l'habitant. En un mot, je t'ai fait connaître ce qu'est le ciel de ces montagnes. Il me reste à te dire maintenant ce qu'y est la terre, quelles sont les substances qu'elle renferme dans ses entrailles, ce qu'elle offre à sa superficie ; enfin, ce qui la constitue ce qu'elle est et l'empêche de ressembler à celles d'autres contrées.

Les argiles, propres aux poteries, sont rares en Auvergne; et par conséquent les manufactures de ce genre doivent l'être aussi. Il y en a une à Clermont, une à Saint-Flour, une à la Roquebrou près Aurillac, une aux environs de Néchers, dans le voisinage d'Issoire, etc. Mais il ne sort de ces ateliers que des ouvrages grossiers, à l'usage de la classe pauvre du peuple. Toutes les fayences qui s'emploient dans la contrée sont tirées des départemens voisins, et particulièrement de Nevers.

On trouve du tripoli à Menat, dans la Basse-Auvergne; à Menet, dans la Haute; le long de la rivière Chanaut, près de Mont-d'Or-les-Bains; enfin dans le vallon des Enfers, et dans plusieurs autres endroits. Cette terre est propre aux arts; mais, dans le commerce, elle a si peu de valeur, et les cantons d'Auvergne qui en possèdent ont si peu de débouchés, que presque partout elle y devient inutile.

La contrée a aussi beaucoup de différens schites. Il y en a de micacés, dans les environs de la Chaise-Dieu; près de Tauves, au nord-ouest de la Tour; aux environs de Saint-Pardoux, sur la route de Riom à Menat, etc., etc. Mais nulle part encore on n'a trouvé d'ardoise; et les maisons n'y sont couvertes qu'en schites grossiers et lourds, en tuiles, en basalte lamelleux, ou en chaume.

Les granites, quoique très-communs, sont, la plupart, de formation secondaire; et il y en a fort peu de beaux. D'ailleurs, cette pierre, par sa dureté, est si difficile à travailler, qu'on n'en a tiré aucun parti, et qu'elle ne s'emploie, dans les bâtimens, qu'en moëllons et en éclats.

Il en est de même du grès. Cependant, près de Vic-le-Comte, on fait, avec ce grès, des meules de moulins.

Chavaroux, à l'est de Billom, a une carrière de ce quartz opaque et caverneux, qu'à Paris on appelle pierre meulière; et Chavaroux l'emploie aussi à faire des meules. Mais ces meules diffèrent de celles de Vic, en ce qu'elles sont employées pour le froment; tandis que les autres, moins dures, ne servent que pour le sègle.

A l'occasion de ces meules, je remarquerai que les Auvergnats ne savent encore qu'arrondir et tailler la pierre sur sa base; la cerner, dans son contour, à la hauteur qu'elle doit avoir; puis, la détacher avec des leviers ou avec des coins de fer enfoncés à force de bras. Ils ignorent cet art, usité ailleurs, de la séparer de sa roche par des coins de bois desséchés au four, et mouillés, après avoir été appliqués : art ingénieux et simple, qui en agissant uniformément dans toute la circonférence de la couronne, en distribuant également, sur toutes les parties, la force d'expansion que donne le gonflement de l'humidité, a le double avantage d'opérer d'une manière sûre et d'épargner à l'ouvrier beaucoup de peine.

Quand j'ai demandé aux carriers de Vic pourquoi ils négligeaient ce moyen, ils se sont mis à rire, et ont cru que je voulais me moquer d'eux. Par leur procédé imparfait, ils font ordinairement éclater la meule d'une manière inégale ; ce qui oblige, par la suite, à la retailler de nouveau, et par conséquent à diminuer son volume. Souvent même il arrive qu'ils la cassent; et comme, en tout genre, les accidens sont toujours supportés par l'acheteur, il arrive de là que celles qu'on lui vend deviennent plus chères qu'elles ne devraient l'être.

Beaucoup de montagnes sont calcaires ; et dans cette quantité, il en est qui contiennent de la pierre assez dure pour servir aux bâtisses. Mais par-tout où les Auvergnats peuvent avoir de la pierre volcanique, ils l'emploient de préférence; à raison de l'avantage qu'elle a pour la durée. La plus belle que j'aie vue d'entre les calcaires, est celle de la Sainte-Chapelle de Vic. Elle prend, ainsi que je l'ai remarqué déjà, un certain poli; et peut être regardée comme un demi-marbre. Le marbre véritable n'est qu'une pierre de ce genre, beaucoup plus dure, plus fine, et capable par conséquent de recevoir un poli plus parfait.

Dans les monumens les plus anciens de l'Auvergne, le marbre a été employé. On avait orné de marbres ce temple gaulois, nommé Vasso, dont parle Grégoire-de-Tours. Le sarcophage qui servait d'autel dans la cathédrale de Clermont, est en marbre. Mais ces marbres étaient-ils nationaux, ou étrangers? La contrée avait-elle alors des carrières, qui aujourd'hui soient inconnues ou épuisées? Je l'ignore. Tout ce que je sais, c'est que malgré la phrase de Pline, *où ne trouve-t-on pas du marbre?* les recherches que j'ai faites ne m'en ont laissé connaître, dans toute l'Auvergne, que cinq carrières: Vernassal, et Nonette, au sud d'Issoire; Lauriat, près Brioude; Savenne, à l'ouest du Mont-d'Or, par-delà la Dordogne; et Chalvignac, dans la Haute-Auvergne, ci-devant élection de Mauriac.

Savenne est gris et grossier; et par cette raison, quoique fort dur, il n'a point d'éclat: aussi ne sert-il, dans le canton, qu'à faire de la chaux.

Chalvignac est gris-blanc. On en trouvait différens ouvrages, dans l'église paroissiale de Mauriac, et dans l'église et le cloître du monastère de Saint-Pierre de la même ville.

Lauriat a un fond blanc, mêlé de taches d'un rouge sâle. Les Minimes de Brioude l'avaient employé pour leur maître-autel et pour la balustrade de leur chœur. Ceux de Clermont en avaient fait aussi un bénitier pour leur église.

Nonette, placé à peu de distance de l'Allier, est composé de deux bancs différens, séparés l'un de l'autre par une fontaine gazeuse, dont les dépôts forment une roche de stalactite. L'un est gris-terne. Il renferme beaucoup de coquilles, et particulièrement des vis; et à ce titre de coquillier, il doit être rangé dans la classe des *Lumachelles*. Mais ce qui le distingue, c'est que ces coquilles, sans avoir perdu aucunement leur forme, sont devenues crystallines et transparentes, par l'infiltration d'un spath calcaire qui les a remplies et qui les enveloppe. L'autre, de couleur jaune, et plus agréable à l'œil, a l'inconvénient de contenir des veines terreuses, qui lorsqu'on les travaille, laissent des vides, qu'on est obligé de remplir avec du mastic.

Il n'y a guère que douze ou quinze ans qu'on a commencé à exploiter les deux carrières de Nonette; et c'était dans le château de Parentignac qu'on en avait, pour la première fois, employé les marbres. Mais, comme leur lit de carrière est humide, et que par conséquent ils sont, quand on les tire, imbibés d'eau, il faut avoir la précaution de les extraire au printems, et de les laisser sécher et se raffermir pendant un an ou deux, à l'ombre et dans un lieu sec et clos. Sans cela, l'eau qu'ils contiennent venant à se geler l'hiver, elle forme, dans leurs couches extérieures, de petits glaçons, qui les font éclater par lames et les détruisent insensiblement.

Des différens marbres dont je viens de faire mention, le sculpteur-marbrier qui réside à Clermont n'emploie que le gris de Nonette; et il a raison. Ils ne sont nullement beaux; celui-ci même ne l'est point, quoiqu'accrédité dans le pays. Mais j'ai regretté de ne pas voir travailler chez cet artiste quelques autres substances minérales, que j'ai appris à connaître dans mes voyages; savoir deux ou trois espèces de granite, très-agréables; certains basaltes, susceptibles d'un poli, plus éclatant encore que la plupart des marbres noirs ; et sur-tout le porphyre de Thiers.

En 1787, un minéralogiste allemand, qui était venu en Auvergne, et qui ne pouvait y passer que quelques jours, fut curieux néanmoins de connaître les principales substances qui composent ses montagnes. Dans ce dessein, il alla sur les bords de l'Allier examiner ce que cette rivière y dépose dans son cours. Et en effet, le plus grand nombre des ruisseaux d'Auvergne se jetant dans l'Allier, le naturaliste était assuré de trouver là tout ce que ces ruisseaux détachent et charrient des montagnes.

Après avoir examiné les matières jetées sur les bords, il passa des sables; et y trouva, en fragmens très-petits, des topazes, des émeraudes, et d'autres pierres de ce genre. L'Auvergne en produit réellement beaucoup ; mais ces prétendues pierreries ne sont que des quartz ou cailloux, colorés : et, quoique dignes d'être placées avec distinction dans le cabinet d'un naturaliste, elles seraient dédaignées et rejetées avec mépris par un lapidaire.

De toutes ces gemmes grossières, la plus précieuse, ainsi que la plus abondante, est l'améthiste.

thiste. On en trouve dans plusieurs endroits, et notamment aux environs de Brioude ; mais nulle part autant, et nulle part d'aussi belles, que dans un petit canton particulier, au sud-est d'Issoire ; lequel comprend les villages et hameaux du Chéri, du Pégu, du Vernet, la Rénerie, Châteauneuf, etc.

Quoique ces améthistes ne soient également qu'un quartz coloré ayant la forme et la crystallisation pyramidale-exaèdre du quartz, cependant ils ne le cèdent, dit-on, aux améthistes d'Orient qu'en dureté, et peuvent le leur disputer pour la franchise et la pureté de leur couleur. J'en ai vu des morceaux qui avaient trois zones alternatives et superposées ; l'une blanche, l'autre jaune, la troisième violette. Celle-ci seule formait l'améthiste ; mais les autres, en embellissant le morceau, le rendaient plus rare, et ajoutaient à son prix.

Le premier qui ait fait ouvrir et travailler cette sorte de roche, est un Canillac, seigneur de Châteauneuf, vers le milieu du dernier siècle. Les améthistes de Châteauneuf eurent de la vogue pendant quelque tems ; parce que les bagues, les croix, les boutons, les pendans d'oreilles, et autres joyaux qu'on en formait, étant d'un prix modique, beaucoup de personnes se donnaient ainsi, à peu de frais, un air de luxe. Bientôt ce débit engagea les propriétaires des monticules d'alentour à tenter aussi des fouilles. Quelques-uns réussirent; et les améthistes perdirent de leur valeur, en devenant trop communs.

Un particulier du Vernet, cherchant un débouché pour les siens, s'avisa d'en porter à Genève. Des jouailliers genevois les lui achetèrent; et ils s'en défirent même si avantageusement, que pendant long-tems eux et leurs successeurs vinrent, chaque année, en chercher dans l'Auvergne. A la fin du dernier siècle, des Espagnols s'y rendaient aussi, et pour le même motif. Mais ceux-ci ne fesaient guère leur voyage que tous les deux ou trois ans; et ce n'est que dans les derniers tems, quand les Genevois renoncèrent au leur, qu'ils sont venus régulièrement, chaque année.

Ils étaient ordinairement cinq; et chacun d'eux avait sa mule. Arrivés au Vernet, lieu principal du canton et le point central de leurs travaux, ils descendaient à l'auberge, et louaient dans les villages, des pionniers pour leur exploitation. On creusait la roche en puits, on la cassait par éclats; et dans cet état, elle était livrée aux voyageurs, qui eux-mêmes, avec leurs marteaux, en séparaient soigneusement la partie améthistée. Ainsi triée, ils en emplissaient chacun deux sacs, et repartaient avec leurs mules.

Il y aurait eu, dans ces dix sacs, de quoi fournir des châtons de bague à toute l'Espagne. Cependant ces étrangers revenaient tous les ans; ce qui me fait croire qu'ils avaient, pour leurs améthistes, quelque débouché hors de l'Europe. Du reste, leur conduite, pendant le tems de leur séjour, était irréprochable ; ils payaient très-exactement, et fort bien; et chaque année, on attendait leur retour avec impatience. C'est une justice que l'impartialité m'oblige de leur rendre ; et je m'en fais un devoir, malgré la juste haine que m'inspire, pour leur nation, cette guerre par laquelle elle veut rétablir chez nous le despotisme et la superstition que nous en avons bannie. Mais c'est par le même motif de justice rigoureuse, que je me crois obligé en même tems à détruire une anecdote honorable qu'on m'avait contée sur eux, lors de mon premier voyage, et qu'au second on m'a mis à portée de démentir. Voici d'abord l'historiette.

On prétendait qu'à leur retour en Auvergne, en 1780, attaqués et volés sur leur route, les

jouailliers espagnols étaient arrivés au Vernet sans un écu, et que quand les personnes qui travaillaient pour eux vinrent offrir leurs services, ils se virent réduits à raconter leur malheur. Non-seulement ils se trouvaient hors d'état d'employer des travailleurs ; mais ils n'avaient pas même le moyen de retourner dans leur patrie. « Eh bien, consolez-vous, répondirent les
» paysans; venez à la montagne; nous travaille-
» rons pour vous, sans argent; et vous aurez du
» moins de quoi vous dédommager de votre
» voyage. »

Que dis-tu de cette réponse, mon ami ? Si elle était vraie, qu'elle serait belle, chez des gens qui n'avaient, pour vivre, que leurs peines et leurs sueurs ! Chacun d'eux en effet travailla, dit-on, comme s'il eût été généreusement payé. L'aubergiste offrit de nourrir gratuitement les étrangers et leurs mules, pendant tout le tems du travail. Tout le monde se piqua envers eux de générosité; on leur prêta même de l'argent pour leur route ; et ils partirent avec un chargement complet d'améthistes. A la vérité, ces braves gens, ajoute-t-on, promirent de s'aquitter, dès qu'ils seraient en Espagne ; et ils furent fidèles à leur parole. A peine arrivés dans leur patrie, leur premier soin fut de faire passer de l'argent en Auvergne; et tous ceux auxquels ils devaient furent payés très-scrupuleusement.

Ces sortes d'anecdotes touchantes et qu'on a tant de plaisir à raconter, sont du nombre de celles qui font honneur au cœur humain. Mais je ne sais à qui celle-ci devrait en faire davantage, ou de ces Auvergnats, si désintéressés, si généreux envers des étrangers dont à peine peut-être ils connaissaient le nom; ou de ces honnêtes étrangers, qui par leur conduite, avaient su mériter tant de confiance et d'estime. Ceux-ci sont encore revenus en Auvergne, les deux années suivantes; mais, lors de mon voyage, il y en avait cinq qu'on ne les avait point revus; et, d'après ce que je viens de t'apprendre d'eux, on avait plus d'un motif pour les y regretter.

L'anecdote que tu viens de lire m'a été contée à Clermont; telle que je te l'ai rendue; et en conséquence, je m'étais fait un devoir de la publier dans mon premier ouvrage. Je m'en fais un de la répéter encore dans celui-ci; parce que je me croirais répréhensible, s'il y avait eu dans l'Auvergne une action honnête, qui par mon silence restât inconnue. Cependant le respect que je dois à la vérité m'oblige d'avouer que tout ce conflit de vertu entre les Espagnols et les Auvergnats est probablement un fait controuvé; que plusieurs personnages respectables, à qui j'en ai parlé dans le canton du Vernet, m'ont dit ne point le connaître; et qu'il est fort à craindre que toi et moi nous ne soyons laissés attendrir par un roman.

Quant à la cause qui a empêché le retour des jouailliers, voici ce que j'en ai appris.

Lorsque leur travail était fini et leurs améthistes triés, ils en formaient deux tas égaux; l'un, pour eux; l'autre, pour le propriétaire du lieu : et c'est ainsi qu'ils s'aquittaient envers lui. Le partage, au reste, se fesait loyalement; et ils y mettaient même, en apparence, tant d'équité, qu'ils laissaient au propriétaire le droit de choisir, dans les deux portions, celle qui lui convenait le mieux. Mais comme celui-ci eût été fort embarrassé de toute cette pierraille brute, et qu'il préférait toujours d'être payé en argent, on lui achetait sa part : payement, qui pour le dire en passant, ne montait guère, année commune, pour chaque propriétaire, que de quatre à six louis, et qui montre combien peu, dans la réalité, sont importantes ces pierreries prétendues, dont le nom d'abord en impose à l'imagination.

Bertin, ancien ministre d'état, ayant fait construire quelques grottes dans les jardins et dans le parc de sa terre, et voulant les orner, il demanda, en Auvergne, des cailloux d'améthiste; et s'adressa, pour cet objet, au citoyen Saint-Marts, alors subdélégué d'Issoire. Celui-ci fit part de la demande au citoyen Combarel, son compatriote; et le citoyen Combarel était d'autant plus à portée d'y satisfaire, qu'étant seigneur de la Rénerie, et par conséquent propriétaire d'améthistes, il pouvait, quand les portions de partage seraient formées, retenir la sienne en nature et l'envoyer au ministre. C'est ce qu'il fit aussi. Les Espagnols n'avaient assurément aucun droit de s'en plaindre; puisqu'eux-mêmes, à chaque voyage, en fesaient l'offre : et cependant ils le trouvèrent mauvais; ce qui donnerait à soupçonner que s'ils mettaient de la probité dans l'égalité des lots, ils n'en mettaient point autant dans l'appréciation de celui qu'on leur vendait. Sans prévenir de leur projet, ils se rendirent aux puits avec quelques ouvriers, les comblèrent, et partirent; en annonçant que désormais ils ne reviendraient plus.

Ces détails, auxquels tu peux ajouter foi, m'ont été contés par le citoyen Combarel lui-même.

Aussi, quand il a eu la bonté de me conduire à la Rénerie, n'ai-je pu trouver à y ramasser un seul morceau curieux d'améthiste.

Je me flattais au moins d'en trouver chez ceux des paysans, qui avaient travaillé, comme mineurs, dans les différens lieux où il y avait de ces roches. Les gens de cette espèce attachent ordinairement une sorte d'importance vague aux objets qu'ils voient être estimés et recherchés par des personnes au-dessus d'eux. Sans savoir pourquoi l'on en fait cas et ce qu'on y admire, ils veulent les avoir aussi ; et, comme des enfans, ils amassent, pour amasser.

Mon soupcon n'était que trop bien fondé. Plusieurs en avaient réellement escamotés, en différens tems. Mais un des Espagnols avait eu la même idée que moi. Dans le mois de juillet, cet homme était revenu seul au Vernet ; et parcourant secrètement les villages, il avait, à prix d'argent, retiré des ouvriers tout ce qu'ils pouvaient en avoir. Un d'eux, entre autres, en possédait une telle quantité, qu'il l'a vendue 12 l. Au reste, les produits de cette cueillette seront bientôt épuisés ; et puisque les associés espagnols ne peuvent se passer d'améthistes, il faudra bien qu'avant peu, et quand leur nation ne sera plus en guerre avec nous, ils reviennent, comme par le passé, visiter annuellement les lieux où ils en trouvaient.

A la Roche-Dagout, près de la Combraille, on trouve des cristaux de quartz, transparens, qui étant taillés, forment des châtons de bague, des boutons de manche, et autres joyaux pareils. Pendant quelque tems, ces sortes d'ouvrages ont été à la mode dans la Basse-Auvergne.

Je ne sais si je dois faire mention d'un prétendu fait, rapporté par Audigier, que près d'un lieu nommé Plantat, sur les frontières de la Haute-Auvergne, est un ruisseau, dans lequel on trouve des huîtres qui donnent des perles, et qu'un gentilhomme du voisinage avait amassé assez de ces perles, pour en composer un collier, qui à Montpellier fut estimé cinquante pistoles.

Selon le même auteur, un semblable phénomène a lieu, dans un autre ruisseau, près de Fornels, aux environs de Chaudesaigues. Là, dit-il, sont de *petits poissons semblables à des moules*, et qui produisent également des perles. Comme ce n'est que depuis mon retour d'Auvergne que j'ai connu l'ouvrage d'Audigier, je n'ai vérifié, ni à Plantat, ni à Fornels, les deux faits qu'il rapporte; mais jusqu'à ce qu'ils soient attestés par des voyageurs éclairés et par des naturalistes, je me permettrai de les regarder comme des fables.

LETTRE XLIV.

Mines. Abus sur cet objet. Mines d'antimoine; désordres occasionés dans cette partie par un privilége exclusif; mines abandonnées; mines en activité. Ouche, Lusère, Dahu; procédé imparfait dans la fonte; usage des paysans de se purger avec du vin antimonié; dangers des fumées des fourneaux, pour les ouvriers.

L'Auvergne doit avoir beaucoup de mines; et c'est le propre d'un pays à montagnes, tel que celui-ci. Mais le défaut de bois, de chemins et de rivières rendra toujours la plupart de ces mines, très-difficiles à exploiter. D'ailleurs, cette sorte d'entreprise est hasardeuse. Avec des avances très-considérables, elle exige encore un concours de connaissances particulières, très-profondes; et les Auvergnats ne sont ni assez riches, ni assez instruits en minéralogie, pour fournir à cette double mise.

Cependant c'est là une des maladies du pays. Chacun y veut ouvrir une mine. Curés, bourgeois, paysans, seigneurs, tous en demandaient la permission. Tu ne saurais imaginer la quantité de requêtes que j'ai trouvées, sur cet objet, dans les bureaux de l'intendance. L'aveu était-il obtenu ? ces prétendus entrepreneurs s'associaient quelques amis. Séduits par l'espoir de s'enrichir, tous boursillaient, selon leurs facultés, pour fournir aux frais des fouilles ; et se livrant à l'ouvrage avec autant d'ardeur que d'ignorance, ils commençaient par faire creuser, comme s'ils eussent voulu un puits ordinaire. Mais bientôt se présentait un encombre ; l'eau gagnait les travaux ; on rencontrait une roche dure ; le filon disparaissait, etc., etc. Alors les associés perdaient la tête ; et ruinés, malgré le peu de dépenses qu'ils avaient faites, ils étaient obligés d'abandonner tout ; sans que leur exemple empêchât d'autres de se ruiner comme eux.

Ce n'est là au reste qu'un mal particulier. Précédemment il en a subsisté un autre ; bien plus redoutable, parce que son effet était général : c'était celui des priviléges exclusifs.

Pendant long-tems, ce fléau désola la France entière. Les mines alors avaient un grand-maître ;

c'est-à-dire, un prince ou grand seigneur, qui possédait le droit de vendre ces concessions privilégiés; et qui, pour récompense d'un service si important, jouissait de gros appointemens, perçus sur les mines elles-mêmes. Parmi ces milliers d'intrigans dont Paris fourmille, s'en trouvait-il un qui s'avisât de faire une spéculation, sur celles d'Auvergne, par exemple! Il s'adressait au grand-maître; aquérait de lui, au meilleur prix possible, une patente; et dès ce moment, la propriété, l'exploitation, la vente de tous les métaux et demi-métaux de la province n'appartenaient plus qu'à lui seul.

Pour en tirer parti sans frais et sans peine, il cherchait quelques dupes, soit parmi les gens de finance; soit parmi ces gros capitalistes, qui embarrassés de leur argent, travaillent, par avarice, à le doubler encore. Il leur annonçait, dans tel ou tel endroit, un filon très-riche; et offrait de les associer à son entreprise, ou de leur vendre son parchemin. Ceux-ci fesaient des fonds; ils envoyaient sur le lieu, des commis, contrôleurs, inspecteurs, etc., pour l'établissement et les travaux. Livrée à toutes ces mains rapaces, la mine absorbait les mises, et ne rapportait rien. Les employés seuls et le concessionnaire s'enrichissaient. Enfin la compagnie était ruinée, ainsi que les petites sociétés dont je viens de faire l'histoire ; et la mine restait abandonnée, comme les autres ; jusqu'à ce que de nouvelles dupes vinssent la reprendre pour s'y ruiner encore.

Il ne tiendrait qu'à moi de citer bien plus d'un lieu en Auvergne, devenu fameux par des catastrophes de ce genre. J'avouerai même que je ne connais, dans la contrée, aucune mine qui jusqu'à présent ait enrichi ses entrepreneurs.

Si dans une administration particulière il y avait des abus, juge ce qu'ils devaient être, quand l'exploitation se fesait au nom et aux frais du gouvernement. Or je sais plusieurs mines d'Auvergne, et notamment des mines d'antimoine, qui pendant long-tems ont été exploitées ainsi.

On sentit enfin de quelle importance pouvait être, pour l'état, un objet tel que celui-ci. On tenta d'y introduire un ordre quelconque. On forma une administration, mieux réglée que celle du grand-maître. Mais cette administration, pour laquelle il faudrait tant de connaissances, elle devint un département, confié à des maîtres-des-requêtes, qui ordinairement n'avaient aucune instruction, et qui se succédant rapidement les uns aux autres, non-seulement ne pouvaient asseoir un plan fixe, mais détruisaient tour-à-tour celui qu'ils trouvaient établi, sans détruire les abus qui subsistaient également.

Les entrepreneurs avaient-ils besoin de poudre pour leurs travaux? souvent ils n'en trouvaient point dans les magasins; ce qui les obligeait de tout suspendre: ou on ne leur fournissait que de la poudre fine, qui coûtant le double, augmentait leurs dépenses. La mine paraissait-elle donner quelque espoir? le seigneur du lieu en réclamait la propriété; et delà naissaient de longs procès, aussi ruineux qu'injustes. Il est vrai que pour parer à ce dernier abus, on déclara que la propriété de toutes les mines appartenait au roi, et que dorénavant sa concession seule suffirait, en dédommageant le propriétaire. Mais cette concession, il fallut l'acheter; et des gens qui l'avaient obtenue m'ont dit qu'y compris les faux-frais, introduits par le grapillage des sous-ordres, la dépense montait à cent pistoles. Je ne finirais pas, si je te rendais tous les différens genres de plaintes que j'ai entendu faire à ce sujet.

Pour que l'administration pût opérer quelque bien, il eût été essentiel, avant tout, qu'elle connût, d'une manière précise, quelles sortes de mines possédait l'Auvergne ; quelle était leur nature et leur richesse ; les moyens et les obstacles de leur exploitation, etc. De pareilles données auraient servi de guide aux gens à projets ; et avec de moindres risques, elles leur eussent garanti des succès plus certains.

On reconnut la nécessité de cette connaissance préliminaire ; et en conséquence on envoya dans la province un homme de mérite, qui avait visité avec intelligence les mines du nord, et qui était connu par d'excellens mémoires sur la métallurgie. Pour le malheur de l'Auvergne, Jars (c'était le nom du minéralogiste) mourut à Clermont, avant d'avoir commencé son inspection. D'autres ont été envoyés après lui ; et j'ai trouvé, dans les bureaux de l'intendance, des notes fournies par le citoyen Besson, l'un d'eux, et des requêtes présentées par d'autres sur certains réglemens à faire. Ces renseignemens utiles, ont été, ainsi que beaucoup d'écrits semblables que je n'ai pas vus, envoyés aux bureaux de l'administration de Paris. Qu'ont-ils opéré ? Probablement ils sont restés là ; empaquetés, et oubliés, à l'ordinaire, dans des cartons de commis.

Jusqu'à présent on n'a, sur le nombre et la
nature

nature des mines d'Auvergne, que des aperçus vagues ; et d'après ces aperçus, il paraît qu'elles y sont répandues fort inégalement. On n'en connaît point dans ce qui formait les élections d'Aurillac et de Saint-Flour. Les ci-devant élections de Clermont et de Riom en ont chacune deux ou trois. Mais elles sont abondantes dans les deux élections d'Issoire et de Brioude ; quoique cependant la première n'ait guère que des mines de charbon, et la seconde que des mines d'antimoine.

Il y a de l'antimoine dans plusieurs pays de l'Europe ; et même, quoiqu'en petite quantité, dans quelques-unes de nos anciennes provinces, le Limousin, le Poitou, les Cévennes et le Bourbonnais. Mais, en général, le commerce n'en distingue que de deux sortes ; celui de Hongrie et celui d'Auvergne ; et ce sont les meilleurs.

Ce demi-métal, employé comme couverte dans la fayence et la porcelaine jaune ; comme mélange et alliage dans les caractères d'imprimerie, dans les cloches, dans certains métaux de composition, joint encore, à tous ces avantages, celui de fournir à l'art vétérinaire et à la médecine plusieurs remèdes, tous excellens et tous renommés.

Tome II.

L'Auvergne n'a, pour débouchés du sien, que Paris, Orléans et l'Angleterre. Néanmoins les filons y sont si multipliés, qu'avec un travail bien-entendu, les produits en seraient peut-être très-considérables. Mais jusqu'à présent l'impéritie de la plupart des entrepreneurs s'y est opposé. Il n'y a que peu d'années qu'on connaît dans la contrée les galeries d'écoulement et l'art de miner sous l'eau avec la poudre-à-canon. D'ailleurs, pendant long-tems elle a été en proie au brigandage des priviléges exclusifs.

En 1769, un épicier-droguiste de Brioude, nommé Veyron, avait obtenu celui de tous les antimoines de la province. Ce n'est pas que cet homme eût entrepris d'en exploiter seul toutes les mines. Même sous ce point-de-vue, son privilége eût encore été une injustice; mais avec son inique patente, il aquit le droit d'empêcher tous ceux qui exploitaient, de vendre leur antimoine à d'autres qu'à lui seul; et ce droit, il l'exerça très-rigoureusement. Comme il était sans concurrent, il achetait 12 liv. le quintal de métal dépuré; il le revendait ensuite 27 ou 30; et c'est ainsi qu'il exploitait. Les propriétaires jetèrent les hauts cris; les marchands de Paris et d'Orléans se plaignirent: tout fut inutile: le boutiquier triompha.

D'un autre côté, les fournisseurs étrangers, profitant du monopole, renchérirent beaucoup leur antimoine. En peu de tems, il monta jusqu'à 50 et 60 liv.; et alors ce fut un soulèvement universel, de la part des fondeurs de caractères et des artistes qui l'employaient. Ils présentèrent requête sur requête; mais l'administration leur répondit, avec sa sagesse ordinaire, que l'homme dont ils se plaignaient avait un *privilége*, et qu'il fallait respecter sa propriété. Sa *propriété!* remarque bien ce mot.

Bientôt le mal s'accrut encore. Par toute l'Auvergne à antimoine, on n'entendait parler que des chicanes et des vexations de l'épicier, que des procès intentés par lui. Apprenait-il qu'en quelqu'endroit était ouverte une mine nouvelle, il s'y transportait aussitôt, escorté d'archers; et à main armée, chassant les propriétaires, saisissant leurs outils, enlevant leur minéral, il établissait, à leur place, des gens choisis par lui; auxquels il abandonnait l'atelier, à condition qu'ils lui livreraient l'antimoine au prix qu'il avait fixé.

Le découragement devint général; les mines

furent abandonnées. Enfin cependant les clameurs devinrent si violentes qu'il fallut supprimer le privilége. Mais ce ne fut qu'après de longues résistances ; et ce qui est à remarquer, c'est qu'en ôtant à ce privilégié une *propriété* prétendue, usurpée à prix d'argent, et qu'il ne s'était formée qu'aux dépens de toutes les propriétés particulières ; en le dépouillant d'un monopole inique qui ruinait une branche toute entière de commerce ; enfin, en arrêtant une des injustices les plus criantes qui jamais aient été commises, un brigandage qu'il eût fallu punir comme un vol public ; on crut cependant faire une grace à l'Auvergne.

« Je ne m'inquiète point du royaume de France, » disait plaisamment le pape Benoît XIV ; pour » celui-là, la providence le gouverne. » Benoît avait raison. S'il n'y avait point eu une sorte de providence pour la France, il y a long-tems qu'avec tous les ulcères qui la dévoraient, avec le régime affreux de son administration, ce corps robuste et vigoureux aurait succombé. Un jour viendra où les jeunes-gens d'aujourd'hui, devenus vieux, auront, comme tous les vieillards, la manie de vanter leur ancien tems ; et, par tout ce que tu viens de lire, tu vois combien ils seront fondés en raisons.

Les mines d'antimoine n'occupent qu'un canton de l'Auvergne. Presque toutes sont répandues aux environs de Massiac, ou à une distance médiocre de cette ville. Là, de toutes parts, on voit des vestiges d'anciennes fouilles. Mais ces travaux appartiennent à des mines abandonnées; et telles étaient celles de Boussi, commune de Chanteuge; de la Bessade, commune de Mercœur; des Traverses, commune de Blassac; de Sarouel, commune de Leyvaux; de Bonnac, du puy Francon, du Razat-du-Comte, de Coutumay, près Massiac; de la Fage et des Mineires, commune de Lubillac, etc., etc. Ces deux dernières sont du nombre de celles qui furent jadis exploitées au nom du roi. Mineires le fut pendant un siècle; et depuis un siècle, elle est abandonnée. On la regarde comme la plus ancienne des mines d'antimoine connues en Auvergne.

Si l'on en croit les Auvergnats, leurs filons, quoique fort multipliés, ne sont que des veines très-maigres, qui bientôt s'épuisent; et voilà, disent-ils, pourquoi, après quelque tems de travail, on est forcé d'y renoncer. Cependant, comme jusqu'à présent la plupart de ceux qui ont fait des entreprises en ce genre, ont montré une impéritie reconnue, il ne serait pas étonnant que parmi les mines délaissées, toutes ne fussent pas épuisées, ainsi qu'ils le disent; et que des gens habiles ne pussent encore en reprendre plusieurs avec profit.

Entre les différens lieux qui dans ce moment ont des exploitations ouvertes, je pourrais citer Luguet, Médey, Chabanne, Mercœur, Ally, etc.; mais, à proprement parler, je ne connais que trois mines qu'on puisse dire vraiment en activité; Ouche, près Massiac; Lusère, commune de Bonnac; et Dahu, commune de Lubillat.

La première est sur la montagne de Flageat; et elle a trois filons, dont deux portent spécialement le nom d'Ouche. Une particularité qui lui est propre est d'être sèche et sans eau; et d'avoir pour gangue, ou plutôt pour lit, un quartz, qui lui-même est enchâssé dans un granite schiteux-micacé, propre au pays. Elle rend moins à la fonte que les deux suivantes.

Lusère, découverte en 1777, a la même gangue qu'Ouche; et elle n'en diffère qu'en ce que son quartz a des parties siliceuses. Elle est sur le penchant d'une côte fort rapide; et donne un minerai de bonne qualité et de belles cristallisations d'antimoine. Ses fourneaux sont sur la mine même ; mais elle fond au bois, au lieu que Dahu fond au charbon.

Ce Dahu est connu de tous les naturalistes qui ont un cabinet. C'est de-là que sont sorties ces magnifiques cristallisations, à longues et larges lames brillantes, à grands rayons divergens ; les plus belles qu'on eût vues jusqu'alors. Outre ces morceaux précieux, il fournissait encore le meilleur antimoine d'Auvergne ; et pendant quelque tems les entrepreneurs ont gagné. Mais le filon s'est rétréci ; puis, il a disparu. En vain ils ont cherché à le retrouver ; cette recherche a consumé non-seulement tous leurs gains précédens, mais encore une grande partie de leur fortune. Enfin, il y a six ans, il a fallu, après bien des pertes, se résoudre à l'abandonner. On a conservé néanmoins tous les bâtimens ; et ils servent pour l'exploitation de deux filons voisins, dont on a fait la découverte.

Ceux-ci se nomment Vieilleveille, et Sadourcey ; l'un, au nord de Dahu ; l'autre, au sud : tous deux à gangue de quartz ; et tous deux à mi-côte, tandis que Dahu était dans un fond. On me dit, lorsque je les visitai, que Sadourcey annonçait des cristallisations ; que Vieilleveille au contraire n'en promettait point, et ne montrait encore qu'un filon maigre. Le minerai de Sadourcey, quoiqu'inférieur à Dahu, est néanmoins supérieur à Lusère. Mais il est très-difficile à fondre. Il résistait aux fourneaux ordinaires; et il a fallu en imaginer un, d'une forme nouvelle, le seul de ce genre qui existe en Auvergne.

Pour fondre l'antimoine, on se sert de deux creusets, adaptés l'un dans l'autre; l'un, supérieur et percé de petits trous, qui en laissant passer la fonte, arrêtent les parties de gangue et autres matières hétérogènes; l'autre, inférieur, qui reçoit la substance métallique, à mesure qu'elle coule. Mais le métal, en se refroidissant, s'attache aux parois du vase. Quand on veut l'en tirer, il faut casser le récipient; et de-là résulte une double perte : celle du creuset, et celle du métal qui s'y trouve adhérer.

Autour des fourneaux d'Auvergne, j'ai vu de hauts tas de ces pots cassés. J'ai demandé, *ut quid perditio hæc?* et l'on m'a répondu (comme c'est l'ordinaire), que tel était l'usage. Il me semble cependant avoir lu, je ne me rappelle pas où, que dans certains pays on est parvenu à éviter, par un moyen bien simple, cet *usage* inepte et anti-économique. Il ne s'agit pour cela que d'enduire d'une couche de craie l'intérieur du creuset. Veut-on extraire le dépôt métallique ? on cerne, avec une lame tranchante, la craie autour de ses parois ; rien du métal n'est perdu, et son récipient peut servir encore.

L'antimoine est célèbre dans l'histoire de la médecine, par l'arrêt du parlement de Paris et par les décrets de la faculté qui, au dernier siècle, en condamnèrent l'usage ; par les longues et ridicules querelles qu'occasionna, pendant quatre-vingts ans, cette double proscription ; enfin, par les décrets contraires qui, d'après des succès constans, le placèrent au premier rang des purgatifs. La renommée qu'il aquit alors, le fit adopter généralement par-tout. On ne voulut plus se purger qu'avec de l'antimoine. Dans chaque maison, l'on eut un gobelet d'antimoine, dont se servaient, pour les jours de purgation, les malades de la famille. Ils y mettaient du vin en infusion ; et le lendemain, ils avalaient cette liqueur antimoniée. Mais l'activité de cet émétique dépendant de la qualité, plus ou moins dissolvante, qu'avait le vin, et du tems, plus ou moins long, qu'on le laissait infuser ; il arrivait qu'on n'obtenait ainsi qu'un remède infidelle, presque toujours ou trop faible ou trop violent.

Les lumières qu'ont répandues les progrès de la chymie l'ont fait proscrire ; et on lui a substitué d'autres préparations mieux combinées. Mais dans les cantons à antimoine, les paysans auvergnats l'emploient encore ; et toute médecine dans laquelle le vin entrera sera toujours par eux préférée à toute autre.

Parmi les têts cassés, jetés au rebut, ils en choisissent un qui soit creux ; ils le conservent chez eux ; et, dans leurs fièvres, y émétisent du vin, avec lequel ils se purgent sans consulter personne. J'ai vu, dans deux ménages différens, les coupes qui servaient à cet usage ; et j'ai été, je l'avoue, effrayé de leur capacité. Pour résister aux secousses d'un pareil remède, il faut des estomacs de fer ; et cependant, malgré les dangers qu'il semble devoir offrir, on m'a certifié qu'il guérit souvent.

Peut-être aussi la liqueur antimoniale perd-elle de son activité, en ce que le vin qu'on y emploie étant presque toujours aigrelet, il détruit, en partie, la violence des effets qu'elle devrait produire : car, selon le citoyen Sage, les acides sont le contrepoison de l'antimoine.

Si le fait était prouvé, ce serait une découverte bien précieuse pour les ouvriers qui dirigent la fonte du minerai. Les fumées de cette substance redoutable sont si dangereuses, elles leur donnent des super-purgations si excessives, qu'ils ne peuvent faire ce funeste métier que pendant deux ans : encore faut-il qu'ils aient une excellente constitution. Pour garantir leurs jours, il suffirait donc de les engager à user d'eau mêlée de vinaigre ; et je supplie tous les honnêtes-gens qui me liront, et qui habitent près des mines, d'y conseiller et d'y en faire essayer l'usage. Ils serviront l'humanité ; ils sauveront des hommes à l'état, des pères de famille à leurs femmes et à leurs enfans ; et je serai assez heureux pour y avoir contribué en quelque chose.

LETTRE XLV.

Anciennes haches de pierre. Mines d'aimant. Mines de fer. Mines de cuivre à Usson. Médaille faite avec de l'or de ce canton, et présentée à Louis XV. Mines de plomb; mines de Roure et Barbecot. Méphitisme de cette dernière. Asphyxie et mort d'un des mineurs.

DE toutes les différentes sortes de mines (et on l'a dit avant moi), la première que l'homme a dû deviner et exploiter pour avoir des métiers et des arts, c'est le fer. Mais avant de s'être procuré ce métal, qui ne se montre que sous des formes étrangères, qui se trouve caché à de grandes profondeurs, qui exige de longs et de pénibles travaux, bien des siècles ont dû s'écouler; et delà vient l'usage de ces instrumens en pierre, que les voyageurs nous disent avoir trouvés chez toutes les nations barbares. Un sauvage veut-il avoir une hache? il aiguise une pierre;

l'introduit avec force dans la tige, entrouverte, d'un jeune arbre; et quand la croissance de l'arbre l'a serrée fortement, il coupe la tige, et se procure ainsi un instrument, avec son manche.

Ces haches de pierre ont été usitées dans la Gaule, aux premiers tems de la nation, aux tems où elle ne connaissait point encore le fer. L'Auvergne a eu les siennes; et l'on en retrouve encore aujourd'hui quelques-unes. Elles sont en granite, en basalte, ou en quartz; c'est-à-dire, du genre des pierres les plus dures. Mais on n'en trouve plus que la hampe : le bois qui formait le manche ayant dû se détruire dans l'espace de tant de siècles. J'en ai vu une à Vic-le-Comte, chez le citoyen Monet, ci-devant chanoine; trois à Issoire, chez le citoyen Brès, médecin; plusieurs à Clermont, chez le citoyen Mossier. Moi-même, j'en ai une, ramassée dans un vignoble. C'est un quartz veiné. Un des bouts est arrondi et pointu; l'autre, applati et tranchant; forme ordinaire de cette sorte d'instrument ou d'arme.

On trouve, dans certains cantons, de l'aimant; et même il s'en rencontre par fois de très-bons. Mais cette substance n'étant recherchée que par les physiciens, et même ne formant pour eux qu'une sorte de curiosité, parce qu'ils se font des aimans artificiels qui sont beaucoup plus forts que les autres, c'est un si petit objet de commerce que je ne crois pas devoir en dire davantage.

L'Auvergne, à raison de sa coutellerie de Thiers, est une des contrées qui a le plus besoin de fer; et il y a peu de pays, par conséquent, qui auraient autant besoin d'en avoir des mines. Elle a été obligée jusqu'ici de tirer le sien du Nivernais et du Berri; et ce fer, astreint à des droits de douane qui le renchérissaient, éprouvait, en outre, des frais de transport qui ajoutaient encore à son prix.

Ce n'est pas qu'en différens tems on n'en ait ouvert et exploité plusieurs mines en Auvergne; mais toutes, pour des raisons, tantôt les mêmes, tantôt différentes, ont été successivement abandonnées. Ainsi, entre Compains et Brion, ç'a été, parce que les bois qui alimentaient les fourneaux, se sont épuisés et ont manqué entièrement. Ailleurs le filon s'est épuisé lui-même; ou il n'a donné qu'un fer de mauvaise qualité. Autour de Bourg-Lastic, sur les frontières du département de la Corrèze, il y a eu, tour-à-tour, quatre mines ouvertes. La plus avantageuse, en apparence, était celle d'une terre appartenant aux Langheac, et appelée Préchonnet. Celle-ci avait une forêt pour ses fourneaux, et un ruisseau pour ses usines. Mais elle n'a fourni qu'un fer aigre et cassant; et l'entrepreneur, trop peu instruit pour remédier à ce défaut, a été obligé de la quitter, il y a quelques années, après avoir perdu beaucoup. Les trois autres avaient le même manque de qualité; et d'ailleurs toutes quatre manquant de débouchés, faute de chemins; toutes n'ayant, pour leurs ventes, que Limoges et Clermont, il était impossible qu'une consommation si faible leur permît de subsister long-tems.

Quand j'ai passé par Mauriac, on parlait d'en ouvrir une à Pleaux; et les travaux, disait-on, étaient même sur le point de commencer. Si elle réussit, elle sera d'un grand avantage pour la Haute-Auvergne.

Je ne serais pas étonné qu'on en découvrît une également auprès d'Usson. A l'est, dans les ravins que les eaux pluviales creusent sur cette montagne, on trouve beaucoup de fer en grains; et les braconniers du pays s'en servent même, au lieu de plomb. Entre cette montagne et le domaine appelé les Granges, on trouve pareillement, dans les champs et à la superficie de la terre, du fer en rognons; et il y est même abondant. C'est aux gens du métier à prononcer sur de pareils indices.

Au sud-ouest du même Usson, était une mine de cuivre, qui a été exploitée sous l'avant-dernier règne, et qui, comme tant d'autres, est abandonnée.

Peut-être contenait-elle un peu d'or ; peut-être y avait-il, dans son voisinage, quelques maigres veines de ce métal. Mais j'ai entendu dire à plusieurs personnes du canton, que de cet or on frappa une médaille, qui fut présentée à l'apathique sultan Louis XV.; que celui-ci donna la médaille à la nourrice d'une de ses filles, nommée Raimond, d'Issoire ; et que ce don existe encore entre les mains des enfans de la nourrice.

Les auteurs anciens s'accordent tous si unanimement à nous représenter la Gaule comme un pays riche en métaux précieux, comme produisant spécialement beaucoup d'or, que nous ne devrions nullement être surpris, si aujourd'hui l'on en retrouvait quelque mine en Auvergne.

Il est vrai que jusqu'ici rien ne paraît l'annoncer. Si l'on en croit les habitans d'Aurillac, leur rivière de Jordane roulait autrefois des paillettes de ce métal. Actuellement elle n'est plus aussi libérale ; et, parmi les dix rivières aurifères dont

Réaumur

Réaumur nous a donné l'histoire en 1718, il ne compte ni la Jordane ni aucun ruisseau d'Auvergne.

Combres, Montfermi, Vollore, la Vernade, Gay, Feurier, Saint-Amans, Saint-André-du-Mas, la Margeride près Thiers, Youx, etc., ont eu des mines de plomb. Mais, soit qu'à raison de leur maigreur on les ait bientôt épuisées; soit plutôt, qu'on n'en ait point tiré tout le parti convenable, elles ont eu le sort de celles d'antimoine, et sont, la plupart, abandonnées. En 1788, j'ai vu, entre les mains du citoyen Saint-Marts, un très-beau morceau de galène. Il était tiré de Joursat, paroisse de Singles (1), et annonçait, par quintal de minerai, soixante livres de plomb. Les personnes qui l'avaient apporté ne s'étaient chargées probablement que d'un échantillon d'élite. Si la mine entière répond à ces promesses, ceux qui l'ont découverte doivent s'applaudir.

Aux environs de Pontgibaud, il y en a deux autres, dans lesquelles le plomb tient de l'argent;

---

(1) Single ne se trouve ni sur la carte de Cassini, ni sur celle de Dulaure. Ce village est au nord de la Rodde, à l'ouest de Tauves et du Mont-Dor.

ainsi que la plupart des mines de ce genre. On les nomme Roure et Barbecot; et elles sont du nombre de celles qui ont ruiné des compagnies. Barbecot, abandonnée depuis trente ans, a été reprise en 1782. Roure l'a été en 1784, après cinquante ans d'abandon.

Cette dernière avait été exploitée, puis abandonnée, précédemment encore. Au moins, je lis dans Audigier que sous Henri III, un comte du Lude ayant épousé une Lafayette qui lui avait apporté en dot la terre de Pontgibaud, de laquelle Roure dépend, ce comte fit exploiter la mine, et en tira « de quoi faire un service de » vaisselle d'argent; mais qu'il abandonna l'en- » treprise, parce que le profit était moins grand » que la dépense. » Audigier n'avait aucune connaissance en histoire naturelle. Il ne voyait en Auvergne que des mines d'argent et d'or, et regardait comme telles jusqu'aux terres où il trouvait des paillettes de mica. Selon lui, Roure était d'argent pur. Ce n'est que du plomb, tenant un peu d'argent; et voilà pourquoi du Lude devait se ruiner et se voir forcé à en abandonner bientôt l'exploitation, s'il n'y cherchait que ce dernier métal.

Pour moi, quand j'ai visité les travaux de cette

mine, ils étaient peu avancés. On les avait même suspendus depuis quelque tems ; mais on m'assure qu'ils sont à présent en pleine activité.

Barbecot a une source d'eau gazeuse, qui la rend sujette à un méphitisme redoutable ; et, sous cet aspect, elle peut, aux yeux de certaines personnes, paraître plus intéressante que les autres mines ordinaires. Comme le gaz, quoique plus lourd que l'air atmosphérique, est néanmoins beaucoup plus léger que l'eau, et que par conséquent il tend toujours à s'en dégager, la raison dit que si une source gazeuse coule à découvert dans un lieu fermé, la vapeur qu'elle laissera sans cesse échapper peut y former constamment un foyer de mort. C'est ce qui arrive à Barbecot. Son courant d'eau aërée descend, en cascade, d'une galerie supérieure. Il est reçu dans la galerie d'en bas ; et sort de celle-ci par un canal souterrein qu'on lui a pratiqué, et sous lequel on l'entend bruire fortement et bouillonner.

De toutes les eaux acidules que j'ai goûtées dans mes courses (et il n'en est aucune que je n'aie voulu goûter), celle-ci m'a paru la plus piquante : ce qui annonce qu'elle contient, ou un gaz beaucoup plus acide que celui des autres, ou au moins beaucoup plus de gaz acide.

P 2

Si l'on n'avait employé, pour le chasser de la mine, un moyen connu déjà depuis long-tems par ses avantages, le travail y serait absolument impraticable. Ce moyen est un puits, percé perpendiculairement à travers la montagne, et qui, par une de ses bouches, aboutissant en dehors de cette montagne, aboutit, par l'autre, au fond de la galerie. Comme la galerie est horizontale et que la cheminée est perpendiculaire, tu conçois que l'air atmosphérique trouve là un canal libre, par lequel il peut passer aisément de l'une dans l'autre; et que, dans son cours, emportant avec lui et dissolvant le fluide méphitique, il balaie ainsi la mine et la rend accessible.

Malgré le succès que semble assurer cette invention ingénieuse, néanmoins elle ne réussit pas à beaucoup près toujours; et pendant plus de la moitié de l'année, non-seulement on est obligé de suspendre les travaux, mais il est même impossible de pénétrer dans la mine. On regarde comme le tems le plus favorable celui qui est, ou très-froid, ou très-chaud. Alors l'air des galeries et l'air extérieur devenant d'une densité différente, et l'équilibre par conséquent se trouvant ainsi rompu entre eux, le courant s'établit très-bien; et les ouvriers travaillent impunément, parce que le gaz est détruit, à mesure qu'il se forme. C'est ce que nous eûmes le bonheur d'éprouver, le jour que nous visitâmes la mine. Le courant y était si fort, qu'il en devenait incommode, et que plusieurs fois il éteignit la lampe que je portais. L'atmosphère, au contraire, vient-elle à prendre la température des galeries; à l'instant, tout change. Plus de ventilateur, plus de courant. L'air du canal reste en stagnation; et la vapeur mortelle se répandant par toute la capacité des fouilles, on ne peut plus y entrer sans risquer sa vie.

Les mineurs connaissent toute la grandeur du péril qu'ils courent dans ce lieu redoutable. Aussi, le matin, quand ils s'y rendent pour leur travail, ont-ils soin de n'y pénétrer qu'avec précaution. Comme ils savent, par expérience, qu'il faut de l'air pur pour la combustion des lumières, ainsi que pour notre vie, et que le gaz les éteint, ils portent en avant leur lampe; et, pour peu qu'ils la voient pâlir, se retirent promptement.

Je voulus éprouver ce poison terrible et constater au moins son existence. La chose était aisée; il ne fallait, pour cela, qu'ouvrir le canal par lequel s'échappait l'eau. J'y fis donc creuser par le mineur qui nous conduisait; mais à peine y eût-on donné quelques coups de pic, qu'à l'instant nous entendîmes le gaz sortir, en sifflant, à travers les terres devenues trop peu épaisses pour le contenir. Le mineur se refusant à faire une plus grande ouverture, à cause du danger que nous pouvions tous courir, j'approchai ma lampe du trou par où perçait la vapeur; et à l'instant même je la vis s'éteindre. En vain je la rallumai plusieurs fois, pour la même expérience; en vain mes compagnons y plongèrent plusieurs fois les leurs, aucune ne put tenir; et toujours elles furent étouffées, presque subitement.

Cependant, comme le gaz, par sa pesanteur, occupe constamment la partie la plus basse du sol où il se répand, et qu'il ne devient mortel qu'au moment où, par sa surabondance, il s'élève jusqu'à la hauteur où nous respirons, je remarquai que quand les lampes étaient à six pouces au-dessus du trou, elles brûlaient très-bien; et qu'elles ne s'éteignaient que quand nous les descendions plus bas.

Peut-être y aurait-il un moyen d'établir dans la mine, malgré toutes les variations de l'atmosphère, le courant nécessaire à la vie des mineurs. Ce serait d'établir, à la bouche supérieure du puits, un feu allumé. La chaleur, en y dilatant l'air, forcerait celui des galeries de monter; l'air atmosphérique affluerait par l'ouverture latérale; et dès ce moment le courant ne serait plus interrompu. En plaçant le feu à l'entrée extérieure de la galerie, l'effet peut-être serait plus sûr encore.

Au reste ce moyen est connu. Il est même ordinairement employé dans des cas semblables; et j'ai pris la liberté de demander aux directeurs, s'ils ne l'avaient pas essayé. Ils m'ont répondu que c'était leur intention; et d'après l'avantage réel qu'ils doivent en retirer par un travail qui n'éprouverait plus d'interruption, je ne doute nullement qu'ils ne l'adoptent.

L'humanité d'ailleurs le leur ordonne; puisqu'un de leurs mineurs périt, il n'y a pas long-tems, étouffé par le gaz. Eux-mêmes m'ont parlé de son malheur; et l'un de ses compagnons m'en a conté les détails.

Les ouvriers travaillaient dans la mine; quand tout-à-coup, par un changement de tems, les lumières vinrent à blanchir, et quelques-unes même à s'éteindre. Alors, tous de se sauver précipitamment; chacun, courant à tâtons par sa galerie et cherchant à s'échapper. Le malheureux fuyait comme eux; poursuivi, comme eux, par le fluide empoisonné. Dans sa course, il rencontre une porte entr'ouverte, et la pousse involontairement. Elle se ferme; et au moment même, atteint et frappé du gaz, il tombe; sans pouvoir se relever pour ouvrir.

Heureux du moins, dans son triste sort, s'il eût pu périr à l'instant! Mais il vécut assez pour sentir toutes les horreurs de la mort. Pendant quelque tems, on l'entendit se débattre, et, d'une voix mourante, appeler du secours. Hélas! ce secours n'était pas possible. Plusieurs fois ses camarades, bravant la mort pour le sauver, pénétrèrent jusqu'à la porte. Mais son corps, posé en travers, empêchait de l'ouvrir; et eux-mêmes, à chaque instant près d'étouffer, se voyaient obligés de fuir de nouveau. Ils ne purent entrer qu'en brisant la porte à coups de hache. Cette opération fut elle-même très-longue; tant parce qu'il leur fallait de tems en tems venir respirer au dehors, que parce que sans cesse leurs lampes s'éteignaient. Enfin, après six heures de peines, on entra. Il était mort. Ils le trouvèrent bleu, violet, offrant tous les symptômes effrayans des personnes asphyxiées; et eux-mêmes se sentirent incommodés pendant quelques jours.

J'ai vu l'endroit où expira le malheureux. « Voici où il tomba, me disait son camarade.

» Ses pieds étaient ici ; sa tête était là. » Quoique depuis ce jour fatal la porte eût été enlevée, il me semblait néanmoins le voir encore, arrêté par elle. Je l'apercevais-se débattre et se soulever en vain sous le poids du fluide qui l'avait terrassé. J'entendais ses cris étouffés, ses soupirs plaintifs ; et mes cheveux se dressaient sur ma tête. En vain notre guide voulait nous montrer quelques autres boyaux des galeries ; dès ce moment, il ne me fut plus possible de rien observer. Je ne voyais que le mineur mourant ; je n'entendais plus que lui ; et il me fallut sortir, pour fuir ce spectacle d'horreur.

LETTRE XLVI.

Charbon-de-terre. Conjectures sur la formation de ce fossille. Il n'y en a que dans deux cantons de l'Auvergne ; il y a été formé par les eaux ; il contient à sa surface, des matières volcaniques. Point de charbon dans la Haute-Auvergne. Caractère de celui de la Dordogne. Mines de Brassac. Impéritie des travaux. Mine de la Taupe.

V OICI une substance particulière, qui enfoncée dans la terre à de grandes profondeurs, heureusement pour nous y est fort abondante; qui renfermée ordinairement entre des lits pierreux, est cependant huileuse et inflammable ; qui enfin, ayant quelques caractères du bois, se montre néanmoins plus adurante et plus active ; c'est la houille ou charbon-de-terre.

D'où ce minéral tire-t-il son origine? Qui l'a formé? Comment se trouve-t-il aux lieux où il est ? Ces questions, qui ont beaucoup occupé la chymie, l'histoire naturelle et la physique, ne sont point étrangères à mon sujet; comme tu le verras bientôt. Permets que je m'y arrête un instant. Au reste, je ne t'en parlerai que d'après les leçons d'un de mes maîtres; d'après un homme qui possédant l'art d'intéresser jusques dans les plus petits détails par des idées nettes et une érudition éclairée, devenait pour moi bien plus attachant encore, quand s'élevant avec son sujet, il contemplait en grand la nature, et allumait dans mon ame l'émulation d'oser l'étudier comme lui (1). Je n'aurai point le bonheur de te rendre ici ses expressions; puissé-je au moins ne point altérer le fond de ses idées, en les expliquant par les miennes !

Une contrée qu'habite l'homme réuni en société, prend bientôt, sous ses mains, un tout autre aspect que celui qu'elle avait auparavant. Obligé, pour sa subsistance, de se former et de garder en réserve, des amas de fruits et de grains, il défriche, abat, dénude la terre,

---

(1) Le citoyen d'Arcet, ci-devant de l'académie des sciences, et professeur de chymie au collége royal.

et la force à ne plus nourrir que les arbres qu'il a a choisis, et que les végétaux qui lui sont nécessaires.

Dans un pays inculte, tout est différent. La nature déployant là une énergie que rien n'arrête, sème et prodigue par-tout avec profusion une multitude immense de plantes et d'arbres divers. Bientôt ces arbres dominent seuls. Ils se multiplient, se propagent; et couvrant les côteaux, les vallées et les plaines, finissent par ne plus faire de la contrée qu'une vaste et immense forêt.

De cette diversité dans les produits du sol cultivé, et dans ceux du sol inculte, résulte une différence dans l'effet des inondations. Les rivières des premières contrées, ne trouvant à ronger, sur leur passage, que des champs cultivés, n'entraînent à la mer que des terres et des sables. Les secondes, obligées de percer à travers cette interminable série de palissades naturelles, ne marchent et n'avancent qu'en renversant et traînant avec elles des milliers d'arbres.

Tel est effectivement ce que les voyageurs nous racontent unanimement de l'Amur, de l'Orénoque, de l'Amazone, etc., enfin de tous les fleuves des pays sauvages. Par-tout, sur leurs rives, on trouve des bois entassés par monceaux énormes. « Les rivières en amènent, et elles en » couvrent la côte, dit Byron, en décrivant une partie du détroit de Magellan. « On pourrait » charger mille vaisseaux de celui qui flottait » dans les environs.

» J'en ai vu, le long du Mississipi, dit un » voyageur, *des amas dont chacun aurait rempli* » *tous les chantiers de Paris*. Qu'un seul arbre, » par ses racines ou ses branches, s'arrête dans » le courant, il va en arrêter mille. Le limon » que charrie l'eau leur sert de ciment et les » couvre peu-à-peu; et c'est ainsi que se forme » cette multitude de bancs et d'îles, qui rendent » presque impossible la navigation intérieure du » fleuve. » Mais en se fermant à lui-même une partie de son canal, le fleuve est forcé de s'en ouvrir un autre; et il ne le peut qu'en dévorant d'autres cantons et emportant d'autres forêts.

Ces forêts sont portées par lui bien avant dans la mer. Sa vaste embouchure en est si *hérissée*, dit Charlevoix, il en traîne tant, que les Espagnols lui en ont donné le nom de *palissade*.

Tant qu'il conserve son cours à travers le golfe, il les roule avec lui. Enfin, arrive un point de distance, où sa force, épuisée, ne lui permet plus d'avancer. A ce terme d'inertie et de repos, il les abandonne, et les laisse tomber au fond des eaux, où ils s'entassent. Les glaises et le limon qu'il apportait s'y déposent à-là-fois, par grandes couches. Des corps, morts, d'animaux et de poissons, viennent y porter leur huile et accroître la masse. Elle augmente sans cesse ; et tantôt par l'apport des matières d'un nouveau débordement, tantôt par des vases seules, produit d'un cours plus tranquille, chaque jour elle s'élève et s'étend.

Cependant la nature qui jamais n'est oisive, la nature, qui sans cesse travaille à composer ou à détruire, agit bientôt sur cette montagne sous-marine. Les substances qui la forment se pourrissent, et se décomposent. Elles se changent en une pâte, qui se pénétrant dans toutes ses parties et s'affaissant sur elle-même, devient compacte, bitumineuse et homogène. Après une longue révolution de siècles, la mer se retire; la montagne devient terre; et dans son sein, c'est du charbon qu'elle recèle.

Il en est ainsi de ces laisses d'arbres, que le fleuve enfouit dans les bas-fonds de ses bords ; et de ceux dont il forme des îles, ou par lesquels il s'obstrue à lui-même son cours. Leur altération est la même. De végétaux qu'ils étaient, ils deviennent matière minérale. Les animaux qui s'y trouvent mélangés subissent, par une décomposition commune, le même sort : ce sont deux des règnes de la nature, qui concourent à former une substance du troisième règne.

Toute séduisante qu'est cette belle et vaste théorie, je ne la regarderais moi-même que comme une conjecture. Mais, outre qu'elle m'explique clairement comment il se trouve des mines de houille jusqu'à dix-huit cents pieds de profondeur, comment elles suivent l'inclinaison du sol, comment quelques-unes forment des nappes souterreines, qui s'étendent à vingt, trente et quarante lieues ; sans elle, je ne puis expliquer pourquoi plusieurs offrent, dans leurs couches supérieures, des arbres qui sont, en partie, charbon, en partie bois, et d'autres arbres, qui sont bois encore, sans avoir eu le tems ou les élémens nécessaires pour devenir charbon. Sans elle enfin je ne puis concevoir pourquoi il y a des houllières, qui à leur surface présentent des dépôts d'arbres, en état de bois fossile ; plus bas, un autre dépôt, dont le bois est décomposé ; et au-dessous de ce lit, un charbon parfait. Je te le demande ; la nature peut-elle manifester son secret, d'une manière plus certaine ? Et la théorie du chymiste-naturaliste n'est-elle pas démontrée avec évidence ?

Que va nous apprendre tout ceci, par rapport à l'Auvergne ?

D'abord, quoique la contrée ait beaucoup de charbon, je dois te dire cependant qu'il n'y a que deux cantons où l'on en trouve. L'un est la lisière de la Dordogne, lorsque cette rivière commence à s'approcher du département de la Corrèze, et lorsqu'elle sépare ce département de l'Auvergne. L'autre est cette presqu'île que forment, par leur jonction, l'Allier et l'Alagnon. Ce dernier quartier occupe tout le terrain entre les deux rivières ; depuis les environs de Vergognon, jusqu'au bec où elles se joignent ; et même il s'étend un peu plus loin, par-delà l'Allier, dans le territoire d'Auzat. Ses mines sont connues sous le nom général de Brassac.

D'après ce simple exposé, tu devines d'avance quelles conséquences je vais tirer. Il y a de la houille autour des trois rivières, et il n'y en a que là ; elles ont donc contribué à sa formation. La Dordogne descend du Mont-Dor ; l'Alagnon, du Cantal ; l'Allier, des montagnes du Vélai ; tous trois traversent, dans l'Auvergne, beaucoup

coup de vallées et de gorges: n'est-il pas naturel de croire qu'à l'époque d'une très-haute antiquité, lorsque la contrée était inculte encore et couverte de forêts, ils ont, pendant de longs siècles, entraîné des arbres; qu'ils les ont déposés dans les lieux où nous les retrouvons aujourd'hui en bitume; et que ces lieux n'étaient probablement alors que des bas-fonds, ou un bassin, dans lequel se sont arrêtés et entassés tous les dépôts.

Très-certainement le charbon qu'on y trouve est un travail des eaux; et je puis t'en donner une preuve sans réplique. La mine de la Taupe, l'une de celles de Brassac et la plus célèbre d'Auvergne, a son banc de houille épais de quarante-cinq pieds; mais la *sole* ou le lit inférieur sur lequel repose ce banc, est, ainsi que le *toit* ou plafond qui le couvre, un schite grossier, qui dans ses différens feuillets offre des empreintes de joncs, de caillelaits et d'autres plantes pareilles, mais sur-tout de fougères. Sépare, avec un couteau, les différentes couches qui forment cette pierre feuilletée; divise-les, tant qu'il te plaira; tu trouveras, dans toutes, les mêmes empreintes. Le citoyen Brès, alors curé d'Issoire, qui avait la bonté de m'accompagner à la mine, a même eu le bonheur de trouver, dans ces éclats, une feuille en nature et desséchée ; mais très-reconnaissable. Or puisque les plantes ont laissé-là des empreintes, et puisqu'elles n'ont pu se mouler que dans une matière molle et humide, il est évident que primitivement le schite, au-dessous et au-dessus du charbon, a été une vâse.

À ce fait, j'ajoute une circonstance, que je ne dois pas oublier ; c'est que les plantes, au lieu d'être pliées et chiffonnées, comme elles le seraient, si elles avaient été jetées ou empilées là par une cause quelconque, sont toutes planes et bien étendues ; c'est que les différentes parties de leurs feuilles sont placées entr'elles dans l'ordre respectif où elles doivent être ; et que par conséquent elles ont été voiturées paisiblement par un liquide. L'eau de la rivière, ou peut-être le reflux de la mer, sera venu les déposer-là avec des glaises. Les unes et les autres se seront desséchées. Quelque tems après, un nouveau limon et de nouvelles plantes auront succédé aux premières couches, avec un effet pareil ; et ainsi, de couche en couche, de feuillets en feuillets, se sera formé le schite. Par la suite, une grande révolution aura inondé ces lieux ; des monceaux d'arbres y auront été portés successivement par les rivières ; et la houille qui en a résulté aura été recouverte enfin par une nouvelle et tranquille alluvion de plantes et de vâse.

Cette révolution fut peut-être la suite d'un tremblement de terre, occasionné par quelque volcan du voisinage : car je pourrais prouver, sans peine, qu'avant ce travail de l'eau, ou au moins en même tems, des volcans subsistaient. La mine de Sainte-Florine, vers Frugères, a pour toit une roche de granite secondaire, friable. Mais parmi les élémens dont est composé ce granite impur, on reconnaît des fragmens de laves volcaniques. Il existait donc déjà des laves. Déjà elles étaient assez anciennes pour avoir été brisées en menues parties ; et l'eau qui les apportait était assez élevée dans cet endroit, pour couvrir la mine en entier.

C'est avec l'Auvergne ancienne qu'on doit chercher à expliquer l'Auvergne moderne. Mais cette clé antique, comment la reconnaître, et où la trouver ? Malgré tous nos soins, nous ne devinerons jamais que quelques faits épars et locaux ; nous n'aquerrons que quelques connaissances partielles ; et par conséquent nous ne devons nous attendre qu'à des aperçus vagues, incomplets, et sujets à beaucoup d'objections.

Quand même nous parviendrions à découvrir comment il se trouve du charbon dans deux cantons de l'Auvergne et auprès de la Dordogne et de l'Allier, saurons-nous jamais par quelle cause, dans toute la contrée, il ne s'en trouve que là? Qui pourra nous dire, par exemple, pourquoi la Nature a placé, de préférence, tant de roches d'améthistes autour du Vernet; pourquoi elle n'offre de l'antimoine que dans les environs de Massiac; du pissasphalte que dans le Marais de Limagne, etc?

La Haute-Auvergne a, dans certains endroits, du bois fossile, du bois-tourbe, une matière grasse et noire, capable de brûler; souvent même quelques veines de houille, perdues dans des fentes de roche, et qui trompent par de fausses espérances ceux qui, sans s'y connaître, entreprennent de les exploiter: mais à proprement parler, ce ne sont point-là des mines. On trouve de ces veines à Vendes, au nord de Mauriac; à la montagne de la Graille; à celle de Charlut, etc. La médiocrité de leur produit est même un fait si avéré, qu'on ne voit pas un seul particulier aisé risquer ses fonds dans une pareille entreprise. Elle devient l'occupation de quelques paysans, qui comptant leurs peines pour rien, ayant du tems à perdre et n'ayant à perdre que cela, viennent égratigner la surface du fossile. Aussi l'extraction de la houille n'était-elle astreinte à aucun droit. S'il eût fallu en payer un seul, les fouilles, quelque modique qu'il aurait été, eussent cessé à l'instant même.

Il en est ainsi des environs de la Dordogne. Non seulement les veines y sont pauvres, et souvent le charbon est de mauvaise qualité. Mais y fût-il et plus abondant et meilleur, les propriétaires ou entrepreneurs n'y gagneraient rien; parce que la rivière n'étant point navigable, ils manqueraient de débouchés, et qu'ils n'auraient jamais, pour leur consommation, que les forges des maréchaux voisins.

Malgré ces considérations, le paysan n'en est pas moins ardent à chercher quelque houillière. Cette découverte est, à ses yeux, une chose très-importante. Il y a même, dans le pays, des gens qui prétendent avoir le talent de les connaître, et qui emploient pour cela la baguette, nommée divinatoire. Ces prétendus devins sont ordinairement des vieillards, qui à force d'avoir tenté d'en fouiller, ont aquis quelque expérience sur leurs indications ; ou qui, dans leur jeunesse, en ayant vu ouvrir, qu'on a depuis abandonnées, les enseignent comme nouvelles. On donne à ces charlatans, pour leur salaire, un écu ou une certaine quantité de vin.

Les houillières situées entre l'Allier et l'Alagnon sont d'une bien autre importance. On les divise en quatre territoires; Sainte-Florine, Frugères, Brassac, et Auzat ; ou plutôt, on ne les connaît en Auvergne que sous le nom général de Brassac. Leur exploitation, sans être aussi misérable que dans l'Auvergne occidentale, est pourtant bien vicieuse encore. Presque par-tout ce sont des paysans ou des citadins, qui sans fonds d'argent, et obligés néanmoins de payer quelques droits aux propriétaires, épargnent sur tout ; qui, sans connaissances, suivent une vieille routine ; ne savent que creuser un puits étroit, ou plutôt un trou; et l'étançonnent si mal, à raison de la cherté des bois de charpente, que tous les ans, plusieurs ouvriers périssent. Après tant de risques, les eaux viennent-elles à gagner? ces gens, hors d'état d'en faire l'épuisement, laissent la mine et vont creuser plus loin : d'où il résulte que ne prenant jamais que le charbon des couches supérieures, ils n'ont que celui qui est moindre en qualité, et que par conséquent le meilleur est encore dans la mine. Je connais beaucoup de houillières, abandonnées ainsi, parce qu'elles étaient noyées d'eau; et notamment celle de Grosmenil, dont la qualité était excellente et lam asse réputée considérable.

On vante beaucoup l'habileté des Romains dans l'art des mines; et l'on cite, pour la prouver, plusieurs faits. Cependant il est démontré, par les puits qui nous restent d'eux et qu'on a retrouvés, qu'ils ne descendaient guère au-dessous du niveau des rivières et des vallées. En pénétrant à de plus grandes profondeurs, comment eussent-ils pu se débarrasser des eaux? Ils ne connaissaient point nos grandes pompes; et sur-tout nos pompes-à-feu, cet agent si puissant, avec lequel il n'est point d'épuisement que nous ne puissions tenter.

On l'a employé dans nos grandes houillières de Flandres; mais il est absolument inconnu en Auvergne. Les entrepreneurs, de ce pays, n'y ont pas la plus légère notion d'hydraulique. Ils ouvrent une mine, par avidité de gain; et si, dès le commencement des travaux, ils ne font pas de profits, ou s'ils trouvent un obstacle, les voilà déconcertés. Or la pauvreté, l'avarice et l'ignorance sont les plus mauvais exploiteurs que je connaisse. L'une ne peut faire les avances qui sont nécessaires; l'autre veut gagner trop vite et ne sait pas attendre; la troisième travaille mal et dérange tout.

Je ne connais qu'une seule houillière où les fouilles soient conduites avec quelqu'intelligence; c'est celle de la Taupe. Elle n'était ouverte, quand je l'ai vue, que depuis quatorze ou quinze ans; et devait son nom au travail d'une taupe, qui en fouillant la terre, en fit sortir une matière noire qu'on trouva être un véritable charbon. En effet, son banc de houille commence à la surface du sol; puis, s'enfonçant obliquement vers le centre de la montagne, il va s'y perdre à une profondeur que l'on ne connaît pas encore. Tout ce qu'on sait, c'est que dans un endroit on a creusé à 230 pieds, et qu'on l'y a trouvé. Il n'en a que 45 d'épaisseur. Il repose sur un lit de schite, qui, comme je l'ai dit, renferme beaucoup d'empreintes de plantes; et il a, pour toit ou plafond, une enveloppe pareille.

Quoique la Taupe n'ait encore que quelques

années d'exploitation, cependant elle a déjà ruiné deux compagnies, qui par défaut de lumières, ou faute de moyens, ont été successivement forcées de l'abandonner. Le propriétaire à qui elle appartient, a tenté, après elles, d'en reprendre les travaux ; et il n'a pas été plus heureux. Enfin, deux particuliers de Clermont en ont acheté la concession pour vingt ans. Secondés d'un mécanicien, de la ville, fort intelligent, ils ont travaillé selon les principes de l'art ; et en 1788, quand j'ai visité le lieu, ils venaient d'y établir une belle et grande machine à molettes ; à l'imitation de celles de Flandres et de Montcenis. Elle avait coûté 10,000 liv ; mais les entrepreneurs savaient que pour moissonner, il faut avoir semé ; et cette loi impérieuse, cette loi la première de toutes dans les fouilles de ce genre et néanmoins inconnue des Auvergnats, ils la suivaient. Déjà même, avant l'établissement de la machine, ils avaient eu des gains : et ceci prouve que peut-être il ne faudrait pas désespérer de plusieurs houillières délaissées, telles que les Lacs, la Mollure, les deux Chamblèves, Neuvialle, la Fosse, etc. L'intelligence et l'activité peuvent s'enrichir encore où l'impéritie se ruinait ;

et probablement il en serait de même de ces mines à métaux, par-tout ouvertes en Auvergne, puis par-tout abandonnées.

LETTRE XLVII.

Incendies spontanés de la mine de la Taupe; accident arrivé à ce sujet. Considérations sur le commerce de houille. Travaux ordonnés par Colbert pour rendre l'Allier navigable; projet nouveau sur cet objet. Exportation de houille pour Paris. Sapinières. Equippes. Détails sur le voyage des bateaux charbonniers et sur l'importance des houllières.

PARMI les meilleurs charbons d'Europe, on place, au premier rang, quelques-uns de ceux d'Angleterre; et particulièrement celui qui est connu sous le nom de Kennel. Nous en avons plusieurs en France, qui égalent en bonté les meilleures houilles anglaises. Tels sont ceux d'Anzin, près de Valenciennes; et ceux de Finse, dans le département de l'Allier. Peut-être même pourrait-on, dans ce nombre, admettre et compter ceux de la Taupe; et, en général, on a remarqué jusqu'à présent que les charbons, qui comme celui-ci sont précédés et accompagnés de schite, ont plus de qualité, sont plus gras et plus huileux que ceux qu'on voit précédés par des couches calcaires. La Taupe est bon sur-tout pour la forge; et il se consomme, en grande partie, à Paris.

De toutes les sortes de mines, les plus difficiles, ou plutôt les plus dangereuses à travailler, sont celles de charbon. Non seulement il y règne différens gaz méphitiques, et particulièrement un gaz inflammable, connu des mineurs sous le nom de *feu-brisou*, et qui s'enflammant à leurs lampes, produit les explosions les plus terribles; mais elles sont sujettes encore à un incendie spontané qui leur est particulier. Les pyrites qu'elles contiennent presque toujours, se décomposant par le contact et l'action de l'air, il en résulte une effervescence qui agissant dans un milieu très-inflammable, l'embrâse et met le feu à la mine entière. Dans ces cas, on ne connaît encore d'autre ressource que de fermer et de boucher les galeries, pour étouffer la flamme. Mais ce moyen ne suffit pas toujours. Souvent l'air extérieur afflue par des ouvertures particulières, imperceptibles; il alimente l'incendie; et alors plus de remède: la houillière brûle et se consume insensiblement.

Le nombre de celles que le feu dévore ainsi, est très-considérable. On peut en voir la preuve dans l'ouvrage qu'a publié, en 1773, Morand, sur l'art d'exploiter ces mines; et dans un mémoire particulier, du même auteur, inséré parmi ceux de l'académie des sciences, pour l'année 1781. Là, est une longue liste des houillières qui, dans les différentes parties du monde, et particulièrement en Angleterre et en France, se sont enflammées spontanément, et de quelques-unes, qui, après avoir brûlé pendant un certain tems, se sont éteintes. Parmi les premières, Morand cite Mégecote, l'une de celles de Brassac, laquelle donnait une fumée si chaude, dit-il, qu'il n'était pas possible de tenir la main aux ouvertures par où sortait la vapeur.

Cependant je remarque dans l'histoire de ces mines en feu, un fait heureux qui doit rassurer les pays où elles brûlent ; c'est que toutes se consument tranquillement, et de proche en proche, par une incinération lente ; qu'aucune ne fait explosion ; qu'aucune enfin ne s'annonce par ces écoulemens brûlans, par ces tremblemens de terre et ces tourbillons de flammes qui font les volcans. Il ne suffit donc pas, pour une éruption volcanique, d'une grande masse de substance combustible qui soit en feu. Il faut de plus, pour le dire en passant, d'autres principes, d'autres élémens, que nous ne connaissons point encore, mais sans lesquels l'expansion et tous ses phénomènes n'ont point lieu.

La mine de la Taupe s'enflamme également de tems à autre. Alors il faut tout boucher et interrompre les travaux. Peut-être même cet accident, s'il se renouvelle souvent, sera-t-il celui qui nuira le plus aux profits des entrepreneurs. En 1786, il produisit un malheur affreux.

Le feu s'était manifesté dans une galerie. Les ouvriers étaient remontés par les échelles; mais aucun d'eux n'avertit de l'embrasement. Ils tardèrent même, pendant quelque tems, à retirer le cable auquel est suspendue cette espèce de tonne dont on se sert pour descendre et remonter beaucoup de choses diverses et par fois même des travailleurs. Il brûla, en partie; et ils ne s'en aperçurent pas. Cependant, le lendemain, un des entrepreneurs, instruit de l'incendie, s'étant rendu au puits, afin d'administrer les secours nécessaires, il donna ordre à quelques mineurs de descendre. Tous s'y refusèrent, par la crainte du danger. Lui alors, dans un mouvement de colère, commanda d'apprêter la tonne; et déclara qu'il allait travailler seul, puisqu'on l'abandonnait. Ce reproche piqua leur courage. Chacun se disputa l'honneur d'entrer dans le tonneau. Deux s'y placèrent; mais à peine eut-on déroulé quelques toises du cable, qu'il cassa, et que les deux malheureuses victimes furent précipitées dans l'abîme. On les retrouva dans les eaux du fond, disloqués, déchirés et mis en pièces.

Il sort, année commune, des houillières de Brassac, environ 15 à 16,000 voies de charbon. (La voie est composée de 30 rases; elle pèse de 3300 à 3500 livres; et selon sa bonté, elle coûtait sur les lieux, en 88, depuis 15 jusqu'à 20 francs.) De ces 16,000 voies, 5 à 6000 sont consommées dans l'Auvergne; un certain nombre est porté à Orléans et à Nantes; le reste se vend à Paris. L'exportation pour la capitale ne pourrait même que s'accroître encore, depuis que la cherté du bois y a réduit les salpêtriers, les brasseurs, les chaufourniers, etc., à essayer de brûler du charbon. Mais jusqu'ici il y a eu des obstacles multipliés qui se sont toujours opposés à ce que ce commerce aquît en Auvergne une certaine étendue.

La houille payait des droits, en passant à Vichi. Elle en payait beaucoup sur la Loire; beaucoup d'autres sur le canal de Briare. Enfin, quand elle arrivait à Paris, elle avait essuyé trente péages, et payé trente droits différens. Ceci t'étonnera, sans doute. Voilà cependant comme le commerce était favorisé en France? Il est juste, je le sais, que toute marchandise paie à l'état une contribution quelconque. Mais en voyant un bateau charbonnier, rançonné et pillé ainsi à toutes les issues de son passage, n'eusses-tu pas cru voir un voiturier traverser un bois occupé par trente bandes de brigands?

En 1669, Colbert, dans le dessein de favoriser l'exploitation des mines de houille d'Auvergne, avait fait travailler à rendre l'Allier navigable depuis Brioude jusqu'à Pont-du-Château. Dans ce moment-ci, je sais quelqu'un qui a un projet pour le rendre tel, dès Langheac; c'est-à-dire, depuis une extrémité de l'Auvergne jusqu'à l'autre. Cet homme a été

rebuté

rebuté par l'ancien gouvernement. Sans doute il présentera ses plans à la Convention ; et s'ils sont de nature à être exécutés, je ne doute pas qu'ils ne soient du nombre de ceux qu'elle se fera un devoir d'adopter. Mais avant tout, il faudrait donner de l'eau à l'Allier : or voilà ce que n'a pu faire Colbert, avec toute la puissance du despotisme ; et voilà ce que le corps législatif ne fera pas davantage, malgré tout son zèle pour le bien public.

Pendant un certain tems, l'Allier ne coule qu'en débordant ; et alors il n'est point navigable. Le reste de l'année, il ne l'est point davantage, parce qu'alors il n'a point d'eau. Le commerce n'a donc que le moment de ses crues, dont il puisse profiter. Mais, d'un autre côté, ces crues sont très-irrégulières. Souvent elles arrivent subitement et cessent de même ; et une flotille qui est en route reste quelquefois engravée pendant des semaines entières, obligée d'attendre une eau nouvelle. La navigation du canal de Briare a elle-même des époques bornées. Tous ces inconvéniens, tu ne le sens que trop, doivent augmenter considérablement le prix de la marchandise ; et certes, au lieu d'exiger tant de droits des charbonniers d'Auvergne, le gouvernement, s'il avait entendu ses intérêts, aurait dû, non seulement les affranchir de tout péage quelconque, mais peut-être même leur accorder des primes.

Il n'y a que quelques houillières qui envoient à Paris; mais principalement la Roche et la Taupe. Ce commerce, au reste, a des détails qui lui sont propres, et que probablement tu aimeras à connaître.

Les entrepreneurs de la Taupe entretiennent habituellement cent ou cent vingt ouvriers; et ils ne vendent leur charbon que sur la mine même. Mais dans le pays, et sur-tout à Brassac, sont des entrepreneurs, d'un autre genre, qui achètent ce charbon et l'embarquent sur la rivière. Il est porté de la mine au port, en sacs et par des ânes. Une soixantaine d'ânes sont employés journellement à ce service; et il fait vivre un nombre de femmes et d'enfans qui viennent louer ces animaux et qui les conduisent. Arrivée au bord de l'Allier, la houille est déposée dans le magasin des entrepreneurs qui l'ont achetée. Elle reste là en dépôt, jusqu'à ce que d'autres spéculateurs, d'une troisième espèce, viennent l'acheter, à leur tour, pour la conduire par eau hors de l'Auvergne

Ceux-ci alors l'embarquent à Brassaget, port du bourg de Brassac; et c'est de là qu'est venu le nom de Brassac, donné à toutes les houilles du canton.

Ces bateaux, dont tu vois habituellement un grand nombre à Paris, et dont par conséquent je ne te décrirai point la forme, sont totalement en sapin. Destinés à ne faire qu'un seul voyage et devant être vendus et dépecés en arrivant dans la métropole, il n'a fallu leur donner que la solidité nécessaire pour cette navigation. Mais en même tems, ayant à voguer sur une rivière qui a très-peu d'eau, il les fallait extrêmement légers. C'est ce qu'on a obtenu avec le bois qu'on y emploie. Du reste, pas un atôme de goudron, pas un seul clou, nulle ferrure que celle des avirons et autre absolument nécessaire. Leurs pièces ne sont même assemblées qu'avec des chevilles de sapin; et de-là vient le nom de *sapinières* qu'on leur donne.

Il se fabrique annuellement environ 2000 de ces bateaux. Ils servent à conduire à Paris les pommes, les marons, les vins, les papiers, et sur-tout les charbons de la Basse-Auvergne; et sont construits, les uns sur la rive gauche de l'Allier, par les charpentiers de Brassac; les autres, en très-grande partie, sur la rive droite, par ceux de Jumeaux et de Veizezou. Des deux côtés, le long de la rivière, on ne voit que chantiers, amas de planches, constructeurs en action, sapinières à toutes les époques du travail; enfin, ce tableau d'industrie et d'activité, si ravissant à voir, et si rare en Auvergne. Jumeaux n'était, il y a quelques années, qu'un très-faible hameau. Enrichi par ses charpentiers, il est devenu un village très-considérable ; c'est le Sardam de la contrée.

La plus petite dimension d'une sapinière est de 55 pieds de long, sur 11 de large; la dimension moyenne, de 60; et la plus grande, de 72. Les premières, lorsque la rivière est bonne, portent 12 voies de charbon; les secondes, 14; les dernières, 18. Mais celles-ci ne sont guère employées que pour le transport des vins; et même il est très-rare que l'Allier ait assez d'eau pour leur permettre à toutes de partir avec leur charge entière. Il faut donc alors diminuer le chargement de chacune, et distribuer, entre plusieurs, ce qu'une seule porterait, si elles avaient une autre rivière.

Mais en même tems, comme un ou deux

bateaux, aussi peu lestés, ne suffiraient pas à l'entrepreneur pour lui assurer les frais du voyage, il est obligé d'en réunir un certain nombre et de composer une sorte de flotille. Ces flotilles s'appellent équippes. Les plus fortes sont de onze sapinières ; les équipes ordinaires, de huit. Ce n'est pas lui au reste qui conduit la sienne ; la coutume en a décidé autrement. Il se choisit un commis ; sorte d'amiral-super-cargue, qu'il charge de commander la flotte, d'aquitter en route toutes les dépenses qu'elle exige, de satisfaire à tous les péages, et de vendre dans Paris la marchandise qu'il y envoie.

D'abord, quand on part de Brassaget, chaque sapinière a quatre bateliers. Arrivé à Pont-du-Château où la rivière est plus forte, on renvoie deux des quatre hommes ; et l'on navigue ainsi avec les deux autres jusqu'à Moulins ou Nevers. Là, le commis trouvant plus d'eau, et ses bateaux par conséquent pouvant porter le double, il réduit son équippe à moitié ; fait porter à quatre sapinières ce qui était la charge de huit ; et transportant le charbon des unes sur les autres, vend, quoiqu'à bas prix, celles qui sont vides. A Briare, il fait la même chose. Enfin, parti de Brassaget avec huit bateaux, il arrive à Paris avec deux; et là, lorsqu'il s'est défait de sa houille, il les y vend à ces marchands de bois, qu'on appelle *déchireurs*; n'en réservant que les ferrures et les cordages, qu'il renvoie à Brassac, et auxquels ci-devant on fesait encore payer un droit de douanne à leur passage par Gannat.

Chacun des bateaux, l'un dans l'autre, avait coûté en Auvergne (au moins c'était le taux, à l'époque de mon voyage), dix louis; on les lui achète deux ou trois. Il en est de même de ceux qu'il a vendus dans sa route. Tôt ou tard ils arrivent dans la métropole avec des marchandises, et cette ville immense absorbe ainsi annuellement, en bois de déchirage, près de 2000 bateaux venus d'Auvergne. Il ne lui échappe, sur ce nombre, que ceux qui vont à Orléans et à Nantes.

Quant au commis-amiral, comme il n'a reçu, en partant, aucune instruction sur le débit de sa marchandise, c'est à lui de la vendre le mieux et le plutôt qu'il peut. On s'en rapporte, sur cet objet, totalement à sa probité. Lorsque la vente est faite, il retourne à Brassac; où, sans rendre aucun compte, sans montrer aucun registre, en un mot sans donner aucun détail de son voyage, il remet entre les mains de son commettant ce qui lui reste d'argent et d'effets.

Rien de plus loyal que cette sorte de conduite. Elle suppose, de part et d'autre, une bonne foi admirable, qui est faite pour honorer l'Auvergne; et on n'en entend pas parler sans intérêt. Mais, quand un homme vient et reste à Paris aux dépens d'un autre, il est bien difficile que son économie et sa fidélité veillent toujours. Par fois il les laisse sommeiller. Aussi, la chronique-scandaleuse prétend-elle que s'il est des entrepreneurs qui ont à se louer de leurs délégués, il en est d'autres qui se plaignent des leurs. Je ne suis point étonné de pareilles inculpations; les hommes sont partout les mêmes: mais ce qui m'étonne, c'est qu'elles aient lieu deux années de suite.

Le commerce des houilles de Brassac n'est pas, à beaucoup près, ce qu'il pourrait être, si les exploiteurs étaient plus habiles et l'Allier plus navigable. Néanmoins, tel qu'il est, et malgré le peu de profit qu'il procure à la contrée par le volume considérable et le bas prix de sa marchandise, c'est un des objets qui méritent le plus l'attention de la nouvelle administration d'Auvergne. Pour s'en convaincre, il ne faut que réfléchir sur tous les détails qu'il comporte.

D'abord, ce sont 2000 bateaux qui sont construits annuellement. Le bois qu'on y emploie se tire des montagnes du Livradois et de la Chaise-Dieu. On calcule tout ce qu'exigent d'arbres ces 2000 constructions; tout ce qu'y gagnent les propriétaires de ces sapins, qui autrement ne seraient jamais vendus; tout ce qu'il faut d'hommes, pour les abattre, les scier, les débiter, etc.; le nombre de bœufs, de chars et de voituriers qui sont nécessaires pour les conduire, en merrein, depuis les montagnes jusqu'à Jumeaux et Brassac; enfin, la quantité de charpentiers qu'ils emploient pour devenir bateaux.

A la mine, sont d'autres détails, du même genre. C'est une multitude de travailleurs, mineurs, piqueurs, commis, etc.; tous en activité pendant l'année entière, sans interruption. C'est sur-tout une infinité de denrées et de marchandises, qui sans eux ne seraient pas consommées; d'huile pour les lampes, de fer, de cordages et de câbles pour les machines;

de toile pour les sacs à charbon ; de jambes-de-force et bois de charpente pour l'étai des mines et le pontelage des puits, etc.

Combien d'hommes et de voitures n'occupent pas, en outre, les cinq ou six mille voies de houille qui se consomment dans l'Auvergne ? Combien de conducteurs, de gardes-magasin, de mesureurs, de déchargeurs, etc., pour celles qui s'embarquent sur la rivière ! Combien de bateliers, allant et venant sans cesse de Brassaget à Pont-du-Château, et d'autres jusqu'à Moulins, Nevers, Orléans, Nantes et Paris.

Aux yeux d'un petit-maître, c'est un spectacle fort peu agréable, j'en conviens, que ces houillères, avec leurs charbonniers noirs. D'après ce que je viens de dire, l'homme d'état, le vrai patriote les regardera comme un objet important ; sur-tout, quand j'aurai ajouté que le canton de Brassac est un des plus peuplés de l'Auvergne, et qu'il ne doit qu'à elles seules sa population. Il y a long-tems qu'on l'a dit ; par-tout où des hommes trouvent à vivre, ils multiplient.

LETTRE XLVIII.

Quantité immense de sources; leur utilité; leur salubrité. Fontaine intermittente, réputée miraculeuse. Eaux minérales. Etat des eaux les plus renommées.

UN pays rempli de montagnes qui sans cesse attirent et arrêtent les nuages, un pays sujet à de fréquens vents d'ouest qui n'amènent que de longues pluies, doit, par sa nature, avoir beaucoup d'eaux; et l'Auvergne en a effectivement beaucoup. Par-tout, sur les collines comme dans les vallons, sur les hautes montagnes comme dans les plaines, l'on en voit sourdre. Le citoyen Brieude cite un village, dont le territoire n'a qu'une demi-lieue de diamètre; et dans ce territoire néanmoins il a compté 213 sources. Il s'en faut, je l'avoue, qu'elles soient multipliées à ce point dans tout le reste de la contrée; bientôt elle ne serait qu'un vaste lac : mais, de toutes parts, elles y sont très-nombreuses ; et le sont même tellement, qu'il serait impossible, je ne dis pas, de les dénombrer, mais de compter seulement tous les ruisseaux qu'elles forment.

Tant d'eaux en mouvement doivent fournir à une évaporation considérable. Peut-être même l'abondance et la perpétuité de leurs vapeurs rendraient-elles le climat mal-sain, en augmentant l'humidité d'une atmosphère déjà trop humide par elle-même, si, à mesure qu'elles s'élèvent, elles n'étaient, ou emportées par les vents, ou absorbées par l'attraction des montagnes.

Par-tout, les sources sont employées à l'arrosement des pacages ; et c'est par là qu'elles sont précieuses à l'Auvergne. Sans elles, point d'herbages ; sans elles par conséquent point de bestiaux. Malheureusement la plupart tarissent en été. Les animaux alors souffrent de la soif ; et de-là, ces maladies inflammatoires et ces épizooties, qui pendant cette saison ravagent les troupeaux.

Il y a des cantons où les eaux sont malfesantes de leur nature ; et où ceux qui les boivent éprouvent des coliques, des fièvres intermittentes et d'autres accidens semblables. Mais ce danger a lieu dans tous les pays, comme en Auvergne ; et j'ajouterai même qu'il est assez rare ici. En général, si l'on y excepte le tems de la fonte des neiges, époque à laquelle toutes les eaux sont altérées, celle des sources, quoiqu'inférieure en qualité à l'eau de certaines rivières, y est pure, saine, et sur-tout très-limpide. Comme la plupart sortent de roches vives où elles ne trouvent à dissoudre aucune substance hétérogène et saline, rien n'altère leur transparence et leur salubrité. Le gyps sur-tout étant une matière fort rare en Auvergne, il en est très-peu de séléniteuses. Celles même qui charrient des terres calcaires y sont sans danger, ainsi que l'a observé le citoyen Brieude à Aurillac, où l'on n'en boit point d'autres : et ce fait est cité par lui contre l'opinion de Haller, qui attribue à cette cause le calcul de la vessie et la goutte.

Je ne te parle point des fontaines intermittentes. L'Auvergne a aussi les siennes ; et il est aisé de croire que là, comme ailleurs, une source peut couler dans certains momens de l'année, et s'arrêter dans d'autres. Mais au nord de Salers, entre Trissac et Colandres, au lieu nommé la Bourdouille, il y en a une, que la classe du peuple a rendue fameuse, et à laquelle il attribue la triste vertu d'annoncer les malheurs qui doivent désoler la contrée, ou même la France. Ordinairement elle est à sec et n'a point d'eau. Mais devons-nous éprouver, dans l'année, quelque grande catastrophe, une famine, une guerre, une inondation, etc.; alors elle ne manque pas de couler, pour en avertir fidellement : et, selon que le fait est plus ou moins important, elle coule avec plus ou moins d'abondance.

Au reste les Auvergnats ne sont pas les premiers qui aient été gratifiés d'un prodige de ce genre. Les juifs racontent la même chose de leur fontaine de Siloè, près de Jérusalem. Avant que cette ville fût assiégée par Nabuchodonosor, avant qu'elle le fût par Titus, elle était à sec, disent-ils. Mais tout-à-coup, aux approches de l'ennemi, elle coula très-abondamment, et annonça à la nation les malheurs qui la menaçaient.

Au printems 1788, celle de la Bourdouille donna beaucoup d'eau. L'allarme alors devint générale; on ne pronostiqua plus que désastres.

Quand, dans l'automne, je traversai le canton, l'on ne manqua pas de me faire remarquer avec quelle exactitude fatale ces grêles affreuses qui venaient de ravager successivement une partie de l'Auvergne et une partie de la France, avaient vérifié la prophétie de la fontaine. Je fus trop prudent pour ne pas en convenir. Eh! après tout, comment ne point croire à une eau, qui possède la faculté de connaître les événemens futurs, et qui, chaque année, a la volonté constante de les prédire; quoique constamment aussi elle soit assez méchante pour n'annoncer que ceux qui sont malheureux!

Dans ce nombre infini de sources qu'a l'Auvergne, il n'est pas possible qu'il n'y en ait beaucoup, qui dans leur cours souterrain, ne trouvent à dissoudre certaines substances minérales, et qui par conséquent ne deviennent, selon l'expression commune, minérales elles-mêmes. Cette transmutation est encore une de celles, dont, depuis long-tems, les chymistes cherchent à dérober le secret à la nature. Ils y sont parvenus, en partie; puisqu'à son imitation ils composent certaines eaux factices, et particulièrement des eaux gazeuses, qui, par leurs vertus, approchent des siennes.

Au Mont-Dor, dans la gorge des Enfers, j'en ai vues des martiales se former, pour ainsi dire, sous mes yeux. Quelques filets de sources, sortis des flancs du vallon, étaient obligés, pour se rendre dans la Dogne, de traverser ces amas de terres cuites, dont il est rempli. En passant, ils dissolvaient des molécules du fer qu'elles contiennent, et qui les rougit ; ils devenaient ainsi ferrugineux eux-mêmes ; et s'annonçaient comme tels, à l'œil par leurs dépôts, et au goût par leur saveur.

Il n'est pas aussi aisé de deviner la cause qui produit la chaleur des eaux thermales. Cette cause est-elle un volcan souterrain ? comme le prétendent plusieurs naturalistes. Sont-ce des pyrites, ou d'autres matières semblables, en fermentation ? comme la plupart des chymistes le soupçonnent. Enfin, le liquide ne devient-il chaud, que quand il traverse des filons de houille ? ainsi que l'a écrit, il y a quelques années, un auteur moderne.

Si cette dernière hypothèse était vraie, le Mont-Dor, où les houilles, s'il y en eut, furent consumées autrefois par la volcanisation, devrait ne pas avoir d'eaux thermales ; le canton de Brassac, où tout est mine de charbon, devrait en avoir beaucoup : et cependant c'est le contraire.

A Chaudesaigues, je vois un volume d'eau considérable sortir, de son rocher, presque bouillante. Puisque cette eau coule, et même très-rapidement, elle n'a pu aquérir sa chaleur que dans son passage ; de sa nature, elle était très-froide. Pour la faire monter, en aussi peu de tems, à une si haute température, les feux les plus violens de nos grandes usines ne suffiraient sûrement pas. Or, si elle l'aquiert par le seul contact de matières en dissolution, quelle masse incalculable de substances fermentantes ne faudrait-il pas pour l'échauffer ainsi ? Et comment, depuis un tems si long, cette masse a-t-elle exercé constamment une action pareille, sans s'épuiser ?

Dans l'hypothèse d'un volcan, les difficultés sont les mêmes. On a peine à concevoir qu'un volcan brûle sourdement depuis tant de siècles au sein de la terre, sans avoir manifesté au dehors son embrâsement par une explosion ; ou au moins, sans avoir affaissé et consumé sa montagne. On ne conçoit pas plus que ce soit un volcan caché qui échauffe les eaux thermales

thermales du Mont-Dor; tandis que la montagne d'où elles sortent, visiblement volcanisée autrefois, annonce, plus visiblement encore, que tout vestige de feu y est éteint. Enfin, il est difficile de croire qu'une fournaise interne soit assez ardente pour échauffer, à la Bourboule, à Chaudesaigues, au Mont-Dor, à Sénecterre, etc., une eau courante d'un très-gros volume; et que néanmoins, tout-à-côté de celle-ci, elle laisse couler des filets d'eau froide. Mais ce qui est plus difficile à comprendre encore (et ceci regarde également les trois hypothèses) c'est que le volcan, c'est que les pyrites et le charbon, qui sous leur calotte souterraine devraient être à l'abri des variations de l'atmosphère, semblent cependant n'avoir plus la même activité, dès que les froids commencent. Les eaux alors perdent en partie leur chaleur et leur vertu. Et c'est probablement à raison de cette diminution d'incalescence, que de tous les lieux d'Auvergne qui en ont de telles, Chaudesaigues est le seul qui les ait employées en poêles-étuves; parce que là, malgré leur perte, elles restent encore très-chaudes.

Je ne suis point surpris que les Romains

qui connaissaient la vertu des eaux thermales de Baies, aient donné à Chaudesaigues, quand ils ont été les maîtres de l'Auvergne, le nom de *calentes Baiæ*. Je ne le suis point qu'ils aient donné au bain du Mont-Dor le nom de César; et qu'à côté de ce bain ils aient élevé un panthéon, comme pour remercier tous les Dieux ensemble de ce présent de la nature. Tout le monde connaît le goût que ce peuple avait pour les bains chauds. On sait l'usage fréquent qu'il en fesait dans son régime diététique; et par conséquent, le cas que, dans son régime médicinal, il devait faire des bains d'eaux thermales.

L'invention et l'emploi du linge ont presque anéanti parmi nous l'usage des premiers. Les seconds sont encore ordonnés quelquefois par la médecine; et peut-être ne le sont-ils pas assez, sur-tout dans un pays comme l'Auvergne, où beaucoup de maladies sont causées par la morfondure et l'humidité. Je réitère donc mon vœu, pour que les administrations de la ci-devant province mettent en valeur toutes ses eaux thermales. Je demande qu'à toutes soit assigné un médecin; que toutes aient un bâtiment quelconque et des baignoires; mais je demande spécialement que dans toutes il y ait un hospice pour les pauvres.

Rien de plus commun en Auvergne qu'une source minérale. On ne fait presque point un pas, sans en trouver quelqu'une. Dans la seule partie du contour ouest et sud du cantal, le citoyen Brieude dit en avoir compté 142 ; et par celles de ce canton, tu peux apprécier le nombre des autres. Mais presque par-tout elles sont, ou gazeuses seulement, ou gazeuses et ferrugineuses à la fois. Rien de plus rare qu'une eau sulfureuse ; et c'est encore-là un de ces phénomènes dont je demanderai une explication aux naturalistes.

J'ai trouvé, dans les bureaux de la ci-devant intendance, un état de celles de ces différentes eaux qui ont le plus de renommée. La liste fut faite en 1772 ; et dressée par différens médecins, avec une notice, telle quelle, sur la nature et les vertus de chacune. Je pourrais te donner ici l'une et l'autre ; mais l'analyse d'une eau minérale est, de toutes les opérations de la chymie, l'une des plus délicates et des plus difficiles. C'est depuis peu d'années que cette science, par les découvertes nombreuses qu'elle a faites, et sur-tout par la découverte des gaz, peut se promettre, en ce genre, un travail digne de quelque confiance ; et ce qu'en 1772 pouvaient dire, sur cet objet, des médecins élevés dans les vieilles écoles, n'en mérite aucune. Depuis cette époque, quelques-unes des eaux d'Auvergne ont été analysées par des chymistes ; et dans ce nombre, on compte les citoyens Castel, Monnet, Desbrest, Sage, Fourcy, Chappel, etc. Mais il n'y en a eu que quelques-unes d'analysées ; et en attendant qu'une main, aussi habile que les leurs, exécute en entier cette longue et difficulteuse entreprise, dont la lecture sera si fastidieuse, et l'utilité si grande, je vais, moi, donner un simple catalogue des principales sources, qui dans mes voyages sont parvenues à ma connaissance. Je joindrai seulement, sur les plus connues d'entre elles, quelques remarques particulières. Celles dont j'ai parlé précédemment, seront distinguées par un astérisque. *

NOM

Des principales eaux minérales dans les différentes Elections anciennes de l'Auvergne.

Ancienne Election de Mauriac.

Embelles,
Jaleyrac,
Menet ;
Saint-Géraud,
La Graille,
La Foutz, *commune d'Ides.*
Belc,
Le Cher, *commune de Drignac.*
Saignes,
La Clidelle, *commune de Ménel.*
La Saigne, *dans le vallon de Fontanges, près Salers.*
Chaumeil, *dans le vallon de Saint-Paul.*

Celle-ci sort d'un rocher, au milieu d'un ruisseau. Lorsque le ruisseau a beaucoup d'eau, il couvre la source ; elle n'est libre que quand il en a peu. On trouve en Auvergne beaucoup d'eaux minérales, qui, comme celle-ci, jaillissent dans une île, au milieu d'une rivière ; et qui par conséquent sont obligées de passer sous un bras d'eau courante.

ELECTION D'AURILLAC.

SAINT-MARTIN-VALMÉROUX.

Celle-ci est près la rivière, hors du village. Elle n'est découverte que depuis 1784 ; et, ainsi que toutes les choses nouvelles, elle a tout-à-coup aquis, dans le voisinage, une réputation.

VIC-EN-CARLADÈS. *

Elle rougit la teinture de tournesol. Le 14 septembre, elle m'a donné, au thermomètre, 10 degrés de chaleur ; l'air extérieur étant à 12.

ELECTION DE SAINT-FLOUR.

CHAUDESAIGUES. *
ROUBELET, *commune de Sainte-Marie.*

CHANTÉJAT, *commune de la Chapelle-d'Alagnon.*

ELECTION DE BRIOUDE.

PAULIAT, *commune de Beaumont.*
SAINT-DIDIER,
CHAMBON, *commune de Vialle-sur-la-Motte.*
FÉLINE, OU LA SOUCHÈRE, *

ELECTION D'ISSOIRE.

AMBERT.

Cette ville, lorsque j'y passai, avait une source minérale ; peut-être en a-t-elle deux à présent. Près de la chaussée, sur le chemin de Clermont, est un champ labouré, dans lequel on voyait un endroit, qui constamment stérile, n'avait jamais pu rien produire ; quelques soins qu'on y eût pris annuellement. Le propriétaire, curieux de connaître d'où provenait cette insurmontable infécondité, fit une fouille ; mais à quatre ou cinq pieds de profondeur, ayant trouvé de l'eau, il s'arrêta et n'alla pas plus loin. Les choses en étaient-là, quand j'eus connaissance du fait. Conduit sur le lieu par le citoyen Védière, négociant d'Ambert, et par son beau-frère le citoyen Chasténuel, je vis un trou rempli d'une eau bourbeuse, à travers laquelle s'échappaient des bulles de gaz. Au goût, elle n'avait que la saveur de vase ; mais essayée avec la teinture de tournesol, elle la rougit fortement. Cette expérience m'annonçant une eau gazeuse, je conseillai de creuser plus avant, de dégager la source, et de lui donner un bassin. Sans doute on y aura travaillé. Au moins on me l'a promis.

LA CHONS,
SAGNETAT,   } PRÈS D'AMBERT.
LA BÉCHERIE,

BARDS, *commune de Boude.*

Ses eaux passent pour guérir les fièvres intermittentes. Au thermomètre, elle m'ont donné 17 degrés de chaleur ; l'air extérieur étant à 15. Elles incrustent leur lit de dépôts calcaires. Vers le village, on voit des masses considérables de concrétions pareilles ; et la plupart des pierres dont il est bâti sont de même nature. Quelques pas plus loin que la source, il y en a une seconde ; mais qui ne coule pas, parce que son canal est obstrué par des dépôts et des herbages.

BRUGEYROUX,
PRADES,
SOSSE, *près Dore-l'Eglise.*
ARLANC,
SAINT-FLORET, *dans le vallon de Meillau, près d'Issoire.*
SAINT-AMAND,
LA FAYOLLE, *près Saint-Amand.*

ÉLECTION DE CLERMONT.

JAUDE, *dans Clermont même.* *
SAINT-PIERRE, } *dans ses fauxbourgs.* *
SAINT-ALLYRE, }
SAINT-MARTS, *dans ses environs.* *
MONTAIGUT-LE-BLANC.
MONT-DOR. *
LA VILLETOUR, *près Besse.*

SAINTE - MARGUERITE, *près le Vernet-Mont-Dor.* *

SAINT - NECTAIRE, *vulgairement Sénecterre.*

Il y a là deux sources, situées dans un vallon, à un quart de lieue du bourg; et toutes deux sont thermales. Essayées au thermomètre, le 4 septembre à cinq heures du soir, elles marquèrent, l'une 19 degrés de chaleur, l'autre 26; et l'air extérieur en donnait 13. Comme, depuis quelque tems, elles commencent à être connues, on les a enfermées chacune sous un batiment; mais tant qu'il n'y aura, ni chemin pour y parvenir, ni logemens pour les malades, il ne faut point espérer d'y voir des bains.

PONT-GIBAUD,

SAURIERS,

LEINS, *commune de Couteuge.*

SAINTE-MARGUERITE.
LE GRAVIER.

LE TAMBOUR, OU DU CORNET,

Ces trois dernières sources s'appellent eaux

des Martres-de-Vaires, ou eaux de Vic-le-Comte; parce qu'elles sont situées entre ces deux lieux. La première est sur la rive gauche de l'Allier; la seconde, au milieu de la rivière; la troisième, sur la rive droite. Il serait curieux de savoir si ce n'est pas la même, sous trois sorties différentes.

La seconde n'est connue que depuis 1664; époque à laquelle l'Allier s'étant ouvert, pour son lit, un nouvel embranchement, il découvrit l'île dans laquelle sort la source.

Pendant quelque tems elles ont porté toutes trois le nom général de *Sainte-Marguerite*; et ce nom leur avait été donné, parce que les paysans qui venaient les prendre pour raison de santé, récitaient, avant de les boire, une oraison de la sainte, et que quand ils étaient guéris, ils lui attribuaient la guérison de leurs maux.

MÉDAGUE.

Massillon usa, pendant quelque-tems, de celle-ci, pour des coliques néphrétiques auxquelles il était sujet. Elle est au nord du village de ce nom, sur les bords de l'Allier ; et se trouve même indiquée dans la carte de Cassini. Il y en a une seconde, un peu plus loin ; et une troisième, dans une île, au milieu de la rivière. Les deux premières sont connues sous les noms de *petit bouillon*, et de *grand bouillon*.

Je remarquerai ici que par-tout où l'on trouve des eaux minérales qui sont froides ou d'une température modérée, les animaux les recherchent de préférence aux autres. J'en ai fait l'observation à Médague pendant plus de deux heures. De tous ceux qui sont venus y boire, moutons, vaches, et autres, je n'en ai vu aucun aller à la rivière ; tous venaient aux deux sources. Il en a été de même pour celle de l'île. J'ai vu successivement six volées de pigeons s'y abattre, pour boire. Pas un seul de ces oiseaux ne s'est désaltéré à la rivière ; quoiqu'elle coulât des deux côtés.

LES CORNETS, } *commune de Saint-Jean-*
FONT-SALADE, } *de-Glaines.*

ÉLECTION DE RIOM.

EVAUX.

Il y a deux sources principales, connues sous le nom de *bains d'en-haut* et *bains d'en-bas*.

AUTERIVES.
SAINT-MYON.

Cette source, qui dans le canton est renommée, et qui à l'époque de la saison des eaux, a un médecin, m'a donné, au thermomètre, le 3 octobre, à 4 heures du soir, 11 degrés de chaleur ; ce qui était, en ce moment, la température précise de l'atmosphère. Elle est enfermée sous un bâtiment couvert, et située au bord de la Morge, où elle se décharge. Probablement il y a plusieurs de ses filets qui se perdent dans la rivière ; car de toutes parts on voit des bulles de gaz percer à travers l'eau et venir crever à sa surface.

GIMEAUX.

Fontaine fermée. M'a donné, le 2 octobre,

20 degrés de chaleur ; l'air extérieur étant à 10. Le gaz qui s'en échappait éteignait la lumière à un pied de distance au-dessus de la source. Près de-là, les eaux ont formé, par leur dépôt calcaire et ferrugineux, une masse énorme, qu'il a fallu détruire en partie, parce qu'elle commençait à obstruer le chemin. C'est la plus grosse roche de concrétion, que j'aie vue en Auvergne. On y a pratiqué une grotte, haute de 4 à 5 pieds, large de 24, et profonde de 12.

CHATELGUYON.

L'eau minérale a deux sorties ; toutes deux grillées. Le 2 octobre, à midi, elle m'a donné 26 degrés de chaleur ; l'air extérieur étant à 15. La lumière s'y éteignait à 4 pouces de l'eau. Jadis elle eut un bâtiment, dont on voit les fondemens encore. Tout, dans ce canton, est eau minérale. Outre la source grillée, il y en a une autre, nommé Azan, et connue des paysans sous le nom de Gargouilloux. Dans le lit du ruisseau qui arrose le village, on en voit une, nommée la Vernière, qui sort par un trou qu'elle s'est faite à travers une roche. Celle-ci avait 25 degrés de chaleur. Elle jaillissait à 4 pieds 4 pouces, de haut, et atteignant une haie qui est-là, incrustait et agglutinait les feuilles qu'elle pouvait toucher. Les gens du lieu s'étaient pratiqué, dans la roche même, une baignoire. Mais le locataire de la source grillée, voulant que la sienne fût la seule qui subsistât, a tout fait pour détruire l'autre. Il a poussé la malice, dit-on, jusqu'à tenter d'en fermer la sortie, en y enfonçant un coin de fer; le coin a été rejeté; et le jet subsiste toujours.

ENVAL.

Avait 14 degrés de chaleur; même température que l'atmosphère. Si l'on veut jouir d'un spectacle pittoresque, il faut avancer plus loin, et remonter le torrent dans lequel la source se décharge. On trouve-là, non-seulement plusieurs autres sources minérales, mais un site affreux, une gorge profonde, des blocs de roche entassés les uns sur les autres, des cascades et des chûtes d'eau ; en un mot le chaos de la nature.

BESSAT ; *commune de Champfort.*

M'a donné, le premier octobre, 7 degrés de température ; tandis que l'air extérieur était à 14. Elle est également dans une gorge, et se réunit de même à un torrent ; Mais elle sort d'une roche de basalte. La forme de cette masse, le lit profond que s'est creusé le torrent, la solitude du lieu, les arbres vigoureux qui l'ombragent, l'amas de laves en fragmens dont il est couvert, enfin la limpidité de l'eau minérale ; tout concourt à faire de ce site un paysage délicieux.

CHAPDES BEAUFORT. *

Cette fontaine est gazeuse-martiale. Les habitans, loin d'en connaître les vertus, l'ont nommée *fontaine empoisonnée*, parce que sur ses bords on voit quelquefois des oiseaux, qui, en venant y boire, sont morts, par l'action du gaz qu'ils ont respiré.

CHALUSSET. *

CHALUSSET. *

Celle-ci, de même nature que la précédente, a été nommée, par les habitans du lieu, la *Font chaude*. Et en effet, les bulles de gaz qui s'en dégagent, le bruit que font ces bulles en allant crever à la surface du liquide, suffisent pour induire en erreur des paysans, et pour leur faire croire que c'est la chaleur de leur fontaine qui la fait bouillonner.

Quoiqu'à peu de distance il y ait une autre source, du genre des sources ordinaires, les troupeaux des environs recherchent, de préférence, et même avec une sorte d'avidité, l'eau gazeuse. Mais on a grand soin de les en éloigner, m'ont dit les femmes du lieu ; parce que souvent ils glissent sur le terrein, dont la pente est très-rapide ; et qu'en roulant, ils vont se précipiter au bas de la montagne.

Selon moi, la vraie cause de cette chûte, c'est que l'animal a été tué par le gaz de la fontaine. Il n'y a pas long-tems qu'une vache mourut ainsi à la prétendue source *empoisonnée* de Chapdes-Beaufort.

son corps resta sur la place même où elle fut étouffée. Mais si le lieu eût été en pente, comme Chalusset, la bête, en tombant, aurait roulé dans le vallon ; et son maître, qui en eût ignoré la vraie cause, n'aurait pas manqué de dire que sa vache avait glissé.

Quant à la terre calcaire que les eaux de Chalusset tiennent en dissolution, elles la déposent, sur leur route, vers le bas de la montagne, assez près du lit de la Sioule. Là est un rocher qu'elles ont formé, et que, chaque jour, elles travaillent à augmenter. Déjà, en ce moment, il a une largeur et une épaisseur considérables. Avec les siècles, il deviendra un monticule ; il s'avancera jusqu'à la Sioule ; et, ainsi que le ruisseau de Clermont, formera peut-être un pont, qui s'appuyant sur la rive opposée, ira porter les eaux de la fontaine par-delà celles du torrent.

J'ai rapporté, de ce rocher, des stalactites, qui vraiment étonnent pour la délicatesse et la singularité du travail ; et j'en ai peu vues, dans les cabinets, d'aussi belles. Ce qu'elles ont de plus remarquable, c'est que la plupart contenant des mousses et des plantes aquatiques qui ont crû sur le rocher, elles offrent à l'œil une sorte de végétation pierreuse, ou d'arbuste pierre. On en voit même plusieurs dont une partie est encore mousse verte, flexible, et intacte; tandis que l'autre est déjà incrustée, ou commence à s'incruster. Fontenelle appelait cela *prendre la nature sur le fait*. Pour un observateur, ce plaisir est le premier de tous; et en effet, l'on conviendra que pour notre instruction, autre chose est de trouver un corps entièrement fini, par elle et qu'elle a comme abandonné dans la masse des autres; ou de la surprendre occupée secrètement à travailler ce même corps, à rapprocher ses parties, à combiner ses principes, enfin à lui donner une forme et une manière d'être.

C'est avec de l'eau qu'elle forme un rocher. Cette eau va, dans les entrailles de la terre, le dissoudre, et, en quelque sorte, l'anéantir; et après l'avoir charrié au dehors en le rendant invisible dans un liquide, elle vient le placer et le former

de nouveau ailleurs. « L'océan a autrefois
» élevé cette montagne calcaire, me
» disais-je à moi-même, en considérant
» tout ce travail. Par la suite, des
» feux souterrains l'ont brûlée et fondue
» en partie. Aujourd'hui, l'eau la ronge
» intérieurement ; tandis qu'au dehors
» l'air travaille à la couvrir de verdure.
» Dans un certain nombre de siècles,
» peut-être, elle sera détruite, et ne
» présentera plus qu'une plaine. C'est
» donc ainsi qu'agit la nature ! Ce qu'elle
» fait détruire par les élémens, elle
» emploie les élémens à le rétablir. Ici,
» elle dissout un corps jusqu'à ses der-
» nières molécules ; là, elle reprend des
» atômes dispersés ; et, par eux, réédifie
» des masses dont le volume effraie les
» regards. Sur ce rivage, elle envoie
» les mers dévorer et abattre une mon-
» tagne ; près de cet autre, elle leur
» ordonne de construire une montagne
» dans une plaine. Telle est sa marche
» et l'ordre de ses lois. *Diruit, ædificat ;*
» elle ne produit qu'en détruisant ; elle
» ne détruit que pour produire ; et c'est

» ainsi que renouvellant sans cesse l'en-
» veloppe de notre faible globe, elle lui
» donne sans cesse la vigueur d'une nou-
» velle vie et les attraits d'une jeunesse
» éternelle. »

LETTRE XLIX.

Considérations sur les sources et les rivières d'Auvergne. Cascades de Laval, de Montaley, de Saillans, de Salins. Comparaison des différentes cascades. Saut de la Saule. Détails sur cette cataracte. Travaux entrepris pour rendre la rivière flottable.

Un des objets les plus importans pour l'Auvergne (j'en ait fait la remarque dans ma lettre précédente), c'est la multitude infinie de ses sources ; puisque sans les sources les montagnes n'auraient point de pacages, et que sans pacages elle ne pourrait nourrir cette quantité immense de bestiaux qui font la plus lucrative et la plus considérable partie de son commerce.

La possession d'une source ou d'une fontaine est donc-là une possession infiniment précieuse. Par-tout, pendant la saison des chaleurs, on les détourne, on les saigne pour l'irrigation des herbages; et c'est par elles que s'enrichit de verdure un sol, qui par lui-même était condamné à la stérilité. Les propriétaires de pacages et de prairies se sont même fait entre eux, sur cet objet, une police et des lois. Chacun d'eux jouit des eaux, à certains jours et pendant un certain nombre d'heures. Ces distributions sont devenues des droits, fondés sur des conventions antiques; et si dans les campagnes il existe souvent des procès et des batteries, c'est presque toujours pour quelque infraction à la loi des partages d'eau.

De ces déviations et saignées d'arrosement, il résulte cependant un mal. Les sources, affaiblies déjà par les chaleurs, épuisées en outre à mesure qu'elles avancent, ne peuvent plus, ni alimenter les ruisseaux, ni devenir ruisseaux elles-mêmes. Ceux-ci, à leur tour, manquant aux rivières, tu devines ce qu'en été ces rivières doivent être. Elles n'auront d'eau qu'à la suite de quelque grand orage; elles en auront, de même, à la fonte des neiges et dans la saison pluvieuse; mais, dans tous ces cas, elles en auront trop, et déborderont.

Il suit de ces faits que si les sources de

l'Auvergne font sa richesse, à raison de leurs arrosemens; les rivières font son malheur, par leurs inondations. J'ai déjà eu lieu de te citer des détails sur cette espèce de fléau; et je t'ai dit combien il est fréquent. On ne voyage guère dans ce pays infortuné, sans entendre parler de quelque désastre en ce genre; sans voir des arbres déracinés, des murs abattus des terres ravagées, et sur-tout des ponts emportés ou détruits. Le nombre de ces ponts renversés est très-considérable; et peut-être n'est-il pas, dans toute la République, une seule contrée où il doive en coûter autant pour ce genre de réparations.

Outre les ravages dont sont accompagnées ces inondations fatales, elles produisent un malheur plus redoutable encore : ce sont des monceaux effrayans de pierrailles et de gravier, qu'elles déposent sur leur passage, et qui couvrant les champs et les prairies, les changent tout-à-coup en grèves stériles. J'ai rapporté, ci-dessus, plusieurs faits sur ces sortes de laisses. Souvent les rivières elles-mêmes en ont de telles, que leur lit en est rempli; et il resterait comblé, si de tems en tems elles n'éprouvaient des crues considérables qui le désobstruent. Tel est spécialement l'Allier. Les rivières et les ruisseaux qu'il reçoit portent, dans son canal, des montagnes entières, réduites en fragmens et en gravier. Mais, au moment de ses grosses eaux, il aquiert, par la résistance des côteaux qui le resserrent, une force de masse et une impétuosité irrésistibles. Tout ce qui l'engorgeait est enlevé avec violence. Il pousse, il chasse devant lui ces longues digues; et court ainsi, jusqu'à ce que débouchant dans une plaine il y calme sa fureur, en les dispersant au loin, et se formant un lit dont l'œil ne mesure l'étendue qu'avec effroi.

La plupart des ruisseaux descendant des montagnes, il n'arrivent aux vallées que par des pentes rapides, et, pour ainsi dire, de chûte en chûte. Mais, comme il est possible que dans leur course bondissante ils rencontrent quelque banc de roche escarpé, qui fasse saillie, leur jet alors s'alonge et file, plus ou moins; et dans cet état, selon son volume et sa courbe, selon sa forme et sa longueur, on l'appellera saut, cataracte, cascade, nappe, etc.

L'Auvergne a ce genre de beautés; et tout pays de montagnes doit l'avoir. Je t'ai décrit déjà les deux cascades du Mont-Dor. Dans la partie orientale de sa chaîne, il en est deux autres, Laval et Montaley; moins frappantes, il est vrai, par leur hauteur et l'abondance de leur eau, mais remarquables par l'agrément et la régularité de leurs accessoires. Un massif de colonnes basaltiques s'est arrondi et creusé en demi-cercle. Il forme une sorte de théâtre, très-large, dont les deux ailes s'avancent fort loin, à droite et à gauche; et c'est au centre de cette décoration que tombe la cascade (1).

Au septentrion du Mont-Dor, en revenant des Bains à Clermont par la grande route, tu en verras une autre sur ta droite, vis-à-vis le village nommé Trador. Plus loin encore, au hameau de Sallien, et avant le Brameau, il en est une d'un genre particulier.

Celle-ci, formée par trois lits de basalte placés obliquement en gradins les uns au-dessus des autres, offre trois belles nappes successives, dont les deux premières ont ensemble 58 pieds de hauteur, et la troisième 49. Au bas de cete dernière, les eaux, par leur chûte et leur expansion circulaire, se sont arrondi et creusé un

---

(1) On voit la cascade de Laval, lorsqu'on va du Vernet au lac Chambon; et celle de Montaley, en allant de Chambon au lac Pavin.

bassin, dont la circonférence a 137 pieds; puis, elles coulent, comme fait à Royat le ruisseau de Fontanat, à travers une énorme masse de basalte, haute de 35, que leur action et celle du tems ont minée perpendiculairement dans une largeur et une longueur considérables.

En suivant une prairie qui est à la droite du ruisseau, on descend dans cette sorte de précipice. Mais pour jouir de toutes ses beautés, il faudrait ne le voir que quand le ruisseau, accru par des pluies ou par des fontes de neige, aurait aquis tout son volume. Alors, dans sa chûte de 107 pieds, il couvrirait avec abondance les larges roches sur lesquelles il est obligé successivement de glisser; et après s'être épanoui à tes yeux sous son agréable forme d'éventail, tu le verrais tomber et se perdre en écume dans son vaste bassin.

Salins, situé entre Mauriac et Salers, a une cascade de forme différente. Son ruisseau, il est vrai, coule de même sur un massif de lave. Après sa chûte, il s'enfonce de même dans une sorte de gorge, qu'il s'est creusée à travers cette masse volcanique; mais au lieu de descendre, comme Sallien, par des nappes en gradins, il a, comme tous ceux que j'ai cités précédemment, une chûte perpendiculaire. Après la grande cascade du Mont-Dor, celle-ci est la plus haute d'Auvergne. Ainsi qu'au Mont-Dor, à Laval et à Montaley, le rocher-lave, d'où elle tombe, s'ouvre et s'arrondit en enceinte sémi-circulaire; et, ainsi qu'aux Monts-Dor, ce rocher est cavé dans sa partie inférieure, et il forme une portion de portique, sous lequel on peut marcher à couvert.

De toutes les cascades d'Auvergne, les plus belles, à mon avis, sont Montaley, Sallien, Salins, la Saule; et les deux Monts-Dor, c'est-à-dire, celle de la Dor et la grande-Cascade. Montaley est la plus agréable par la beauté régulière de sa scène; Sallien, la plus magnifique, par le développement de ses nappes; la grande-Cascade, la plus majestueuse, par la hauteur de sa chûte et celle de sa décoration; Dor enfin, la plus imposante, par la fierté des masses du vallon qui l'accompagne et du mont qui la couronne.

Salins, quoique la seconde en hauteur et la première en volume, est de toutes néanmoins celle, qui au premier coup-d'œil, produit le moins d'effet; parce que, par sa position, étant enfoncée, elle se présente de haut en bas : tandis que l'autre, placée à la cîme de sa montagne, se développe toute entière à ta vue, en venant, pour ainsi dire, descendre et mourir à tes pieds. Cependant Salins a une beauté qui lui est particulière ; c'est un second ruisseau, dont l'eau vient se jeter dans celui de la cascade, peu loin de celle-ci ; et qui descendant par une côte très-rapide où elle s'est creusé un ravin, arrive, comme par échelons, de sauts en sauts et de nappe en nappe.

La plus curieuse de toutes ces chûtes d'eau, la plus propre à produire une forte sensation, est celle qu'on nomme le Saut de la Saule. Ce nom lui vient d'un domaine voisin, appelé ainsi. Elle est formée par la rivière de Rue ; et se trouve dans la partie occidentale d'Auvergne, près du hameau de Saint-Thomas, à une demi-lieue de Bort.

Rien de plus affreux que le site qui l'entoure. C'est un amas de monticules d'un granite schisteux, qui, de toutes parts, ne montrent que des pointes décharnées et des cîmes arides. Le tems, auquel rien ne résiste, attaque peu-à-peu leur superficie. Il la détache, l'enlève par grandes écailles ; et sous leurs débris il ensevelit leur base. Plusieurs d'entr'eux ont, sur leur croupe, quelques taillis maigres et quel-arbres rabougris. Sans cette apparence de vie et de végétation, la Nature, en ces lieux, paraîtrait morte; et l'on se croirait dans le désert le plus sauvage.

C'est à travers tout ce semis de buttes hideuses, qu'on parvient au Saut de la Saule; et tu remarqueras que parmi les cascades dont je t'ai parlé, celle-ci est la seule qui ne soit point formée par une roche de lave: toutes les autres sont dues à un banc de matières volcaniques.

Quoique la Rue, à l'endroit du Saut, soit resserrée entre des hauteurs; quoique ce soit une rivière considérable, et sur-tout dans ses crues; cependant, malgré cet étranglement, son lit reste fort large encore, et il suffirait pour son cours. Mais dans le canal, s'élève une roche de granite, longue de plusieurs centaines de pas, et dont la tête, assez grosse pour le remplir et le fermer entièrement, est, en même tems, assez haute pour le dominer de beaucoup. L'eau ne pouvant, à cause de son encaissement, s'épandre d'aucun côté pour éviter et tourner le rocher, elle a été forcée de le franchir par ses parties les plus basses; et elle s'y est creusé un passage vers sa rive gauche. C'est dans ce large sillon qu'elle coule. Elle s'en précipite, presqu'à l'instant, par une chûte de 20 à 30 pieds; et tel est ce qu'on appelle le Saut.

La Rue a par elle-même une extrême rapidité ; et le resserrement qu'elle éprouve à sa cataracte, l'obligeant à passer toute entière par un fossé qui n'est qu'une très-petite partie de l'espace nécessaire à son cours, ajoute infiniment à sa violence. Elle s'y jette avec une telle impétuosité, l'air qu'elle chasse est poussé avec une impulsion si forte, que, plus de 50 pas avant d'arriver au Saut, l'on sent la bruine qu'elle élève et le vent qu'elle produit. Cette rosée abondante est causée par des parties du courant, qui atteignant certaines pointes saillantes du rocher, en sont repoussées à une grande hauteur, et vont retomber dans les environs, divisées en molécules invisibles.

De ces commotions de l'air, de ces chocs de l'eau, résulte un bruissement et un fracas, dont le lieu retentit au loin et dont l'oreille est assourdie. La rivière elle-même, froissée et brisée dans toutes ses parties, tombe en écume. Le lit qu'elle s'est fait au-dessous de sa cataracte, est très-profond. Mais arrêtée par

les détours et les saillies de la roche à travers laquelle elle coule, elle paraît n'avoir plus de mouvement que pour tourbillonner. Sa force, quoique différente en apparence, est néanmoins toujours la même. Elle exerce, contre les flancs du rocher, l'action gyratoire de ses tourbillons; et ce qu'on aura peine à croire, c'est que, malgré toute la dureté de ce rocher, ceux-ci l'ont miné circulairement en profondeur, comme l'eût pu faire une meule tournante; et qu'ils s'y sont pratiqué des enfoncemens, en forme de niche, dans lesquels ils tournent et creusent toujours. Plus loin, le lit s'agrandit de plus en plus. Enfin, il devient fort large; mais la rivière, quoique beaucoup plus libre, n'avance néanmoins qu'en continuant de tourbillonner très-rapidement encore. A mesure qu'elle s'étend, son écume s'étend avec elle. Sa surface en est presque entièrement couverte; et cette blancheur étrangère la surnage même et l'accompagne fort loin. Au reste, ces phénomènes ne sont point particuliers à la cataracte d'Auvergne. L'histoire du Saint-Laurent nous en offre de pareils; et la Saule n'est, en petit, que ce qu'est, en grand, le Saut de
Niagara

Niagara et toutes les cataractes du même genre.

Dans le tems des grandes crues, la bouche du Saut ne suffit pas à l'écoulement de toutes les eaux qu'amène la Rue. Alors une partie est refoulée par le rocher. Elle se jette de l'autre côté, vers la rive droite; et trouve là une seconde ouverture, plus élevée que la première, mais plus large, et par où son trop-plein débonde. Ce bras ne fait point cascade, comme l'autre; il coule sur la roche, en suivant sa pente; et la parcourt dans sa longueur. Mais, quoiqu'il n'y coule que pendant un certain tems de l'année, néanmoins il l'a rongée d'une manière étrange. Dans certains endroits, ce sont des niches latérales, formées par les tournoiemens d'eau, et dont quelques-unes ont jusqu'à six pieds de profondeur; dans d'autres, des sillons en longueur, pareils à ceux que le soc pratique dans des champs labourés. Ici, c'est un vaste bassin oblong, qui, même après la fin des débordemens, conserve encore six à sept pieds d'eau; là, de larges trous circulaires, cavés perpendiculairement en forme de puits. On ne peut croire à ces puits, que quand on les a vus; ou plutôt, pour imaginer ce qu'a là opéré le travail d'une eau en fureur, il faut le voir.

J'ai joui de ce plaisir, en entier. Je suis même parvenu à gravir sur la tête du roc granitique, et par-delà le Saut. Mais c'est là une témérité que je me garderai bien de conseiller à qui que ce soit. On ne marche pas, sans de grands risques, sur cette pierre dure et glissante, par-tout humide ou lisse, par-tout forée d'excavations profondes, ou hérissée de pointes et d'arrêtes. Quand je m'y hasardai, je n'en connaissais nullement les dangers. Une fois avancé, je ne voulus plus retourner et perdre sans fruit la peine que j'avais prise. D'ailleurs, je l'avouerai, lorsqu'un objet m'a ému fortement, la curiosité devient pour moi un besoin impérieux, un plaisir à l'attrait duquel il ne m'est plus possible de résister. Pour le connaître, rien ne me coûte. Obstacles, fatigues, risques même, je brave tout ; il n'y a qu'un danger inévitable et bien évident, qui puisse m'arrêter.

J'ai employé une après-dinée toute entière à contempler la cataracte, à parcourir tous les accidens de sa roche, à repaître mes yeux de tous ses détails ; et si la nuit ne m'eût pas chassé, j'y aurais passé plus de tems encore. Mais, je le répète, loin de vouloir enseigner ici un péril, en proposant mon exemple à suivre, j'exhorterai, au contraire, tout voyageur à voir le Saut sans crainte et sans danger, et à monter, pour cela, sur la hauteur qui domine et cotoie le grand canal.

Il me souviendra long-tems d'une excavation que je voulus traverser, et dans laquelle j'étais descendu en glissant sur le dos. Au côté opposé, j'avais aperçu dans le roc une fente, dont j'espérais me servir pour remonter. Mais mon œil, peu exercé à ces mesures, m'avait trompé. Elle était si étroite que mon pied ne put y mordre; et je me trouvai là, comme pris au fond d'un piége. J'étais allé seul à la cataracte. Mon guide était resté fort loin sur le rivage, pour garder mon cheval; et d'ailleurs, je l'aurais appelé en vain, le bruit des eaux l'eût empêché de m'entendre. Heureusement pour moi, je portais, par-tout, un marteau à pointe et un bâton ferré. En travaillant avec le marteau à élargir la fente, j'y insinuai le bâton, et fis un échelon qui servit à me tirer du trou; mais ce ne fut qu'avec du tems et bien du travail.

Au-dessus du Saut, plusieurs cantons contigus à la rivière, et particulièrement celui de Féneix, ont des forêts, qui dans l'état actuel des choses sont sans valeur, parce qu'elles manquent de débouchés. Si la Rue était navigable, on pourrait exploiter ces bois, en former des trains; et, par la Dordogne, les faire flotter jusqu'à Bordeaux, où ils se vendraient avantageusement pour la marine. Mais un obstacle, presque invincible, s'y oppose; c'est la rivière elle-même. Ne débouche-t-elle que par le Saut, voilà le train brisé dans sa chûte. Coule-t-elle par le canal supérieur; alors elle est trop haute, trop rapide; et par conséquent n'est plus flottable.

En 1735, un ingénieur, nommé de Vic, entreprit de parer à ces inconvéniens, et de pratiquer une flottaison par le grand canal, en y déviant le courant. Pour cela, il fallait deux opérations différentes; d'un côté, boucher la cataracte; de l'autre, abaisser l'ouverture du lit de la droite, beaucoup trop élevé pour les eaux ordinaires. De Vic tenta la dernière entreprise, en minant le rocher par la poudre-à-canon. Pour l'autre sorte de travail, il fit une digue, composée de quartiers de roche et de très-gros blocs, qu'on entassa au-dessus du Saut. Afin de donner à cet ouvrage, si puissant par sa masse et son poids, une solidité plus inébranlable encore, toutes les pierres furent cramponnées ensemble par des mains de fer. Une forge était établie près de là; et elle travailla pendant deux ans entiers. Néanmoins tant de peines et de dépenses furent inutiles. Une crue extraordinaire rompit la digue. Elle cassa et détacha les blocs, malgré leur force d'assemblage et leurs crampons; et l'on en voit encore quelques-uns, qui ont été roulées et emportés fort loin.

Ce que n'avait pu exécuter de Vic avec ses roches et ses liens de fer, un autre ingénieur l'a tenté, en 1760, par un moyen différent. Celui-ci n'ignorait pas quelle force incomparable a le bois *debout*; et ce fut du bois dans cette position, qu'il employa pour résister au choc des eaux. Sa digue fut composée de très-grosses poutres, dont les moindres avaient vingt pouces d'équarrissage. Elles se présentaient par la tête au courant, occupaient plus que la largeur de la cataracte, et s'avançaient beaucoup au-dessus d'elle.

Peut-être est-il impossible à l'esprit humain

de calculer tout ce qu'offrait de résistance ce grand et large mur d'arbres, arc boutant horizontalement ensemble contre un même objet, serrés entre eux par leur équarrissage, et renforcés chacun par la force de tous. Peut-être une pareille digue est-elle la plus puissante que l'art ait en son pouvoir ; et cependant elle ne résista pas plus que l'autre. Une fonte de neige la rompit et l'emporta. Il n'en reste pas le moindre vestige ; et le Saut est encore ce qu'il était auparavant.

Je le répète ; quiconque n'a vu que les rivières de nos plaines, ne peut se former une idée de la violence qu'ont, dans leurs crues, celles d'un pays à montagnes. Resserrées sans cesse entre des gorges, elles aquèrent une hauteur, et par conséquent un poids de masse, énormes. Ajoute à cela, qu'elles ont une pente très-rapide ; que sans cesse elles éprouvent des obstacles qui ajoutent à leur vitesse et à leur furie ; qu'elles roulent des quantités de pierres et de cailloux, dont chacun frappe et fait marteau, tandis qu'elles poussent et font colonne ; enfin, qu'il ne leur arrive pas une goutte d'eau qui n'apporte sa portion de mouvement, parce qu'il n'y en a pas une qui ne descende, avec accélération, d'une hauteur. J'ai vu la Rue à son confluent. Elle n'était pas alors dans un moment de crue ; puisque ses eaux étaient fort limpides : et cependant elle avait tant de rapidité qu'elle coupait la Dordogne dans toute la largeur de son lit, et qu'elle allait frapper l'autre rivage. Ce rivage est le pied d'une montagne. Si c'était une plaine ordinaire, je suis convaincu que le courant s'y ouvrirait un chemin et qu'il y entraînerait la Dordogne ; quoique celle-ci soit elle-même un torrent très-rapide.

LETTRE L.

Étangs. Lacs. Lacs sont peu nombreux ; sont formés par des ruisseaux arrêtés dans leur cours. Guéri. Chambon. Fung ; angles saillans et rentrans de celui-ci. Aidat, îles formées par la lave ; si sur ses bords était la maison-de-campagne de Sidoine-Apollinaire.

LES Auvergnats ayant eu l'industrie de se faire des pacages sur leurs montagnes et leurs collines, on s'attend que dans leurs plaines et leurs vallons ils auront eu celle d'employer leurs ruisseaux à se former des étangs. Ce genre de propriété serait d'autant plus important pour eux, que situés au centre de la France, éloignés des deux mers qui la baignent, et par conséquent dans l'impossibilité d'avoir de la marée, le poisson d'eau-douce devenait chez eux, pour les tems consacrés ci-devant au maigre, une subsistance plus nécessaire qu'ailleurs. Les départemens voisins, ceux de l'Allier, de la Nièvre, du Cher, etc., se sont faits beaucoup d'étangs. C'était même là, pour ces deux dernières contrées, avant la loi du desséchement, une branche considérable de revenu; parce que communiquant avec Paris par la Loire et le canal de Briare, elles y envoyaient leur poisson. L'Auvergne ayant le même débouché, il lui eût été facile d'avoir le même avantage. Son poisson eût pu être conduit dans la capitale, comme le sont ses fruits, ses charbons et ses vins. Elle-même d'ailleurs, pour sa propre consommation, avait, comme je viens de le dire, un grand intérêt à posséder des viviers. Avec tant d'eaux à sa disposition, ils eussent été faciles. Cependant elle en a très-peu; et le poisson y est fort rare et fort cher.

Ce qui pourrait excuser, sur cet objet, la négligence ou l'apathie des propriétaires, c'est que la nature paraît avoir pratiqué en Auvergne peu de bassins propres à retenir les eaux; puisqu'elle-même y a très-peu multiplié les lacs. Consulte les cartes de Cassini; à peine en compteras-tu une douzaine, assez étendus pour être indiqués; et ce petit nombre de stagnations, dans un pays hérissé par tant de montagnes, sillonné par tant de vallons et de gorges, dans un pays long de quarante lieues, où fondent tant de neiges, où tombent tant de pluies, où coulent tant de ruisseaux, est, selon moi, un fait fort étonnant.

Que sera-ce donc, quand je t'aurai dit, que parmi les lacs existans, au moins parmi ceux que j'ai vus, il n'en est qu'un seul qui m'ait paru avoir été destiné par la nature à être ce qu'il est actuellement (c'est Guèri); que Servières et Pavin furent des ouvertures volcaniques; enfin, que Chambon, Fung, Aidat, etc., ne sont que des ruisseaux, qui arrêtés dans un vallon par une coulée de lave, devinrent lacs par accident.

A ces remarques, j'en ajouterai quelques autres encore, non moins frappantes. Le Cantal, dont les branches, divergentes vers tous les points de l'horizon, occupent un espace si étendu; le Cantal n'a néanmoins que deux ou trois lacs. Presque tous se trouvent dans la chaîne des Monts-Dor et dans celle des Monts-Dôme; quoique ces chaînes soient beaucoup moins vastes que l'autre. Mais tu observeras, en même tems, que les lacs du Cantal sont situés à l'extrémité de ses rameaux les plus éloignés, au nord-est et au nord de son contour extérieur; que ceux des Monts-Dôme sont au sud de la chaîne; et que les Monts-Dor qui ont les leurs à diverses expositions, n'en ont cependant aucun dans leur partie occidentale. Que de faits auront à expliquer les naturalistes et les voyageurs qui écriront sur l'Auvergne! Que d'observations à faire!

Guèri, situé au sud de Rochefort et près de la roche Sanadoire, est un de ces bassins d'eau, auxquels les Auvergnats ont donné le nom imposant de lacs; quoiqu'il soit si peu considérable qu'on ne l'a pas même indiqué sur les cartes. Il est formé par un ruisseau, qui descendant du puy-Barbier, se divise en deux branches; lesquelles vont, par deux différens chemins, se jeter dans l'Océan. L'une, courant à l'est, se joint à la Dordogne, après avoir traversé le lac; et se perd avec elle dans le golfe de Gascogne. L'autre, tournant au nord-ouest, va par la Sioule, l'Allier et la Loire, se perdre, au-dessous de Nantes, dans les eaux qui baignent les côtes de Bretagne.

Chambon, à l'occident de Murol, sur la route de Besse, était un vallon traversé par un ruisseau. Une coulée de lave, portée là par la pente des lieux, est venue le barrer à son extrémité la plus basse. Cette sorte de digue a fermé tout passage aux eaux. Obligées de s'élever, elles ont formé un lac ; et n'ont commencé à couler au-dehors, que quand elles sont parvenues au niveau de la chaussée volcanique. Par la suite, un éboulement, descendu de la montagne, a encore accru cette masse dans quelques parties. Mais leur action continuelle l'a insensiblement usée, détruite ; et lui a fait perdre ainsi de sa hauteur. D'un autre côté, le limon et le gravier que le ruisseau et les pluies apportent dans le bassin, travaillent sans cesse à le combler. Le citoyen Savigné, ci-devant curé de Vernet, m'a montré des champs qui aujourd'hui sont cultivés, et qu'il avait vus, il y a quinze ans, sous les eaux. Annuellement le lac diminue de grandeur. Avec le tems, il disparaîtra, en entier ; et ce tems peut-être n'est pas fort éloigné. Il serait même aisé d'en hâter l'époque, si l'on entreprenait de percer la digue, pour donner un écoulement au fluide qu'elle arrête. Le projet a déjà été formé plusieurs fois. L'exécution n'en est restée suspendue, que parce qu'elle exige des dépenses ; mais dès l'instant qu'elle aura lieu, Chambon redeviendra ce qu'il était auparavant ; c'est-à-dire, un vallon avec un ruisseau et de belles prairies.

C'est ce qu'on a exécuté, il y a peu d'années, à Verneuges, sur la route d'Aidat. En ouvrant la coulée de lave qui opposait une barrière aux eaux, on a desséché le lac. Il ne subsiste plus ; et c'est désormais un objet à retrancher sur les cartes d'Auvergne.

A la Caissière, à Espirat, dans le voisinage de Verneuges, des travaux du même genre ont opéré le même effet. Les eaux, en s'écoulant, ont abandonné à la culture un sol qu'elles noyaient.

Fung, à l'ouest de Dôme et au sud de Pontgibaud, ne porte que le nom d'étang ; quoiqu'il soit plus grand que la plupart des lacs d'Auvergne. Il diffère d'eux encore, en ce qu'au lieu d'offrir, comme eux, une forme ronde ou approchant de la ronde, il est beaucoup plus long que large, et qu'il présente, dans sa longueur, différentes sinuosités.

Ainsi que Chambon, Fung était un vallon, qu'un lit de lave est venu fermer à son extrémité nord. La pente des eaux est de ce côté ; mais ces eaux n'étant alimentées et accrues par aucun courant, la lave est restée supérieure à leur niveau. Elle y forme une digue pleine, et n'est point, comme à Chambon, traversée par elles. A l'extrémité opposée, les seigneurs du lieu avaient fait élever une chaussée en mâçonnerie, laquelle ferme le réservoir. Pour en accroître la profondeur, ils y avaient introduit un petit ruisseau, qui tous les trois jours y coule pendant un certain nombre d'heures, et qui entrant par un bout de la chaussée, en sort aussitôt par l'autre, sans pénétrer plus avant; et c'est-là sans doute ce qui a fait donner au lac le nom d'étang. Au reste, comme ce lac est beaucoup plus limpide que ne devrait l'être un long et tortueux canal d'eaux stagnantes, je ne doute nullement qu'il n'ait plusieurs sources intérieures, qui affluent sous son lit; et ce qui me le fait croire, c'est que, les jours même où le ruisseau n'y entre pas, il a encore un trop-plein qui continue de déborder par la chaussée.

Lorsqu'on veut le pêcher, on ouvre l'écluse de cette estacade, pour donner aux eaux tout l'écoulement dont elles sont susceptibles. Néanmoins, comme les parties les plus basses du lit ne sont jamais à sec, les pêcheurs sont obligés de se placer, par moitié, les uns sur une rive, les autres sur l'autre; et de traîner, à travers l'étang, un filet qui le balaie dans sa longueur.

En 1780, il y eut une pêche si abondante, et le filet se trouva si excessivement plein qu'on ne pût le tirer jusqu'au rivage. Le marché de

Clermont, ainsi que ceux des petites villes voisines, regorgèrent de poisson pendant plusieurs jours. Tous les villages d'alentour vinrent en acheter; et malgré le bas prix auquel il fut vendu, la vente néanmoins fut encore telle, qu'elle produisit, tous frais payés, 1320 liv.

Fung, dans sa longueur, forme, comme je te l'ai dit, différens détours. Ces sinuosités ne sont autre chose que des angles, qui se correspondent d'un rivage à l'autre; tellement que quand l'un est saillant sur sa rive, l'autre, sur la rive opposée, est rentrant. Les angles correspondans sont très-bien prononcés; et ils m'ont d'autant plus surpris, que pour les former il a fallu un très-grand fleuve, et que l'étang n'a pas même un filet d'eau qui le traverse.

A sa droite et à sa gauche sont des roches granitiques, recouvertes, en quelques endroits, par des rameaux de la lave qui sont venus se précipiter dans le vallon qu'il occupe. Vers la chaussée, cette lave a formé un large mur de basalte, dans la largeur duquel se trouvent d'énormes colonnes lamelleuses. Les unes, placées en avant, débordent la masse; tandis que d'autres occupent un plan plus reculé. Vues du vallon, elles semblent de vieilles tours, qui flanquant les murs d'une longue terrasse, annoncent les restes d'un antique château.

Plus loin, quelques-unes de ces coulées particulières paraissent se correspondre d'une rive à l'autre; et en effet elles se correspondent si bien que malgré l'espace qui les sépare, on est porté à croire qu'elles n'ont fait autrefois qu'une seule et même masse. C'est, de part et d'autre, la même hauteur, la même largeur, les mêmes accidens; et l'œil qui les examine peut sans peine les raccorder et les rejoindre. Sans doute, il y eut là autrefois un courant d'eau, qui les sépara en les rongeant; et ce courant est probablement celui qui par la suite forma, plus bas, les angles rentrans et saillans.

L'auteur de l'*Essai sur la théorie des volcans d'Auvergne*, ouvrage récent qui a paru depuis que j'ai quitté cette contrée, prétend que la Sioule, qui dans l'état actuel des choses s'éloigne de Fung à l'ouest et coule ensuite parallèlement à lui vers Pontgibaud, autrefois coulait directement vers ce lieu, à travers le vallon même; que l'étang n'est qu'une stagnation, une coupure de l'ancienne rivière, faite par la coulée de lave qui vint changer son cours; enfin, que les angles correspondans existaient avant cette lave,

lave, et qu'ils furent produits là par la Sioule, comme ils le sont ailleurs par la plupart des rivières.

Cette explication a le mérite d'être simple; elle ne présente rien que de très-possible; et moi-même, je ne demanderais qu'à l'admettre. Quoique convaincu, par des milliers de preuves irrécusables, du séjour de la mer en Auvergne, cependant je suis loin d'attribuer à la mer tous les effets des eaux. Si l'on me montre qu'auprès de leurs produits était une rivière, à l'action de laquelle ils peuvent être dûs, je n'hésite plus dans le choix des deux agens. C'est ce que j'ai fait ci-dessus, lorsque j'ai parlé de ces lits de cailloux roulés, qui se trouvent sur des montagnes dans le voisinage de l'Allier et de la Couse; et c'est ce que je ferais encore ici, pour l'assertion du naturaliste auvergnat. Mais il ne suffit pas d'avancer une conjecture; il faut au moins, ou ne la donner que pour telle, ou l'étayer de quelques preuves.

Pour croire à celle-ci, je voudrais savoir si la Sioule, qui, dans les différens endroits où je l'ai vue, ne m'a paru qu'un très-faible ruisseau, et qui près de Fung n'est encore que peu éloignée de sa source, est capable néanmoins d'avoir pu

Tome II   X

remplir le vaste lit du vallon, à une hauteur assez grande pour y former ces angles correspondans, les plus parfaits que je connaisse dans toute l'Auvergne. Je voudrais savoir, si au-dessus et au-dessous de l'étang, et parallèlement à lui, on trouve, dans le lit actuel de la rivière, des angles pareils aux siens. Je voudrais, sur-tout, qu'on m'expliquât comment ont été coupés, par le faible ruisseau de la Sioule, ces hauts rameaux de lave, qui d'un côteau à l'autre se correspondent si exactement, et qui autrefois probablement s'étendaient, sans interruption, à travers le lac ou son vallon. Voilà ce que l'auteur a oublié de nous apprendre, et ce que je le prie d'expliquer, lorsqu'il publiera une nouvelle édition de son ouvrage.

Après avoir été creusé par l'eau, le vallon maintenant est comblé par elle. Tout ce que les pluies détachent des côteaux qui l'entourent, tombe dans son bassin; et c'est pour n'en plus sortir. D'année en année, de nouveaux sédimens s'y accumulent; ils en exhaussent le sol; et l'accroissement est même si rapide, que tout récemment, quoique la chaussée ne soit nullement ancienne, on a été obligé de l'élever davantage, pour contenir les eaux, et pour conserver, de ce côté, à l'étang une certaine profondeur. Dans quelques siècles, peut-être, il sera comblé et n'existera plus; et la même chose arrivera, pour ceux qui, comme lui, reçoivent beaucoup de dépôts qu'ils ne peuvent plus perdre. Qu'est-ce qu'un grain de sable? Eh bien, imagine un lac, sans issue, aussi grand et aussi profond que la Méditerranée toute entière. Sur ses bords, place un génie immortel, qui, à chaque instant, et sans interruption, y jette un grain de sable; et avec le tems, l'abyme sera comblé.

Ce que ferait un génie par le jet continu de son sablon, les eaux courantes et les eaux pluviales le font, chaque jour, par l'accrétion non interrompue des matières qu'elles charrient. Sans cesse elles apportent. Peu-à-peu les dépôts s'accumulent; les couches se multiplient; et les bassins, après s'être élevés progressivement, finissent par devenir prairies ou terres sèches.

C'est ce qu'on voit très-évidemment au lac d'Aidac. Le ruisseau qui s'y rend a déjà conquis sur lui un terrein considérable, qui est couvert d'herbe et de joncs. Plus loin, les sédimens sont un bourbier humide et sans consistance. A l'entrée du lac, ce n'est qu'un limon, caché encore sous la surface des eaux, et qui commence, pour ainsi dire, à prendre possession du bassin. Mais quoique le progrès de ces dépôts y soit presque insensible, ils avancent néanmoins graduellement. Chaque année, chaque jour, ils parviennent à le rétrécir; et un tems viendra, où ayant pris sa place, ils atteindront ses bords et le feront disparaître.

Aidat tire son nom d'un village appelé ainsi, et situé à l'ouest de Saint-Amand. Primitivement ce fut, comme Fung, comme Chambon, comme presque tous les lacs d'Auvergne, un vallon traversé par un ruisseau; et comme eux, il est devenu lac par une coulée de lave. Rien de plus agréable que ce joli bassin. Son étendue, sa belle forme, le peu d'élévation des côteaux qui l'entourent, le hameau de Sauteyrat qui est sur son bord septentrional, le village d'Aidat qui le termine à l'ouest, celui de Saint-Julien qui bâti à mi-côte, y forme, au midi, un point de perspective charmant; tout, jusqu'à la levée volcanique qui lui fait barrière, offre un tableau enchanteur, dont les détails plaisent moins encore par leurs contrastes que par leur agrément et leur variété.

Quoiqu'Aidat ne contienne, ainsi que tous les lacs d'Auvergne, que trois ou quatre espèces différentes de poissons, il est néanmoins poissonneux. Aussi est-il le seul qui ait un pêcheur, avec une barque.

Dans un second voyage que j'y ai fait en 1788, j'ai monté cette frêle et dangereuse nacelle, si étroite et si petite qu'à peine y pouvait-on tenir deux ; et conduit par un habitant du lieu, qui eut la bonté de se faire mon guide et mon rameur, je traversai le bassin dans sa direction de l'ouest à l'est, depuis l'embouchure du ruisseau jusqu'à la coulée de lave ; et le sondai à cinq endroits différens.

A la première distance, je ne trouvai que 28 pieds d'eau.

A la seconde, 90.
A la troisième, 90.
A la quatrième, 51.
Et à la cinquième, 39.

Il suit de là que la plus grande profondeur du lac commence vers le quart de sa longueur ; qu'elle est moindre à ses deux extrémités ; et que par conséquent il est creusé à-peu-près en forme de barque.

Vers l'embouchure du ruisseau, cette moindre hauteur est l'effet des sédimens, qui sans cesse et depuis tant de siècles, y sont apportés. Vers la digue, c'est l'effet de la lave, dont l'effusion s'est étendue fort loin sur l'espace que couvrent actuellement les eaux.

On voit la preuve de cette expansion, dans plusieurs éminences, de même matière, qui détachées de la levée et dominant au-dessus du bassin, y forment des îlots. L'un d'eux, haut d'une cinquantaine de pieds, eut jadis un petit château, ou pavillon de plaisance ; d'où lui vint le nom de *pic du châte'et*, qu'il porte encore. Aujourd'hui, sa roche est presque entièrement couverte de ronces. Cependant on y distingue des restes de bâtisse, des fondemens, des moëllons enduits de mortier ; et la tradition veut même que ce lieu de repos et de plaisir ait appartenu à Sidoine Apollinaire, et que cet homme célèbre ait eu dans Aidat une habitation.

En qualité de gendre de l'empereur Avitus, Sidoine devait avoir des possessions en Auvergne ; puisqu'Avitus était Auvergnat. Et en effet nous voyons, par les poésies et les lettres qui nous sont restées de lui, qu'au nombre des biens que sa femme Papianille lui avait apportés en dot, était une jolie maison de campagne, nommée Avitac, du nom de son beau-père ; et précieuse pour lui, dit-il, plus qu'un bien propre, parce qu'il la tenait d'une épouse qui lui était chère : *Avitaci sumus, nomen hoc prædio, quod, quia uxorium, patrio mihi dulcius.*

Devenu évêque de Clermont en 472, et obligé par conséquent de résider dans son diocèse, Sidoine s'attacha encore plus à son habitation champêtre. Il y passait beaucoup de tems; et l'une de ses lettres est employée toute entière à en faire, longuement et emphatiquement, la description et l'éloge.

Tout ce que nous apprend cette lettre de plus précis sur la situation du lieu, c'est qu'il était au bord d'un lac. Les savans se sont beaucoup tourmentés pour en trouver la position. Les uns le plaçaient au lac Chambon; d'autres à Sarlième, stagnation dans le marais de Limagne, desséchée depuis plus d'un siècle. Sirmond, qui nous a donné une édition de Sidoine avec des notes savantes, improuve les deux opinions. Mais quoiqu'Auvergnat, il n'a point osé en avoir une et décider lui-même. Plus habile, ou plus hardi, le citoyen Cortigier, académicien de Clermont, a prononcé; et dans un mémoire lu à son académie, il avance, d'après Audigier qui l'avait dit avant lui, qu'Avitac est Aidat.

N'ayant point lu la dissertation du cit. Cortigier, je ne puis rien dire sur la validité de ses preuves. A la vérité, il a, en faveur de son sentiment, beaucoup de présomptions ; et moi-même d'abord j'y ai cru sur parole. De tous les lacs d'Auvergne, Aidat est le seul dont les bords soient habités ; de tous, c'est celui dont le site est le plus riant : enfin sa distance de Clermont n'est que de quelques lieues ; telle qu'il la fallait à un évêque, obligé à la résidence par des fonctions importantes.

A l'appui de cette conjecture, vient encore une tradition locale, et le témoignage de quelques bâtimens antiques. Au midi du lac, sur une hauteur, est une maison dont les caves sont appelées caves de St. Sidoine; car ce prélat bel-esprit, après avoir été, pendant sa vie, fêté, riche et heureux, fut encore béatifié après sa mort.

Dans l'église du village, on voyait, de même en 1788, une sorte de coffre en pierre, lequel contenait ses reliques, avec cette inscription : *Hic sunt duo Innocentes, et S. Sidonius*; et la tradition prétend même que quand il mourut, ses ossemens furent enfermés dans ce reliquaire, et qu'on bâtit sur sa maison une chapelle, qui par la suite, était devenue l'église. Il n'y a pas long-tems qu'en fouillant près de là, on trouva un ciment ancien, des voûtes, des murs de huit pieds d'épaisseur.

Enfin, dans le chemin au-dessus du village, et au pied d'un côteau qui le domine, il subsiste encore un aqueduc découvert, large de six pouces, et profond de neuf ; lequel amenait à Aidat les eaux d'un lieu voisin, nommé Verrières.

Quand il s'agit d'expliquer un fait historique, des traditions peuvent quelquefois, au défaut d'autres preuves, devenir une présomption favorable. Cependant, comme elles ne sont que trop souvent des sottises populaires, le citoyen Cortigier, dans sa dissertation, n'aura donné sans doute à celles-ci, s'il les a employées, que la valeur qu'elles méritent. Pour décider une question topographique que le nom de Sidoine rend intéressante aux yeux des savans, ce sera, sans doute, dans la lettre même de Sidoine, qu'il aura pris ses preuves. Or si j'examine l'épitre obscure et ampoulée dans laquelle celui-ci décrit son Avitac, j'y aperçois beaucoup d'objections contre le système du citoyen Cortigier ; et il me suffira de t'en exposer quelques-unes.

A la vérité, Sidoine dit qu'il avait le lac à

l'orient ; que ce lac se déchargeait au sud-est, *lacus in eurum defluus meat*, et qu'à sa naissance il offrait des bourbiers et une fange épaisse. Ces caractères distinctifs conviennent parfaitement à Aidat ; mais cette fange, ajoute l'auteur, était produite par des fontaines contiguës, *ambientibus se se fontibus algidis* ; mais le ruisseau, qui venait s'y perdre, rencontrait, près de son embouchure, des roches élevées, contre lesquelles il se brisait en écumant ; puis, il s'y précipitait un peu plus loin : *non longum scopulis præcipitibus exemptus, lacu conditur*. Or le ruisseau d'Aidat n'a, près de son lac, ni rochers, ni cascade, ni sources contiguës. L'eau arrive de niveau avec celle du bassin.

Celui de Sidoine avait dix-sept stades de longueur, *in decem et septem stadia procedit* ; c'est-à-dire, qu'il avait deux mille cent vingt-cinq pas géométriques, ou près d'une lieue ; puisque, selon Dacier, il ne faut que vingt stades pour faire une lieue de France. Mais, en mesurant la longueur d'Aidat, je ne lui ai trouvé que dix-huit cents pas ordinaires : pas, qui, comme tu le sais, ne sont guère que la moitié des pas géométriques.

Tous les ans, les habitans du village d'Avitac

avaient une fête, dans laquelle ils représentaient une sorte de course navale ; à l'imitation de jeux semblables, qu'Enée, selon Virgile, avait célébrés à Drépane : *moris istic fuit senioribus nostris agonem Drepanitanum trojanæ superstitionis imitari.* Une île, placée au milieu du lac, et formée de roches entassées naturellement les unes sur les autres, servait de but aux rameurs : *in media profundi, brevis insula, ubi supra molares naturaliter aggregatos,* etc.; et leurs barques étaient obligées de tourner à l'entour ; de même que les charriots, dans les jeux du cirque, tournaient autour de la borne.

Je t'ai parlé ailleurs, mon ami, de cette prétention qu'avaient les Auvergnats de descendre des Troyens. C'est à ce titre de Troyens, et pour imiter Enée, qu'ils célébraient des naumachies ; et l'anecdote, rapportée par Sidoine, est curieuse, en ce qu'elle nous apprend que ces jeux nautiques, ainsi que le préjugé qui leur avait donné naissance, subsistaient encore vers la fin du cinquième siècle. Mais il n'y a, *au milieu d'Aidat*, aucune île qui ait pu servir de borne aux jeux dont il s'agit. Les éminences de lave qu'on y voit, et sur-tout le pic du Châtelet, la seule qu'on pourrait regarder comme une île, sont à son extrémité. Elles font partie de la digue qui le ferme, et ne sont point composées de *roches accumulées l'une sur l'autre*.

Quoique, dans son épitre, le gendre d'Avitus porte l'exactitude jusqu'à décrire toutes les pièces et même jusqu'à compter plusieurs des meubles de son habitation, cependant il ne dit point qu'il eût, sur le lac, un pavillon; et ce silence prouve, contre les habitans d'Aidat (dont la tradition prétendue est peut-être une suite du mémoire du citoyen Cortigier), que le *Châtelet* est postérieur à Sidoine.

Effectivement, les Templiers ont eu, dans ce village, une maison, qui, à l'époque de leur destruction, avait passé à l'ordre de Malte. Le principal séjour de cette possession monastique était un château fort; tel qu'il en fallait dans les tems de guerre et d'anarchie du règne féodal. Une partie en subsiste encore; et elle annonce visiblement l'architecture du douzième et du treizième siècle. Au tems de Sidoine, les maisons-de-campagne n'étaient point des forteresses. On ne leur donnait, ni creneaux, ni machicoulis, ni murs épais de huit pieds. Le tyran féodal qui dans le village fit construire un *château* de cette espèce, est probablement celui qui sur le pic fit également construire un *châtelet*. Dans les beaux jours, il allait s'y promener en bateau; et ces promenades étaient, je l'avoue, une partie de plaisir délicieuse.

C'est également à lui, sans doute, ou à l'un de ses successeurs, qu'est dû cet aqueduc ouvert, qui lui amenait les eaux de Verrières. Sidoine dit, à la vérité, qu'il avait dans son Avitac, outre des bains chauds et des bains froids, une très-grande piscine pour nager; laquelle contenait 20,000 *modius* d'eau. Mais il dit, en même tems, que l'eau arrivait dans cette pièce par des tuyaux; et que les tuyaux, après avoir serpenté autour de la natatoire, y aboutissaient par six ouvertures qui représentaient des têtes de lions, à gueule béante: *in hanc piscinam fluvium, de supercilio montis elicitum canalibusque circumactis per exteriora natatoriæ latera curvatum, sex fistulæ prominentes, leonum simulatis capitibus, effundunt*. L'aqueduc par conséquent n'est point son ouvrage; et l'argument qu'on tirerait, de ce monument, en faveur du citoyen Cortigier, est nul.

Quant à la position d'Avitac sur l'emplacement de l'église actuelle d'Aidat, je ne la crois pas plus heureusement trouvée. Cette église est dans un terrein si bas et si humide, que les murs y sont verds de mousse ; et j'ai de la peine à croire qu'un empereur et son gendre aient choisi, pour le lieu de leurs délices, un pareil cloaque.

Où donc chercher, me diras-tu, ce palais champêtre, introuvable ? Il semble, au premier coup-d'œil, que la réponse à cette question est très-facile ; car enfin, dans le petit nombre des plus grands lacs d'Auvergne, il ne s'agit que d'en trouver un, qui reçoive un ruisseau en cascade, qui ait environ une lieue de longueur, une île au centre, et son courant au sud-est. D'après la description de Sidoine lui-même, voilà quatre caractères bien décidés, quatre caractères frappans, auxquels il est impossible de se méprendre ; et néanmoins j'avoue que je ne connais en Auvergne aucun lac auquel ils puissent convenir.

Je sais que depuis treize siècles, le tems a dû opérer de grands changemens. Le bassin d'Avitac, par l'accroissement et l'envahissement progressif de son limon, peut avoir perdu sa cascade et une partie de sa grandeur. Mais cette île centrale, le tems l'a-t-il donc fait disparaître aussi ? Que de révolutions, dans un réservoir tranquille, où l'eau, toujours calme, ne doit avoir de mouvement que celui qu'elle reçoit des tempêtes !

Peut-être Avitac est-il devenu Aidat; au moins, je ne vois point de lieux en Auvergne, qui aient plus de caractères communs de ressemblance. Mais certes, Aidat n'est plus Avitac. Quand l'âge nous vieillit, c'est en altérant, en défigurant nos traits. Quoique le tems ne vieillisse point la nature; néanmoins il change également ses formes; il lui en donne de nouvelles, il lui ôte, il ajoute, il la modifie différemment; et c'est ainsi qu'il rend méconnaissables, pour nous, des objets qu'il avait fait connaître à nos ayeux.

LETTRE LI.

Lacs dans des cratères, ou effondremens de volcans. Servières. Pavin; détails sur ce lac; travaux pour le mesurer. Creux de Soucy.

Ce qu'on éprouve à l'aspect d'un inconnu qu'on voit pour la première fois, et dont le costume et la physionomie ont quelque chose d'étranger, ne l'as-tu point éprouvé déjà plus d'une fois, en me lisant, mon ami ? et pour me servir d'une expression de Montagne, ne trouves-tu pas à mes lettres un *air d'étrangeté*? Les autres voyageurs n'ont à raconter ordinairement, sur les pays qu'ils décrivent, que des anecdotes récentes, des événemens nouveaux: au moins, ce sont-là les détails auxquels ils s'attachent de préférence, parce que ce sont presque toujours ceux qui les font lire. Moi, forcé de suivre une autre méthode, je tiens un tout autre langage ; sans cesse tu m'entends parler

de

de tems très-lointains, d'antiquité très-réculée, de séries de siècles, d'époques primitives où la mer couvrait l'Auvergne, où des volcans y brûlaient, où des rivières, qui maintenant rampent dans les vallées, coulaient sur les montagnes, ect. De bonne foi, en parcourant ces assertions, si semblables à des fables ou à des rêves, n'es-tu pas quelquefois tenté de sourire? et n'ai-je pas l'air d'écrire, comme Bérose, comme Sanchoniaton, comme Hésiode, l'histoire du chaos et la formation du monde?

Telle est pourtant, et en réalité, la tâche indispensable de tout écrivain qui entreprendra l'histoire physique et naturelle de l'Auvergne. Dire ce qu'est cette contrée, c'est contracter l'obligation de dire ce qu'elle fut. Comme les révolutions qu'elle a subies dans son état ancien, sont ce qui constitue aujourd'hui son état moderne; pour faire connaître l'un, il faut, de toute nécessité, raisonner sur l'autre. Voilà mon excuse. Eh! après tout, comment moi, par exemple, qui sans cesse ai à faire mention des courans de lave dont la contrée est couverte, parviendrais-je à t'expliquer leurs accidens et à te démontrer leur cause; si je ne te fesais pas remonter avec moi jusqu'au tems où les laves elles-mêmes furent produites par les volcans ?

Parmi celles de ces fournaises dont les feux ont changé la face de l'Auvergne, il en est beaucoup qui ont conservé, soit des bouches latérales, soit de ces ouvertures perpendiculaires que leur forme de coupe a fait nommer, d'un mot latin, cratères. Malgré les dégradations que le tems a dû produire dans ces foyers éteints, plusieurs sont très-distincts encore, et très-marqués. Il est même des cratères, qui offrent un cône renversé, d'une régularité parfaite. La chaîne des Monts-Dôme en a plusieurs, dont je te parlerai ailleurs; et ceux-ci étonnent moins encore par leur profondeur et la grandeur de leur diamètre, que par l'exacte simétrie de leurs proportions. Eh bien, mon ami, il y a deux autres de ces antiques entonnoirs, qui sont devenus des lacs, et qui, après avoir jadis vomi des flammes, sont aujourd'hui remplis d'eau : c'est Pavin au sud-sud-est du Mont-Dor, et Servières, au septentrion.

Servières est, par sa forme, un des lacs les plus agréables de la Basse-Auvergne; et s'il avait un autre site, ce serait un de ceux qui plairaient davantage. Mais, placé dans un canton aride et désert, loin de toute habitation, il manque de ces détails rians qui donnent à Aidat un air de vie; et il ne parle à l'imagination que par le contraste, si étohnant, de ce qu'il fut et de ce qu'il est. Dominé par un monticule volcanique, d'où sont partis plusieurs courans de lave, il a, sur ses bords, une fontaine minérale, ferrugineuse, et peu abondante, dont la température ne m'a donné, au thermomètre que six degrés de chaleur, tandis que l'air extérieur en avait 24. Le cit. Mascon, auquel le lac appartient, m'a dit l'avoir fait sonder, et lui avoir trouvé, vers son centre, 60 à 70 pieds de profondeur. Ce cône d'eau, si considérable par sa hauteur, est remarquable encore par sa limpidité, par le contour arrondi de son bassin, par l'irrégularité même des rebords évasés qui l'enceignent. Mais, pour admirer Servières, il faut n'avoir pas vu Pavin; Pavin, qui avec 300 pieds environ de profondeur, a près de cinq quarts de lieue en circonférence.

Celui-ci est encore un de ces lieux vaguement célèbres, sur lesquels on a débité cent sottises absurdes. Et en effet, comment les fables sur un pays où si peu de gens voyagent ne s'accréditeraient-elles pas ? sur-tout, quand personne ne peut s'élever pour les combattre. A en croire certains livres de géographie, certains dictionnaires et autres compilations pareilles, il suffit de jeter une pierre dans l'eau du bassin, pour y exciter, à l'instant même, un orage accompagné de tonnerre et d'éclairs. Pavin n'excite, ni orages, ni tempêtes. Ce n'est qu'un simple lac; mais ce lac est, par sa forme et ses détails, le plus beau peut-être, ou du moins le plus singulier de l'Europe entière; et à ce titre, fût-il le seul monument de l'Auvergne, il mériterait encore, pour l'Auvergne, les regards d'un voyageur.

Placé sur la cîme d'une montagne, ce ne serait-là qu'un objet extraordinaire, s'il y était nu, isolé, et de toutes parts à découvert. Mais ce qui le pare et ce qui lui donne un charme inexprimable, c'est un rideau de verdure, haut d'environ 125 pieds; qui s'élevant sur ses bords, le suit dans son contour, s'arrondit comme lui, l'enceint en l'embellissant, et fait, autour de ses eaux limpides, ce que ferait, sur le cou d'une belle femme, une fraise à la Henri IV.

Quoique ce couronnement ait un talut assez escarpé pour ne pas permettre qu'on y marche sans courir le risque de tomber dans le lac, cependant, presque par-tout, il est couvert de pelouse; et il y en a même, vers le sud et vers l'ouest, une grande partie couverte en bois. Aux tems où le cratère appartenait à un volcan, il avait, dans sa couronne, une échancrure par laquelle s'écoulaient les substances liquides ou fluides qu'il vomissait. Actuellement, c'est par-là que déborde le trop-plein du lac. L'eau y coule sur un lit de lave, qui lui forme une sorte de déversoir. Du banc de lave, elle tombe, en cascade, dans un canal qu'elle s'est creusé sur le penchant de la montagne; et gagnant un vallon que traverse le ruisseau de la Couse, elle va se jeter avec lui dans l'Allier, près d'Issoire. Mais ce que je ne dois pas oublier de te dire, c'est que le rideau à mesure qu'il approche de la digue de lave, baisse peu-à-peu de hauteur, et vient insensiblement se confondre avec elle : de sorte que l'ouverture qui n'eût été qu'un objet hideux, si elle avait été taillée verticalement dans ce mur de 125 pieds, devient, par cette pente douce qui le porte jusqu'à elle, un objet d'autant plus agréable que c'est par-là qu'on monte au lac et qu'on peut le voir.

Pavin, comme plusieurs des montagnes volcaniques d'Auvergne, était entourré d'autres monticules plus élevés, qui, dans le tems, ont brûlé, ainsi que lui ; quoique d'une manière différente. Il en existe encore un, dont la bouche d'éruption est tournée vis-à-vis le lac. Probablement il y en avait d'autres, qui sans doute se sont affaissés en brûlant. Mais avant qu'ils fussent consumés, leur lave est venue, par la pente du terrein, se répandre le long des parois de Pavin, et tomber dans son foyer. On distingue encore actuellement, dans l'etendue de sa circonférence, sept de ces coulées ; et toutes sont très-apparentes, quoique quelques-unes traversent les parties du rideau couvertes en bois. Il en est même une, entre ces dernières, qui par son épaisseur fait une éminence assez considérable pour empêcher le bassin d'être aux yeux parfaitement rond.

Les cratères ordinaires sont des issues qu'un volcan s'ouvre vers sa calotte, pour l'écoulement ou pour l'éjection des matières qu'il pousse hors de son foyer. Celles de ces substances qui sortent liquéfiées ou fondues s'épandent au dehors, sous la forme de fleuves ; et ils produisent d'immenses traînées, que souvent on peut suivre, depuis le foyer d'où elles se sont élancées, jusqu'au terme où elles cessent. Pavin n'a rien de semblable. A la vérité, des laves s'étendent sur ses rebords, et même au-delà ; mais, loin d'avoir, comme les autres, des coulées de sortie, il reçoit, au contraire, des coulées étrangères.

Quelle est donc la nature de ce cratère, si différent des autres ? Si sa vaste et profonde ouverture n'a pu avoir lieu que parce qu'il a lancé au dehors toutes les substances qu'elle contenait, qu'est devenue cette immensurable quantité de matières expulsées ? Pourquoi, au lieu d'en voir sortir des coulées de lave, ne voit-on que des coulées qui s'y jettent ? Pavin, au lieu d'être un cratère véritable, n'aurait-il donc été qu'un soupirail de volcan ? Ou plutôt ; ne serait-il pas, ainsi que Servières qui lui ressemble en petit, un effondrement, un écroulement volcanique ?

C'est dans l'intérieur des montagnes, et aux dépens de leur masse, que se forment ces longs et larges fleuves de lave, qui vont ensuite s'épancher dans les plaines et les vallées.

Ils ne peuvent sortir des entrailles de la terre, sans y laisser, par leur éruption, des vides et des cavités énormes. Or il me semble possible, que pendant la grande durée de sa volcanisation, une montagne, ainsi excavée, se soit effondrée sur elle-même. Il me paraît possible qu'en croulant dans ses propres abîmes, elle ait produit un gouffre tel que celui de Pavin; et qu'alors les montagnes voisines, devenues supérieures, y aient fait couler leurs laves et l'aient comblé en partie.

L'auteur de la *théorie des volcans d'Auvergne* croit « que l'éruption qui a découvert ces » abîmes, n'a point été une éruption torré- » fiante, mais une explosion pulvérulente, » causée par l'action de l'air ou de l'eau con- » densée en vapeurs dans ces vastes souterreins. » Moi, ignare, j'ai osé donner aussi mon explication, qui, si elle n'est pas probable, a au moins le mérite d'être claire et intelligible. Sans doute, les naturalistes qui désormais viendront en Auvergne, donneront également la leur: car le pays des conjectures, ainsi que le pays des chimères, est sans bornes; et chacun peut, à l'aise, y bâtir des châteaux, ou s'amuser, en soufflant, à renverser ceux des autrès.

Une autre singularité du lac, est la configuration du bord inférieur de son bassin. C'est une sorte de banquette horizontale, qui, d'un côté, tenant au rivage, de l'autre s'avance de douze à quinze pieds sous l'eau. Dans cet espace, elle est couverte de fragmens de laves, placés les uns près des autres ; comme le serait un pavé naturel : ce qui, chez quelques auteurs, a fait donner au lac le nom de *Pavé*. Par-delà, elle finit brusquement. Le cratère, au lieu d'avoir un talut, comme paraîtrait l'annoncer sa forme d'entonnoir, s'enfonce tout-à-coup perpendiculairement ; on ne voit plus que de l'eau, et le lac devient un abîme. Du reste, point de joncs sur ses bords, point de plantes aquatiques, point de bourbier ni de limon; rien enfin qui annonce le marécage. On dirait que la main d'un génie veille sans cesse à le tenir propre et riant.

En hiver, l'eau s'y glace à une grande épaisseur; et je t'ai déjà dit combien le froid est âpre dans ces montagnes. Alors non-seulement on peut se promener sur l'abîme ; mais on se sert même de cette circonstance favorable, pour exploiter les bois du rideau, qui sans cela seraient inexploitables. Après les avoir abattus, on les fait rouler jusqu'au lac; et des bœufs viennent, avec des charriots, les chercher sur la glace.

C'est en hiver, et dans le tems où Pavin était gelé, qu'on a mesuré son étendue. L'opération fut faite le 9 mars 1726; et elle est due à quelques habitans de Besse, petite ville du voisinage; lesquels l'entreprirent, avec leur subdélégué, nommé Godivel. D'après leurs mesures, ils trouvèrent que le lac avait, du midi au septentrion, 1000 pas géométriques; d'orient en occident, 927; et de circonférence, 3000. Or le pas géométrique étant de 5 pieds, et la lieue ordinaire de 2500 de ces pas; il s'ensuit qu'en diamètre, Pavin a plus d'un tiers de lieue, et plus d'une lieue en circonférence: ce qui, comme tu vois, est une assez belle proportion.

Le subdélégué Godivel essaya en même tems, mais sans succès, d'en mesurer la profondeur. Avant lui déjà on l'avait tenté plusieurs fois. Mais, soit qu'on eût employé des cordes trop courtes, soit que les poids qui servaient de sonde eussent été trop légers, on n'avait pu réussir; et l'on croyait dans le pays que le lac était sans fond. Enfin, en 1770, le citoyen

Chevalier, alors inspecteur des ponts et chaussées de l'Auvergne, entreprit de le sonder; et il en vint à bout.

La chose était d'autant moins aisée, que, ni là, ni aux environs, il n'y avait de bateau; et qu'en faire voiturer un d'ailleurs, eût été trop coûteux. Le citoyen Chevalier fit donc transporter sur le lac deux claies de parc; il les attacha ensemble, les couvrit de fagots qu'il assujettit avec des cordes, et se construisit ainsi une sorte de radeau. Assurément, pour risquer sa vie dans une entreprise, aussi peu utile que médiocrement honorable, il fallait plus que du courage; et l'on eût pu dire du navigateur, ce qu'Horace disait du premier de tous,

Illi robur et œs triplex
Circa pectus erat.

Mais les sciences ont aussi leurs grenadiers; et souvent ces grenadiers, quoiqu'ils aient d'autres périls que les gens-de-guerre, n'en sont ni moins intrépides ni moins téméraires. Pour pouvoir avancer sur le lac, le citoyen chevalier, au défaut de rames, prit des planches; et y pratiquant une poignée, s'en servit comme il put. Quant à sa sonde, il la fit d'une masse de plomb ovale; et de même que les marins, il l'enveloppa d'une couche épaisse de suif; afin qu'en plongeant dans l'entonnoir, elle pût happer et rapporter au dehors les différentes substances qu'elle aurait touchées. Avec cet attirail, il vogua sur le lac, en fit le tour, le traversa dans différentes directions, le sonda de tous côtés, et trouva que sa plus grande profondeur était de 288 pieds.

Quelque étonnante que soit une pareille hauteur dans un bassin d'eau douce, elle dut être bien autrement considérable, au moment où il n'était encore que le foyer d'un volcan éteint, ou un gouffre écroulé. Mais songe à ce que dûrent y jeter de matières, et les sept coulées de lave dont je t'ai parlé, et l'affouillement des eaux quand elles vinrent le remplir, et le ravage continuel des pluies sur la zône d'enceinte, et les éboulemens enfin qu'éprouvèrent les parois du bassin jusqu'à l'instant où elles aquirent le talut conique, nécessaire pour leur solidité. Puis, après cela, calcule, si tu l'ose, la hauteur qu'eut primitivement un abîme, qui, depuis tant de siècles, tendant toujours à se combler, a cependant encore aujourd'hui près de 300 pieds perpendiculaires.

Au dessus de Pavin, et à 700 toises de distance, est un lieu qui, comme lui, jouit d'une renommée; mais dont la célébrité cependant tient à la sienne. On le nomme le *Creux de Soucy*. C'est une sorte de puits naturel; ou plutôt, c'est une ancienne cheminée volcanique, dont le fond maintenant est, comme Pavin, couvert d'eau. Le citoyen Chevalier, qui la mesura, lui trouva 9 toises de profondeur. L'eau avait une toise; et un thermomètre y descendit à 5 degrés au-dessus de la congélation, tandis qu'à l'air extérieur il en marquait 20. Comme le niveau de cette eau est élevé de 186 pieds au-dessus du niveau de Pavin, les gens du pays croient qu'elle a sa décharge dans le lac; et le citoyen Chevalier lui-même, en parcourant celui-ci, y a vu jaillir, au-dessous d'un banc de lave épais de 48 pieds et qui est en face du trop-plein, une source très-abondante, qu'il croit, à l'inspection du terrain, dériver du Creux de Soucy, et à laquelle il donne, depuis ce Creux jusqu'à son débouché dans le lac, 54 pieds de pente.

La source a vraisemblablement des intermittences. Je certifie au moins qu'elle ne coulait pas, quand je visitai le lieu. J'ajouterai même, que dans toute la circonférence entière du bassin, ni moi ni trois autres personnes qui m'accompagnaient, nous ne vîmes pas un seul filet d'eau. Cependant, malgré tout ce que doit en dissiper l'évaporation dans une si grande surface, il en sortait encore beaucoup par la décharge du trop-plein : ce qui prouve que le lac a des sources intérieures qui l'alimentent et fournissent à son écoulement ; et peut-être, celle dont il s'agit, est-elle souvent de ce nombre.

En général, toutes les eaux de sources sont, par elles-mêmes, naturellement claires ; parce que ce n'est qu'après s'être filtrées à travers les terres, qu'elles arrivent à leur bassin. Celles de Pavin, outre cette filtration qui leur est commune avec les autres, ont encore l'avantage d'un long repos qui permet aux parties hétérogènes, qu'elles auraient pu charrier, de se précipiter, par leur pesanteur respective, dans le fond de l'entonnoir. Aussi rien n'égale leur transparence. Jusqu'ici, toutes les fois que j'ai eu à te parler des fontaines d'Auvergne, il m'a fallu prodiguer les épithètes de pures et de limpides. En t'entretenant des eaux de Pavin, je ne sais plus quels termes employer ;

mais je doute que dans aucun pays de la terre on en voie de plus belles. Mon ami, leur vue seule donne la soif. Ni mes compagnons, ni moi, nous ne pûmes y tenir. Il fallut en boire; et tout en buvant, je me disais que les poëtes Grecs avaient été un peu mal-adroits, quand en voulant faire punir Tantale, ils nous le représentaient plongé dans un de ces noirs et villains fleuves infernaux. Pour doubler son supplice, il n'eût fallu que mettre, sous ses yeux, un lac comme Pavin.

Ces eaux conservent toute leur beauté dans leur chûte, tant qu'elles coulent sur le penchant de la montagne ; mais dès que leur lit commence à devenir horizontal et touche au vallon qui les joint à la Couse, alors elles paraissent se troubler. Là, sur la droite de leur courant, sont quelques filets d'eau minérale, qu'on ne distingue guère que par les fusées d'une terre ocracée et très-jaune, qu'ils déposent sur leur chemin. Ceux-ci portent dans le ruisseau le fer dont-ils sont chargés. Soit affinité, soit attraction, ce fer s'attache aux laves qui couvrent le lit du ruisseau. Le lit en est totalement teint ; et l'eau qui, quelques pas plus haut, avait presque la transparence de l'air, vue sur ce fond rembruni semble s'y teindre elle-même et en prendre les tristes couleurs.

On prétend, dans le pays, que Pavin n'a point de poissons; et en effet on ne voit pas trop d'où il pourrait lui en être venu. Mais malgré les difficultés qu'y offrirait la pêche, il est possible qu'on y en ait jetés. Au moins il y en a maintenant; et dans certains jours, on les y voit sauter, pour attraper les insectes qui voltigent sur la surface des eaux. Ceci, au reste, donne lieu à une réflexion importante. Dès que nos viviers sont glacés, le poisson y meurt : Pavin (et on peut dire la même chose d'Aidat et de Fung) est, pendant plusieurs mois, couvert d'une épaisse croûte de glace; et le poisson y vit. A quoi tient cette différence? est-ce à la profondeur de son eau? est-ce aux sources intérieures qui l'aliment, et qui, en y affluant, y portent l'air nécessaire à la respiration du poisson?

Quand quelqu'un va visiter le lac, on lui conseille ordinairement d'y porter des pistolets et d'y en tirer plusieurs coups; pour jouir de l'effet singulier que fait le son, lorsqu'il parcourt cette vaste circonférence, entourrée de

son

son rebord exhaussé. On m'avait beaucoup parlé de cette expérience; et tu imagines bien que je fus fort empressé de la faire. L'effet de l'explosion varie un peu, selon les différens points où l'on se place. Mais il en est un général, et qu'on éprouve par-tout; c'est le fracas qu'elle fait, en circulant le long de cet écho d'une lieue, dont elle est obligée de suivre le contour. Le bruit dure plusieurs seccondes. Il roule autour du bassin, revient sur lui-même; et par sa rondeur sonore et soutenue, il ressemble à quelques-uns de ces tonnerres tranquilles, qui après avoir grondé sans déchiremens et sans éclats, meurent enfin pacifiquement dans leur nuée. Des armes-à-feu, plus fortes qu'un pistolet, eussent peut-être produit-là des effets plus considérables encore. Aussi ai-je regretté de n'avoir pas avec moi un fusil; et, si tu y vas, je te conseille d'en porter un.

Après tout cependant, quelque puisse être l'effet de l'explosion, ce ne sera jamais-là qu'une expérience amusante; et j'en connais d'autres, plus utiles, que tu peux y tenter avec fruit. Quant à moi, il en est une qui m'eût satisfait, je l'avoue, par-dessus toutes les autres, et que j'ai été désolé de ne pouvoir exécuter ; c'était de plonger dans le bassin, et d'en examiner l'intérieur. Si je ne me trompe, ce ne sont pas ses dehors qui sont les plus intéressans à connaître ; ce serait sa forme et l'à-plomb de ses parois ; ce serait la nature des substances qui le composent, l'altération qu'il a reçue des eaux, la voie par laquelle affluent ses sources ; ce serait enfin sa température à diverses profondeurs, la pression d'une eau douce sous une colonne de 48 toises, enfin la différence de pesanteur respective que peut avoir cette eau prise à des hauteurs différentes, l'effet de la lumière au fond de l'entonnoir : si néanmoins le liquide, quoique transparent, permet à la lumière de parvenir jusques là, etc., etc. (1). Voilà, selon moi, ce qu'il serait satisfesant de savoir ; et certainement, voilà, si j'avais su nager, ce que j'eusse tenté de connaître, au moins en partie.

Il en est des objets célèbres, comme des

---

(1) Selon les calculs de Bouguer, la lumière ne peut pénétrer au-delà d'une masse d'eau, épaisse de 256 pieds. Selon Buffon, elle pénètre au-delà de 600.

grands hommes de l'antiquité ; tu n'en verras aucun sur lequel on n'ait débité quelque fable Ce n'était point assez d'avoir dit, d'avoir écrit qu'une pierre jetée dans Pavin y excitait un orage et fesait gronder le tonnerre. On a prétendu que lors du tremblement-de-terre arrivé dans la Calabre, il y a quelques années, les eaux du lac, si pures et si transparentes, se troublèrent tout-à-coup ; qu'elles devinrent rouges, et restèrent dans cet état pendant trois semaines. Si tu en crois ce que jadis on appelait le peuple, toutes les eaux minérales d'Auvergne éprouvèrent la même révolution ; toutes, ainsi que le lac, furent troubles pendant long-tems. Mais quel est le pays sur la terre où l'on n'ait point dit quelque sottise ? ou plutôt, quelle est la sottise qui n'ait point été dite dans quelque coin de la terre ?

LETTRE LII.

Eboulemens. Leurs causes. Eboulement de Rentières ; de Saint-Vincent ; de Pardines ; de l'Argillière ; de la Roche-noire ; de Jussat ; de la Roche-blanche. Détails sur ces faits. Acte de vertu.

LES montagnes s'abaissent et se détruisent insensiblement. C'est-là une de ces vérités que je t'ai démontrées par beaucoup de faits ; et que j'aurais pu me dispenser de prouver. Le contact de l'air, l'action de la gelée, du soleil, des vents et des pluies, l'alternative continuelle de la sécheresse et de l'humidité, de la chaleur et du froid, décomposent, rongent, écaillent la partie extérieure des roches les plus dures ; et ce sont ces débris et ces éclats que les eaux sauvages portent dans les torrens et dans les plaines. Si les roches reposent sur des lits de schite et d'argille, l'eau des sources ou celle des pluies, en minant, en humectant leur base, peut les en détacher et les faire glisser au loin. Ont-elles des crevasses et des cavernes ; le liquide remplit ces cavités ; et soit par le poids de sa masse qui tend à les écarter, soit par la force de son expansion qui, quand le froid vient à le glacer, produit des effets terribles, il les brise et les fait sauter en éclats.

Telles sont les principales causes par lesquelles les montagnes diminuent sans cesse de hauteur ou de volume. Mais ces dégradations constantes peuvent quelquefois se multiplier assez pour devenir éboulemens ; et ces éboulemens eux-mêmes, être assez considérables pour causer de grands désastres ; sur-tout s'ils ont lieu près des habitations. Les voyageurs qui ont écrit sur la Suisse et les Alpes, parlent souvent d'événemens semblables. Eh ! qui ne connaît celui qu'éprouva, en 1618, le comté de Chiavenne ! quand une partie de montagne s'étant écroulée, elle engloutit sous ses décombres deux villages, et avec eux enterra, toutes vives, 2430 personnes.

L'Auvergne a, comme les Alpes, des éboulemens fréquens. Mais la plupart n'ayant lieu que dans des cantons solitaires, où leur effet se borne à couvrir des plaines, à combler des gorges et des vallées, ils sont sans danger, et restent inconnus.

De ce nombre est celui du Vallon-des-Bains, que je t'ai cité ci-dessus; celui de la Roche-Sanadoire, dont les débris ont enfoui une partie de bois, en ne laissant subsister que quelques branches qu'on voit encore percer à travers les pierres; celui d'un terrein entre Plauzat et Saint-Sandoux, qui fut totalement encombré dans un espace de plus de 600 pas; tels sont enfin beaucoup d'autres, dont je t'épargne ici les noms. Mais s'il en est d'innocens, il en est aussi qui ont des suites funestes; et parmi les plus récens d'entre ceux-ci, il me suffira d'en citer quelques-uns, dont les accidens ont été plus singuliers, ou les effets plus importans.

Près d'Ardes, et au-dessus du village de Rantières, est un vallon, arrosé par la Couse (1),

---

(1) Il y a, dans la Basse-Auvergne, trois ruisseaux de ce nom. Tous trois prennent leur source dans la partie orientale de la chaîne des Monts-Dor; et tous trois vont, parallèlement, se jeter dans l'Allier, l'un au-dessous de Champeix; l'autre au-dessous

et que le travail avait changé en prairies et en vergers. Tout-à-coup on fut étonné de voir, sur la gauche du ruisseau, la montagne montrer des crevasses, qui bientôt se mulplièrent à un point allarmant. Chaque année, elles s'accrurent et s'élargirent. Enfin, au mois de mars 1783, après une pluie de quatre jours qui détrempa le sol de la base, les terres et les roches supérieures, cèdant à leur poids, perdirent leur à-plomb; elle se détachèrent lentement, dans une hauteur et une largeur de 200 toises; et par leur chûte vinrent remplir le vallon.

Plusieurs cultivateurs y étaient, en ce moment, occupés à travailler; et ils ne pouvaient manquer d'y périr; si un de leurs camarades, qui heureusement se trouvait vis-à-vis sur le côteau opposé, ayant vu la montagne

---

d'Issoire; le troisième, dont il s'agit ici, au-dessous de Saint-Germain-l'Embron. Pour empêcher de les confondre, les cartes d'Auvergne ont donné au second le nom de Crouze, et se sont dispensées de nommer le premier. Il serait plus simple de les distinguer par la ville au-dessous de laquelle ils se déchargent; la Couse-Issoire; la Couse-Champeix; la Couse-Germain.

s'incliner et pencher, ne leur avait crié de s'enfuir. Ils en eurent le tems. Mais celui qui leur sauva la vie n'eut pas assez de bonheur pour sauver la sienne. A la hauteur où le malheureux se trouvait au-dessus du vallon, il se croyait et pouvait se croire, en effet, à l'abri du danger ; et néanmoins la masse de l'éboulement fut si considérable, la réaction de sa chûte la fit réjaillir à une telle élevation, qu'il disparut à l'instant, englouti sous les décombres. Un moulin, placé de l'autre côté du ruisseau, fut enfoui de même, quoiqu'éloigné de la direction de l'éboulement ; mais les débris, après être allé heurter contre la colline opposée, revinrent sur eux-mêmes, en s'écartant et divergeant à droite et à gauche. Le bâtiment en fut entièrement couvert ; et la femme du meûnier qui s'y trouvoit alors, resta ensevelie dans ce tombeau.

Telle fut l'immensité des matériaux de l'éboulement, qu'ils comblèrent le vallon, dans toute sa largeur, à plus de 120 pieds d'élévation. La Couse, arrêtée dans son cours par cette haute et large digue, resta suspendue ; et les villages des cantons inférieurs furent fort étonnés de voir leur rivière tarir subitement.

Elle cessa de couler pendant 24 heures; s'amoncelant dans son nouveau bassin, et noyant le vallon. Le lac qui se forma ainsi, s'accrut d'autant plus promptement, qu'une pluie violente étant survenue, elle fondit une quantité incroyable de neiges, et amena-là tout-à-coup un déluge d'eau.

Malgré la pluie, les paysans de Rantières vinrent travailler à dégager le moulin et à sauver la meûnière, que son malheur condamnait à périr de désespoir dans ce cercueil. Déjà ils en avaient découvert le toit. Mais dans cet espace de 24 heures, les eaux, par leur crue, s'étant élevées à 100 pieds de haut, la digue, composée de matériaux encore meubles et mal affermis, ne put résister à une pareille poussée. Toute la partie supérieure fut emportée, dans une épaisseur de 20 pieds. Elle alla couvrir le bâtiment, sans espoir; enfouit également, plus bas, un autre moulin; encombra tous les terreins inférieurs; et causa, par-tout, des ravages affreux.

Malgré cette débacle, le lac formé par la suspension des eaux avait encore, après son débordement, 1500 pieds de long, 600 de large, et 70 de profondeur. C'est ce que déclara, dans son procès-verbal, l'ingénieur des ponts et chaussées, qui fut envoyé, pour vérifier le dégat. Mais cet inspecteur déclara, en même tems, que le terrein était submergé sans ressource; et que si la digue, formée par l'éboulement, venait à être emportée par de nouvelles crues d'eau, ce ne serait que pour aller plus loin ensabler et empierrer de nouveaux terreins.

Cette annonce ne pouvait manquer de se vérifier bientôt. La Couse, effectivement, s'ouvrit une brêche à travers sa barrière, et continua de couler dans son ancien lit. Mais annuellement cette brêche s'est agrandie, en même tems qu'elle s'est abaissée; et quand je l'ai vue en 1788, elle était parvenue à peu de distance du sol. Déjà même le lac n'avait plus que 20 pieds de profondeur; et l'on commençait à revoir la cime de la plupart des arbres, qu'auparavant il avait noyés très-profondément. Mais ce que les eaux enlevaient à la digue, elles l'ont porté dans la partie inférieure, qui en a été comblée à son tour. Actuellement, tout y est couvert par les décombres; et à mesure que les arbres du haut se dégagent par l'abaissement du lac, ceux du bas s'enfouissent et s'enterrent par l'exhaussement des déblais.

Quinze ou seize ans avant l'événement de Rantières, une partie de montagne, large de 300 toises, avait déjà croulé de même, dans la paroisse de Saint-Vincent, vallée de Falgoux, aux environs de Salers. Mais cet éboulement différa de l'autre, en ce que la vallée dans laquelle il se répandit, étant fort vaste, il ne causa de dommage que sur sa route. Dans le nombre de ces dégats, furent plusieurs prairies, détruites; et quelques bâtimens, emportés avec les hommes et les bestiaux qui s'y trouvaient. Un cultivateur, entraîné ainsi avec sa grange, eut le bonheur de s'en sauver, tandis qu'elle cheminait. Un autre, qui dans ce moment travaillait sur un arbre pour l'émonder, fut porté, dans cette situation, et avec une portion du terrein, à 300 pas de distance, vers la rivière. Là, par la pente du rivage, l'arbre étant venu à pencher, le paysan fut déposé, comme par miracle, sur l'autre rive; et il y descendit doucement, sans avoir éprouvé le moindre mal.

Mais de tous les désastres arrivés en Auvergne, dans ce siècle, par des éboulemens, le plus considérable et le plus fameux, quoique personne n'y ait péri, est celui de Pardines; antérieur encore à ceux dont tu viens de lire l'histoire.

Pardines, village aux environs d'Issoire, est une chauds volcanique, aujourd'hui labourée. Elle s'étend de l'est à l'ouest; et a, au sud, un vallon charmant, nommé le vallon de Meillau. Comme sa pente est vers le couchant, c'est vers le couchant que s'épancha la lave qui vint la couvrir pendant sa volcanisation; et de cette lave, résulta une coulée sur laquelle est bâti le village actuel. Après avoir traversé le village, si l'on monte vers la chauds, on marche, pendant quelque tems, sur la coulée. Plus loin on trouve un tuf, composé, en grande partie, de matières volcaniques; puis, du basalte en grandes masses informes; et c'est dans ces deux dernières parties que s'est fait l'éboulement.

Au pied des masses basaltiques, en descendant vers le vallon de Meillau, était une fontaine, qui servait en même tems d'abreuvoir, et qui en portait le nom. En 1713, elle tarit tout-à-coup. On n'a pu deviner la cause de cet événement; mais c'est à lui qu'on attribue la catastrophe de Pardines. Et en effet, ils se pourrait que les eaux, arrêtées dans leur cours sud par une cause quelconque, se fussent portées à l'ouest vers le village ; et qu'en minant longitudinalement les terres sur leur passage, elles aient enlevé à la masse supérieure ses fondemens, et préparé sa chûte.

Si le sol qu'elles humectaient ainsi eût été argilleux, l'effet serait bien plus aisé à concevoir encore ; parce que ce sol, devenu par elles humide et glissant, eût laissé couler vers le vallon les matières qu'il supportait. Mais quoiqu'on trouve de l'argille à une certaine distance de là, dans une cave du village, il n'y en a pas la moindre parcelle dans tout le terrein éboulé ; et si ce sont les eaux qui ont causé le désastre, elles n'ont eu vraisemblablement à travailler que sur un tuf, ou peut-être sur des marnes ; car on voit des marnes vers le bas du côteau.

Peu de tems après l'époque où la fontaine cessa de couler, on s'aperçut que le terrein des environs perdait de son à-plomb, et que les maisons se lésardaient. D'année en année, le mal s'accrut. Enfin, le 22 juin 1733, un orage affreux ayant achevé de détremper les terres, le lendemain soir, à 9 heures, l'éboulement commença.

A cet instant de la journée, la plus grande partie des habitans eût dû être écrasée dans son lit. Par le plus grand des hasards, personne ne se trouva chez soi. C'était la veille de la St.-Jean. On fesait, en ce moment, à l'autre extrémité du village, le feu-de-joie, qui, ce jour-là, était alors usité; et tous, hommes, femmes et enfans, y étaient accourus, soit pour jouir du spectacle, soit pour sauter et danser autour du bûcher. Il n'était resté, sous ses toits, qu'une vieille femme, qui, par ses infirmités, hors d'état de se lever, depuis long-tems gardait le lit. Mais au trémoussement subit que sentit la vieille sur son grabat; au fracas qu'elle entendit, quand la montagne, arrachée de ses fondemens*, commença de crouler vers le vallon, elle se leva en chemise; et retrouvant des forces dans sa peur, elle eut le tems et la présence d'esprit de se sauver. Enfin personne ne périt. Mais tu devines quels furent les cris et le désespoir des malheureux habitans, lors qu'accourus au bruit du désastre, ils en virent toute l'horreur.

Le spectacle leur en fut d'autant plus douloureux que l'éboulement ne se fesait que partiellement ; et qu'à mesure qu'un terrein s'écroulait, le terrein supérieur, manquant d'appui, se déchirait avec éclat et finissait par tomber à son tour. C'est dans cette affreuse et désolante situation qu'ils passèrent la nuit ; voyant successivement leurs demeures et leurs héritages disparaître ; et ne pouvant même approcher du danger, sans s'exposer à celui d'être engloutis eux-mêmes.

La tradition du lieu prétend que vers minuit on vit s'élever, au-dessus des décombres, un globe de feu, qui après avoir traversé rapidement le vallon de Meillau, alla se perdre et s'éteindre au nord, vers la montagne de Ravel.

Ces météores lumineux sont un effet d'électricité. L'histoire des sciences en offre plusieurs exemples, constatés par des témoignages irrécusables ; et le hasard a pu faire que Pardines, ce jour-là, en ait fourni un exemple nouveau. Mais ils sont si rares, qu'il ne faut y croire que sous bonne garantie ; et quoique celui-ci soit attesté par la tradition, quoiqu'il m'ait été certifié par deux vieilles femmes, qui prétendaient l'avoir vu ; cependant j'avoue, que pour y croire, je voudrais d'autres témoins que des femmes transies d'effroi, ou des paysans abîmés de douleur.

Un fait qui m'a été garanti également, mais auquel j'ajouterais plus de foi ; c'est qu'après l'éboulement, la terre qu'il mit à découvert parut délayée par l'eau et détrempée comme du mortier. En quelques endroits, cette eau était même assez abondante pour former des marres. Dans d'autres, où sa pente se prêtait à sa chûte, elle coulait en ruisseau. Je ne doute point que la pluie qui avait eu lieu la veille de l'événement, n'ait accru ce réservoir ; mais certainement elle n'avait point suffi pour le former ; et sans doute, il ne fut dû qu'à cette source supprimée, qui s'étant jetée de ce côté-là, finit par en causer le bouleversement.

La partie de la montagne qui avait du basalte en grandes masses, souffrit du déchirement général ; ainsi que celle qui n'était composée que de tuf. Le surlendemain du premier accident, plusieurs quartiers de la coulée basaltique se détachèrent ; et un, entre autres, le plus gros peut-être de tous ceux

de

de ce genre, qui depuis long-tems sont tombés en Auvergne. Il était épais de 26 pieds, haut de 57, et long de 90.

L'épouvantable bloc gît encore, tout-entier, au lieu de sa chûte. Mais, quoiqu'il n'ait fait que tomber à plat, sans rouler, sans avancer aucunement, cependant, par sa pesanteur et son énormité, il ébranla tellement la terre au loin, que plusieurs maisons s'entr'ouvrirent, et que quelques-unes même furent entièrement renversées.

Ceux des villageois dont les habitations étaient assez éloignées du lieu de l'éboulement, pour avoir été jusqu'à ce moment rassurés sur son danger, crurent qu'à tant de malheurs se joignait un tremblement de terre, et que leur dernière heure était venue. Ils avaient retiré chez eux ceux de leurs camarades qui étaient sans asyle. Tous sortirent ; en poussant des hurlemens affreux ; courant, sans savoir où, pour éviter d'être engloutis : et cet instant de consternation fut pour eux plus horrible encore que tous ceux qu'ils avaient subis pendant les deux jours précédens du malheur général. Néanmoins le curé seul en fut la victime. Vieux et infirme, le bon-homme, en ce moment, disait sa messe. A la secousse violente qu'il éprouva sur son autel, aux cris perçans qu'il entendit, il se crut près de périr; et son effroi fut tel qu'il ne put achever tous ses orémus. On fut obligé de l'emporter chez lui. Il n'y entra, m'a dit le curé actuel, que pour se mettre au lit; et il y mourut, quelque tems après, des suites de sa frayeur.

L'éboulement dura quatre jours entiers; et il ne cessa, que quand les terres supérieures eurent aquis l'assiette qui leur était nécessaire pour se soutenir par elles-mêmes. Du reste, il boulversa 400 arpens de terrein, détruisit 60 bâtimens, et couvrit un espace long de 400 toises sur 300 de largeur. Ses effets néanmoins ne furent point par-tout les mêmes. En quelques endroits, les roches qui se détachaient de la montagne venaient frapper celles qui étaient déjà tombées; et les poussant en avant, elles les forçaient de cheminer vers le vallon. Ailleurs où il y avait plus d'escarpement, les terres roulaient sur elles-mêmes; et fesant rouler avec elles les maisons, les arbres, prairies ou vignobles qui les couvraient, elles culbutaient et enfouissaient tout. Plusieurs parties du côteau ne firent, au contraire, que glisser sur leur pente. Elles descendirent ainsi, tout-entières; et arrivèrent au vallon, avec leurs arbres et leurs vignes. Il y eut une grange, qui déplacée de cette manière, fut portée, comme par un coup de baguette magique, à l'extrémité de l'éboulement, sans éprouver d'autre accident qu'une crevasse dans ses murs. Elle y subsiste encore aujourd'hui; je l'y ai vue; et, si l'on eût pu m'indiquer avec certitude l'endroit précis où elle avait existé primitivement, je me serais donné la satisfaction de mesurer tout l'espace qu'elle avait parcouru.

Ceux des habitans dont les maisons étaient détruites se transplantèrent à l'autre extrémité du village; et avec le tems, ils s'y bâtirent des habitations nouvelles. Quant aux héritages, il n'était plus possible de les reconnaître dans ce cahos de ruines et de décombres. Pour empêcher les procès, il fallut que l'administration interposât sa médiation ou son autorité. L'intendant nomma, en conséquence, quatre commissaires qui vinrent faire un nouvel arpentage, et partager, entre les contendans, le sol dont la surface s'était éboulée, et celui qui se trouvait couvert par l'éboulement. Tout s'arrangea. Cependant il y eut, pour cette dernière partie de terrein, des gens opiniâtres qui plaidèrent et qui ne voulurent accéder à aucun accommodement; et ce fut alors que s'agita au barreau cette question de droit, singulière; à qui des deux devait appartenir le terrein transporté dans le vallon, ou du propriétaire qui l'avait possédé sur la montagne, ou de celui qui actuellement l'avait sur son sol. On décida en faveur de ce dernier; et j'ai entendu dire à des avocats célèbres qu'on ne pouvait prononcer autrement.

En 1783, le hameau de l'Argilière, commune de Saint-Eustaise, courut le même danger que Pardines. Bâti sur un penchant de montagne, déjà plusieurs parties de son terrein inférieur avaient croulé. De toutes parts, on voyait, autour des maisons, d'immenses crevasses. Toutes étaient lésardées et entr'ouvertes; et les murs de plusieurs avaient même perdu leur à-plomb; lorsque le cit. Chazerat y envoya un inspecteur des ponts et chaussées. Celui-ci trouva le danger si pressant qu'il défendit aux habitans de demeurer dans leurs maisons. Cependant il indiqua un plateau voisin, pour y transporter le hameau; et, en conséquence, il ordonna de démolir les habitations anciennes, afin d'en employer les matériaux à reconstruire les nouvelles. L'intendance distribua 2,000 livres pour les frais d'émigration. Les habitans des villages voisins vinrent, volontairement et d'amitié, aider ceux-ci dans leurs travaux. Enfin, que te dirai-je ; en moins de trois mois, la transplantation fut faite, et personne n'y périt.

Les montagnes granitiques, calcaires, volcaniques, et autres pareilles, dont la masse est pure pierre, ont des éboulemens particuliers, qui leur sont propres. Ce n'est point comme dans ceux des autres, une partie de la montagne elle même, qui minée à l'intérieur et cédant toute entière à un même effet, fléchit, glisse avec les terres qui la composent, et croule sur sa base. Ce sont des fragmens plus ou moins considérables, des éclats ou blocs isolés que l'action des gelées et des pluies détache successivement de la grande roche, et qui tombant séparément, les uns après les autres, souvent sont portés fort loin, par la pente rapide des côtes et la vélocité de leur mouvement.

En parlant ci-dessus de Massiac, j'ai fait mention de plusieurs quartiers d'un rocher-lave, tombés ainsi ; et d'un, entr'autres, si considérable qu'ayant fermé entièrement la grande route, on ne put le détruire qu'en le fesant sauter avec la poudre à canon. Malheur aux habitations que rencontreraient, sur leur chemin, ces terribles coureurs !

A Jussat, village au sud de Clermont, j'ai vu deux logemens de paysans, dont les murs avaient été enfoncés par eux ; et ce ne sont pas les seuls que je pourrais citer. A la Roche-Noire, près de l'Allier, un premier rang de maisons se trouvait bâti au pied d'une haute masse de basalte, escarpée à pic. A mesure que la lave se délitait dans sa hauteur, elle tombait ou rejaillissait sur les bâtimens. Enfin, les chûtes se sont tellement multipliées ; le séjour en est devenu si dangereux, et ils ont tant souffert, qu'il a fallu les abandonner tous. La plupart néanmoins subsistent encore ; mais leurs combles écrasés, leurs murs renversés en partie, leur enceinte comblée de roches, annoncent combien le mal, quoique successif, a été grand, et tout ce qu'auraient à craindre les maisons plus éloignées, si les ruines de celles-ci ne les garantissaient.

Le danger auquel s'étaient exposés imprudemment les habitans de la Roche-Noire, ceux de la Roche-Blanche en sont, par une même imprudence, menacés également. A chaque instant, une partie d'entre eux peut être écrasée; et ils vivent avec sécurité sous les toits destinés à être leur tombeau.

Ce village, voisin de Jussat, est, comme lui, situé au pied d'un monticule calcaire; et c'est de là que lui a été donné le nom de Roche-Blanche; comme la Roche Noire a pris le sien d'une masse de lave très-noire, près de laquelle il est bâti. Quoique la pente du monticule soit fort roide, on y a construit néanmoins, à différentes hauteurs, beaucoup de maisons, auxquelles on monte par des sentiers obliques, pratiqués en rampe. Au dessus de ces maisons, le rocher s'élève tout-à coup à pic, dans une hauteur de 50 à 60 pieds; et il se termine par une cîme plate. Tendre de sa nature et facile à couper, différentes personnes y ont creusé des colombiers, des caves, et même des habitations, ou plutôt des tannières, qui sans fenêtres et sans cheminées, offrent le spectacle de la plus affreuse misère, et n'en sont pas moins remplies.

Ces excavations, pratiquées dans toute la longueur du rocher, n'ont pu se faire sans l'affaiblir beaucoup. De toutes parts, il s'est entr'ouvert. Des lésardes ont pénétré même à travers son épaisseur, depuis sa cîme jusqu'aux habitations. Quelques-uns des souterreins se sont affaissés; et de tout côté, des blocs énormes, se détachant de la masse, ont roulé sur le penchant du monticule vers les maisons qui s'y trouvent bâties. Au mois d'oût 1787, un d'eux encore est venu en écraser une. Sous ses ruines se sont trouvés enfouis un vieillard, une femme et un enfant. Heureusement aucun d'eux n'a péri; des poutres, en se croisant, ont soutenu les décombres sur leur tête; mais pour les dégager, il a fallu cinq heures entières de travail.

Vers l'extrémité orientale du monticule, le danger est bien autre encore. Là, ce n'est point seulement un bloc qui menace de tomber, c'est une portion du rocher lui-même; et cette portion a plus de 100 pieds de long, sur une ou deux toises d'épaisseur.

Jadis le plateau de la cîme était couvert d'une pelouse, qui par son tissu serré, ne permettant pas aux eaux pluviales de s'infiltrer, les portait au loin par delà la montagne. On s'est avisé de le labourer; et les pluies alors non-seulement ont pénétré sans peine à travers toutes les fentes que pouvait avoir le rocher; non-seulement elles les ont aggrandies et multipliées; mais elles l'ont miné lui-même jusqu'à sa base. C'est ainsi que s'est fendu perpendiculairement, et que s'est, en partie, détaché de la montagne, l'éclat énorme dont je viens de parler. Son ouverture, augmentée sans cesse, soit par la poussée des terres mouillées qu'y portent les eaux, soit par la force expansive de ces eaux, quand elles viennent à s'y glacer, est aujourd'hui effrayante. D'année en année, on la voit s'accroître; et avant peu, la masse, perdant son équilibre, écrasera tout-à-la-fois par sa chûte, et les maisons bâties sur le penchant de la montagne, et la partie basse du village qu'elle domine.

L'imminence trop certaine d'un aussi horrible désastre n'a pu manquer de produire quelque allarme, au moins chez certains habitans. Sur une requête, présentée à l'intendance, en 1783, par les principaux d'entr'eux, un inspecteur des ponts et chaussées fut nommé pour aller visiter les lieux. Le résultat de cette visite fut que le mal était sans remède; que l'art ne pouvait y apporter qu'une résistance faible et momentanée; et que le seul parti qui restait à prendre était d'obliger toutes les familles, logées, soit dans le rocher, soit sur le penchant de la montagne, à quitter au plutôt leurs habitations.

C'est effectivement ce qu'on venait de faire pour l'Argillière; et ce qui eût été également nécessaire ici. Mais, à l'Argillière, l'administration avait donné 2000 livres pour la transplantation des habitans; et à la Roche-Blanche, quoique le curé représentât que les gens, réduits à occuper ces logemens affreux, étaient des pauvres qui seraient dans l'impossibilité de se transporter ailleurs, si on ne leur accordait quelques secours; ces secours, d'après des raisons que j'ignore, furent refusés, et l'émigration n'eut pas lieu.

Malgré le refus barbare qui l'a suspendue, je ne doute nullement que le directoire du département ne s'en occupe, et qu'au premier moment on ne la voie effectuée. J'ai trop appris à estimer les Auvergnats, pour croire qu'au défaut d'une faible somme, leurs représentans aient l'inhumanité de laisser périr plusieurs centaines de personnes; même lorsqu'elles sont assez stupides pour vivre, comme ce Sisyphe de la fable, sous le rocher qui les menace.

Je suis allé plusieurs fois à la Roche-Blanche. J'ai même gravi sur la montagne pour contempler l'effroyable roc destiné à les écraser toutes. Mais je n'ai pu le voir qu'une fois; de pareils spectacles font trop de mal. Mon ami, le récit que je t'en fais suffira seul, peut-être, pour t'affecter beaucoup. Eh! quel cœur honnête peut n'être point sensible au malheur de ses semblables! Mais que serait-ce donc, si, comme moi, tu avais été à portée de toucher cette masse, haute de 60 pieds sur 100 de long; de mesurer la large fente qui déjà la sépare de la montagne; de voir enfin perpendiculairement sous tes pieds toutes les habitations qu'elle doit écraser et détruire. L'aspect de ces maisons dévouées à la mort fit sur moi une telle impression, qu'involontairement je reculai fort loin en arrière; et ce fut avec une terreur si visible, que six personnes qui m'accompagnaient en firent un objet de plaisanterie. Je tremblais de tous mes membres; ma vue était trouble, et je croyais voir le rocher vaciller.

Cette émotion de frayeur m'a duré plus de quinze jours ; et pendant tout cet espace de tems, il ne m'a été possible de marcher sur les montagnes qu'avec la plus grande circonspection. Mon frère, accoutumé à me voir dans ces sortes de courses une témérité qu'il était souvent obligé d'arrêter, s'aperçut de mon changement ; et je fus forcé de lui en avouer la cause. Si j'approchais d'un ravin, d'un torrent, d'un endroit escarpé, la tête me tournait ; et il fallait m'éloigner au plutôt. Je te ferai même un aveu, puisque j'ai fait vœu de n'écrire que pour causer avec toi ; c'est que pendant six ou sept nuits de suite, j'ai été tourmenté de rêves affreux qui tous me replaçaient sur le plateau de la Roche-Blanche. Tantôt il me semblait voir les malheureux habitans, étouffés et applatis sous leur rocher. Tantôt j'entendais leur cris affreux ; je me précipitais pour les secourir, et ne les arrachais, dessous leurs décombres, qu'écrasés, sanglans, mutilés, et en lambeaux. Ce quartier de montagne était sans cesse devant mes yeux. Je le voyais s'incliner peu-à-peu vers le vallon ; puis, tout-à-coup tomber, en ébranlant au loin la terre. Le retentissement de sa chûte me fesait tressaillir dans mon lit; et je me réveillais, mouillé de sueur, tremblant de tout mon corps, et tellement oppressé que j'avais peine à respirer.

Mais c'est t'attrister trop long-tems par des récits de désastres et de catastrophes funestes. Pour effacer de ton esprit ces images de mort, je reviendrai sur ce que j'ai dit de Rantières, et finirai ma lettre par une action de vertu et de générosité, qui eut lieu dans son vallon, au premier instant de son éboulement.

Parmi les personnes qui fuyaient pour échapper au trépas, étaient deux frères; l'un, jeune homme de seize ans; l'autre, enfant âgé de trois. Ce dernier, par son âge, hors d'état de marcher bien vîte, empêchait son frère de se sauver lui-même; et ce frère, au risque de sa vie, ne voulait point l'abandonner. Déjà cependant l'écroulement commençait; déjà les pierres roulaient et pleuvaient du haut de la montagne. En ce moment, le jeune homme voit fuir un paysan. Il l'appelle, et le prie de prendre son frère. Retarder sa fuite d'un seul pas, s'arrêter un instant et se charger d'un fardeau, c'était, pour cet homme, risquer ses jours. Néanmois il n'hésite pas. Il vient, à travers la pluie de gravats, prendre l'enfant ; le jette sur ses épaules ; et criant au jeune homme de se sauver, il tâche de fuir comme lui. Tous trois échappèrent ; mais, sans cet acte de dévouement, les deux frères périssaient.

A Paris, un prix public avait été fondé, il y a quelques années, pour des actions de ce genre. Tous les ans, l'académie française le distribuait solemnellement dans une de ses séances ; et c'est ainsi que ce sénat aristocratique de notre littérature, devenu enfin utile en quelque chose, nourrissait à la fois et l'émulation des talens et l'émulation des vertus. Je suis surpris que les provinces n'aient pas adopté dans le tems une institution si digne d'éloges ; et je désirerais que dans ce moment les départemens d'Auvergne en donnassent l'exemple. Annuellement, de toute la contrée, on enverrait à leur tribunal les procès-verbaux de toutes les actions d'humanité, de patriotisme et de vertu, qu'on aurait pu y connaître. Dans une de leurs sessions, ils décerneraient la couronne à l'action qu'ils en jugeraient digne ;

et après avoir rendu public, par la voie de l'impression, leur jugement avec ses détails, ils l'enverraient dans toutes les communes, pour y être lu solemnellement au lieu des assemblées publiques, le décadi. Pendant long-tems, les gouvernemens ont eu des prix pour des vers, pour de la prose, pour des arts souvent inutiles ou corrupteurs; il n'y a que la vertu qu'ils aient oublié d'honorer.

LETTRE LIII.

Deux sortes de montagnes. Prairies. Pacages. Prés déprimés. Départ des bestiaux pour les pacages. Vacheries. Parcs. Habitudes des troupeaux. Leur courage contre les loups. Ravage des loups dans certains cantons. Epizooties. Retour des bestiaux à l'étable.

Quoique les montagnes d'Auvergne, proprement dites, se ressemblent entre elles, en ce que toutes sont trop froides pour la vigne et les arbres à fruit, toutes cependant ne sont pas condamnées à une même stérilité. En ne les envisageant que sous cet aspect de fécondité plus ou moins grande, on peut les diviser en deux classes. L'une, composée des plus hautes, ne produit que des herbages; et dans ce nombre sont spécialement les chaînes des Monts-Dôme, des Monts-Dor, des Monts-Cantal et des Salers: ou plutôt, telles sont
les

les parties élevées des Salers, des Monts-Dôme, des Monts-Cantal, et des Monts-Dor. L'autre, composée de montagnes inférieures, et jouissant d'une température moins âpre, est susceptible de culture et de fécondation ; et celles-ci, quand leurs côtes ne sont pas trop escarpées et leur sol trop aride, produisent des grains de basse et moyenne qualité, sègle, orge, avoine, sarrasin, etc.

La Haute-Auvergne ayant beaucoup de montagnes de la première espèce, tu conçois qu'elle a dû chercher à tirer parti de leurs herbages, pour commercer et s'enrichir. Aussi le citoyen Brieude ne craint-il pas d'avancer, que la moitié de cette partie de la contrée consiste en pâturages et en prairies. Quoique la Basse-Auvergne n'en puisse pas compter autant, celle-ci cependant en a beaucoup, et sur-tout dans le canton des Monts-Dor. Croirais-tu que là est telle commune, dont le territoire seul possède plusieurs milliers de *têtes d'herbage* (têtes de bestiaux) ; et que Chambon, par exemple, village près du lac de ce nom, en a 8000.

D'après ce tableau brillant, tu vas te faire sans doute l'idée la plus avantageuse des cantons qui possèdent ces bestiaux nombreux. Tu vas comparer le paysan qui les habite à ces patriarches anciens que leur opulence rendait si puissans, quoiqu'ils ne fussent riches qu'en troupeaux. Détrompe-toi, mon ami. Jamais rapprochement ne fut plus erroné. Ces pâturages, la moins dispendieuse de toutes les propriétés et le plus sûr de tous les revenus, peuvent faire la richesse du pays; mais ils ne font pas celle du Sans-culotte, parce qu'ils appartiennent presque par-tout à de riches propriétaires, domiciliés ailleurs, qui les afferment et les louent. Le fermier les fait valoir à son tour, en prenant à loyer des bestiaux qu'il y place; et quand le malheureux qui demeure-là auprès, veut y faire pâturer son bœuf ou sa vache, il faut qu'il paie.

Si j'écrivais à un autre que toi, mon cher ami, peut-être m'excuserais-je, d'avance, sur les détails dans lesquels je vais entrer. Peut-être même, au lieu de demander grace pour eux, me resoudrais-je tout-d'un-coup à les supprimer entièrement. Mais toi, pour qui rien n'est vil et bas de ce qui tient à l'existence d'une nation; de ce qui peut contribuer à faire connaître ses ressources et sa richesse, tu exigeras de moi, au contraire, que je n'en omette aucun; et je t'obéirai. Mon ami, l'Espagne dut aux métaux du Mexique et du Pérou le rôle brillant qu'elle a joué pendant quelque-tems dans l'Europe; mais la Hollande ne fut redevable du sien qu'à la pêche du hareng. Chaque peuple a ses mines et sa manière d'avoir de l'or. Celle de l'Auvergnat est d'élever des bestiaux; et sous ce point-de-vue, tout ce qui appartient à une administration si importante, devient important lui-même. Un auteur Grec ou Latin se fût applaudi d'avoir à décrire tous ces détails champêtres, dont la peinture a toujours tant d'attraits pour nous autres habitans des villes; sur-tout, quand le talent de l'écrivain sait parer leur nudité, des grâces naïves et de l'élégante simplicité qui leur sont propres.

En Auvergne, comme ailleurs, on appelle prés ou prairies, les herbages des vallées et des plaines. C'est aux herbages des montagnes qu'est donnée exclusivement la dénomination de pacages. Et après-tout, il était indispensable de distinguer, par des noms différens, des propriétés qui diffèrent beaucoup par leurs produits; puisqu'une prairie donne ordinairement, dans l'année, trois ou quatre coupes en foin ; et qu'un pacage, à raison des neiges et des frimats dont il est couvert pendant long-tems, n'en fournit guère qu'une seule.

Un autre désavantage, particulier à ceux-ci, et qui est également la suite du long hiver qu'ils éprouvent, c'est de n'offrir un pâturage aux troupeaux que pendant une partie de l'année. En vain le printems s'annonce dans la vallée ; en vain les prairies se parent d'un gazon nouveau ; jusqu'à l'époque où la neige est fondue et où la montagne se tapisse d'herbe à son tour, le villageois est forcé de garder et de nourrir ses bestiaux dans l'étable : ou si, par défaut de fourrages secs, il se voit contraint de les mettre au verd, alors il n'a d'autre ressource que de les faire passer dans sa prairie et de leur livrer la première herbe. C'est-là ce qu'on appelle *déprimer un pré* ; parce qu'effectivement c'est en donner la *primeur* aux animaux.

Au physique, comme au moral, déprimer est nuire. Les prairies, à cette époque, étant humides, parce qu'en Auvergne le printems est pluvieux, les bestiaux n'y peuvent marcher, sans enfoncer le terrein et sans y faire des trous qui le détériorent et le gâtent. Non-seulement le déprimage fait perdre à une prairie un tiers de sa valeur pour l'année ; mais il retarde encore la fanaison. Un pré ordinaire se fauche à la mi-juillet ; un pré déprimé ne se fauche qu'à la fin d'oût ; et par conséquent il perd une récolte. C'est donc un avantage, pour ces montagnards, qu'un printems précoce et hâtif ; et chaque beau jour qu'il leur donne devient pour eux un gain réel ; parce qu'en leur permettant d'envoyer plutôt leurs bestiaux à la montagne, il leur épargne une consommation de fourrages ou un déprimage de prés.

Les troupeaux ne se rendent guère sur la haute montagne que vers la mi-mai (v. s.) ; parce que ce n'est guère qu'à cette époque que que les neiges y sont entièrement fondues et la terre en pleine végétation. Les neiges recommençant à tomber vers les premiers jours d'octobre, ils en reviennent alors. Cependant, comme les montagnes inférieures ont une température moins froide, et que dans certaines années la belle saison peut, pour les autres même, commencer plutôt et finir plus tard ; les troupeaux peuvent avoir aussi six mois de pâturage ; c'est-à-dire, depuis la fin d'avril ou le commencement de mai, jusques vers la mi-octobre ou le commencement de novembre. Voilà sur quoi doit compter le fermier qui prend à bail le pacage d'une montagne, et le cultivateur qui envoie-là ses bestiaux.

Deux sortes de gens louent un pacage. Les uns se nomment bâtiers; et leur unique emploi est d'élever de jeunes bêtes pour la vente et d'engraisser de vieilles vaches pour les boucheries. Les autres, nommés vachers, parce qu'ils ne prennent que des vaches-à-lait, se livrent tout-entiers à la confection des fromages; et en Auvergne, les fromages sont une branche très-importante de commerce.

Lorsqu'un vacher a loué un pacage, il cherche à louer des vaches pous y mettre. Le prix ordinaire de cette location est de 15 à 18 liv. pour chaque bête; mais aussi, à ce prix, tout le lait qu'elle donne pendant la saison entière de l'herbage, lui appartient. Si ces mères ont des veaux, le jeune animal n'étant propre qu'à consommer, et ne rapportant rien, son maître paie pour lui au fermier 100 sous.

Quant au bâtier, comme il n'a que des élèves et des bêtes d'engrais, et que par conséquent il ne retire d'eux aucun profit, tous ceux qu'on lui confie lui paient une contribution.

Les animaux de ces contrées sauvages sont supérieurs en instinct à ceux de nos autres départemens. Abandonnés pendant une demie-année aux seuls soins de la Nature, on dirait qu'ils reçoivent d'elle une sorte d'intelligence, qu'elle refuse aux nôtres. A peine le soleil a-t-il commencé à fondre la neige et à renouveller l'herbe de leurs pâturages, qu'on les voit s'agiter dans leurs étables. Ils semblent deviner qu'après une prison de plusieurs mois, le moment de la liberté est enfin arrivé pour eux. Ils sont inquiets, mugissent sans cesse, et tournent, à chaque instant, la tête vers leur herbage ancien; comme s'ils sentaient qu'un gazon frais et tendre les y attend. L'étable s'ouvre-t-elle enfin; tous partent; tous s'avancent avec empressement, et par le sentier le plus court. Quelqu'appétissante que soit pour eux l'herbe nouvelle qu'ils rencontrent sur leur route, ils ne s'y arrêtent point. Chaque bête connaît sa montagne; et chacune, de son côté, ne s'occupe que d'y arriver. Mais elles n'y sont pas plutôt parvenues qu'alors elles se réunissent ensemble, comme pour se revoir et se reconnaître ; puis, après avoir pris possession de leur pâturage et témoigné leur joie par des mugissemens effroyables, elles se séparent pour paître.

Depuis ce moment jusqu'à la chûte des premières neiges, elles jouissent, quelque considérable que soit leur nombre, de la liberté la plus entière ; et ce bien si précieux, elles paraissent en sentir, ainsi que nous, tout l'avantage. L'ont-elles goûté pendant une saison ; la saison suivante, elles veulent la goûter encore. En vain alors leur maître voudrait-il les retenir auprès de lui ; la meilleure prairie, l'herbe la plus fraîche, le voisinage même de leur étable, rien ne peut les arrêter. Au moment où l'on s'y attend le moins, elles s'échappent tout-à-coup ; et préférant une herbe, moins bonne, à la vérité, mais sans fossés et sans barrière, elles vont à la montagne retrouver leur gardien, leurs compagnes et leur buron.

Suite de la lettre précédente.

On appelle *buron*, en Auvergne, ce qu'en Suisse on nomme *chalet*; c'est-à-dire une cabane où celui qui a pris, à loyer, des pacages et une certaine quantité de vaches, convertit journellement en fromages le lait que ses vaches lui fournissent. Tu te rappelles d'avoir vu, dans l'*Héloïse* de Rousseau, ce nom de chalets; et certes, tu n'auras pas oublié la description charmante qu'en fait ce peintre inimitable, celui de tous nos écrivains qui a su réunir, le plus éminemment, le sentiment et la force, l'éloquence et les grâces.

Je suis, moi, fort éloigné assurément de me croire un Rousseau. Néanmoins, malgré toute la distance qui nous sépare, peut-être aussi me sentirais-je capable de te tracer ici une peinture agréable des burons auvergnats. Cette cabane rustique, ces chiens, ces troupeaux, ces hommes simples, occupés sur leurs montagnes, et loin de la corruption des villes, à presser des laitages pour nos besoins; tout cela est délicieux et philosophique à décrire; et il ne tiendrait qu'à moi d'y trouver les mœurs de ce prétendu siècle d'or, qui né dans le cerveau des poëtes, est devenu la chimère de tous les peuples et celle même de presque toutes les religions. Assurément, je ne doute point que les hommes du siècle d'or n'aient été logés et n'aient vécu comme nos buronniers; mais je puis t'assurer aussi qu'il n'est guère possible d'avoir à la fois et un séjour plus affreux, et une vie plus malheureuse.

Creuse en terre une cabane, divisée en trois parties; fais-lui des murs en mottes de gazon; couvre-la de même; à l'entrée de cette hutte obscure et mal-saine, plante deux poteaux pour y suspendre une porte: et voilà un buron parfait; voilà le séjour que doit habiter, pendant six mois entiers, le fromager; sans autre compagnie que ses valets, ses chiens et ses vaches.

La première pièce de ce bel appartement lui sert à faire du feu, quand il en a besoin pour son métier. Dans la seconde, il met ses sceaux, ses instrumens et le sel qui lui est nécessaire. Enfin, la troisième est le magasin de ses fromages, le lieu où il travaille son lait, et la chambre où il couche avec son monde : car quoique ces sortes de gens aient plusieurs chiens, et des chiens très-méchans, ils craignent tant d'être volés, pendant la nuit, qu'ils n'osent dormir qu'au milieu de leurs marchandises. Les lits sont des caisses garnies de paille, et placées, deux par deux, l'une sur l'autre, contre le mur.

Un cachot où l'on n'aurait, pour enceinte et pour toit, que cette terre humide ; où l'on ne respirerait que cette odeur fétide de fromage et de lait caillé, nous paraîtrait une torture inhumaine ; nous plaindrions le scélérat qu'on aurait eu la cruauté d'y condamner. Eh bien ; ces repaires pestilentiels, il y a des hommes libres qui les construisent pour eux ; et volontairement ils viennent les habiter. C'est dans un chalet que les deux amans de l'*Héloïse* se donnaient des rendez-vous. Mais si les laiteries des vachers suisses ressemblent, comme je n'en doute nullement, aux burons de nos vachers auvergnats, j'avoue que pour se plaire-là, il faut être bien éperduement amoureux. Combien de détails rustiques nous charment sous la plume d'un écrivain agréable, qui, vus de près, rebutent et ne sont que dégoûtans !

Le terrein des montagnes est généralement si mauvais, que pour en faire un bon pacage, il est nécessaire de le fumer. Sans cette précaution, il ne donnerait que des herbes grossières, et sur-tout ce mauvais gramen à soies de cochon, nommé poil-de-bouc, *festuca duriuscula*. Chaque buronnier a soin de fumer tour-à-tour les diverses portions de la montagne, qu'il a prise à loyer; et rien n'est plus facile. S'il n'a qu'un petit troupeau, il ne s'agit que de le faire parquer successivement, chaque soir, sur toutes les parties du pacage. Si son troupeau est trop considérable pour pouvoir être, la nuit, enfermé dans des claies, il établit son buron au centre de l'endroit qu'il veut engraisser; puis, dans le jour, ayant soin que ses bêtes ne s'en écartent pas trop; le soir, les rassemblant et les fesant coucher progressivement de place en place, il finit bientôt, sans frais et sans peine, par couvrir du fumier de ses bestiaux le lieu qu'ils ont pâturé. Veut-il porter leur engrais ailleurs; il y construit un buron. Peu de jours lui suffisent pour former son établissement; et les animaux, accoutumés à vivre près de lui, viennent se cantonner autour de sa nouvelle cabane.

C'est pour rendre faciles ces sortes de transmigrations que les burons sont construits si légèrement et à si peu de frais. Cependant il en est que des inconvéniens ou des avantages locaux font bâtir en pierre et à demeure ; et tels sont spécialement la plupart de ceux des environs de Salers. Là, les pacages étant de petites propriétés, possédées par des habitans de la ville ou par des particuliers d'alentour, chacun emploie ses valets et ses propres bestiaux à faire valoir la sienne ; et comme elle a nécessairement une étendue médiocre, le buron y est fixé. A ce bâtiment est attaché ordinairement un petit potager où le pâtre cultive certains herbages ou légumes à son usage ; une écurie pour quelques chevaux, un parc à demeure, construit avec de forts clayons ; enfin, un tect pour des porcs, qu'on engraisse avec le restant des laits qui sont employés aux fromages. Tout cela forme une sorte de ferme à bestiaux, ou plutôt une vacherie ; et c'est sous ce dernier nom, (qui correspond au nom de markairie, usité dans les montagnes des Vosges) que désormais je distinguerai ces burons-ci des autres.

Indépendamment du parc inamovible, les

vacheries en ont un autre, mobile, qui, comme toutes les enceintes de ce genre, se transporte à volonté d'une place à l'autre, et dans lequel le troupeau est renfermé, tous les soirs. S'il survient un de ces terribles ouragans, si fréquens sur les montagnes, on fait passer les bestiaux dans le parc stable; et ils s'y trouvent un peu abrités par le bâtiment. Ceux des propriétaires qui ne sont point assez riches pour avoir la vacherie complète, et qui, au lieu de deux parcs, n'en ont qu'un volant, emploient alors, pour garantir leurs bêtes, un autre moyen; ce sont de hautes et fortes claies, qui se dressent et s'appuient contre le flanc extérieur de l'enceinte, afin de rompre la violence du vent et le fouet de la grêle ou de la pluie.

Quant aux burons mobiles, lorsqu'on les abandonne, on ne fait qu'enlever leur porte et arracher les bois qui soutenaient leur toit de gazon; mais on ne comble pas la fosse dans laquelle ils étaient creusés. Bientôt la pluie et le vent fesant ébouler la terre dont les murs étaient construits, il se forme, autour de la fosse, un large bourrelet. Plusieurs montagnes sont couvertes de ces buttes à entonnoir. La

Védrine, renommée pour ses pacages, en a
des centaines; et au reste elles ont leur utilité.
Dans les grands vents et dans un tems d'orage,
les bestiaux vont s'y réfugier. Un trou suffit
pour deux bêtes; et ordinairement elles s'ar-
rangent par paires; à moins que quelqu'une
d'entre elles, plus jalouse de ses aises, ne veuille
être seule dans son abri. La montagne, en
ces momens, paraît déserte; mais si on la
traverse, il est vraiment plaisant de retrouver
dans les entonnoirs tous ces animaux, qui tapis-
là ainsi qu'un lièvre dans son gîte, ne montrent
que leurs cornes; et qui, à l'instant qu'ils
vous aperçoivent, lèvent fièrement la tête et
se redressent avec un air menaçant; comme
pour vous dire que si vous osez les attaquer,
ils oseront se défendre.

Dans les beaux tems, vers le milieu du
jour, et sur-tout si le vent est chaud, c'est
un tableau tout différent. Après avoir pâturé,
les animaux marchent en avant; et s'élevant
jusques vers la cîme de leur pacage, ils restent-là immobiles et tranquilles, pendant
plusieurs heures, pour respirer un air plus
frais. J'ai vu ce spectacle sur l'une de ces
montagnes à plateau, si communes en Au-

vergne. Le troupeau, composé de plus de mille bêtes, du genre de celles qu'on élève pour vendre, s'était avancé à l'extrémité de la plate-forme. Toutes avaient le nez au vent; toutes ouvraient de larges naseaux, comme pour aspirer plus d'air, et n'avaient d'autre mouvement que celui qu'imprimait à leur queue la piquure des mouches. Mais ces mille têtes cornues, placées les unes près des autres dans la même direction, offraient un coup-d'œil si bizarre; leur cou, allongé en avant, leur donnait un air si stupide, qu'en les voyant on ne pouvait s'empêcher de rire.

L'habitude qu'ont ces animaux de vivre seuls entre eux et loin de la société de l'homme, leur imprime néanmoins je ne sais quel aspect sauvage qui les distingue des nôtres. Cet air se remarque non-seulement dans les troupeaux des bâtiers, formés de vieilles bêtes et de jeunes bœufs, ou taurillons; mais dans ceux des burons, qui sont composés uniquement de vaches.

Si l'on a un chien avec soi, elles le poursuivent avec hardiesse; et j'ai été témoin de ce fait. On prétend même que quelqu'un qui passerait au milieu d'elles avec un habit rouge

rouge, pourrait courir des risques. Si le fait est vrai, on ne peut l'expliquer raisonnablement, qu'en disant que l'œil de ces animaux, accoutumé à la couleur douce du verd, est affecté douloureusement par la couleur vive et dure du rouge.

En général, leur regard est fier; et toute l'habitude de leur corps annonce du courage. Aussi, quoique les loups soient très-communs dans les montagnes, le buronnier garde ses chiens autour de lui; il ne s'en sert que pour empêcher ses vaches de s'écarter, et les laisse abandonnés à elles-mêmes, la nuit comme le jour. Il est même assez rare qu'un loup vienne les attaquer; mais s'il en paraît un, elles ont alors un cri particulier, par lequel elles s'entr'avertissent du danger commun. La première qui voit ou qui sent l'ennemi, se met à crier. Au même instant, toutes répètent le même cri; et toutes, au lieu de fuir, courent avec précipitation vers l'agresseur. Ordinairement il prend la fuite; mais s'il n'échappe pas assez promptement, il est mort. Par un instinct qui leur est propre, elles cherchent à l'entourrer et à l'enfermer au milieu d'elles. Le cercle une fois formé, elles le retrécissent; en avançant sur l'animal, la tête baissée. Dans un instant, justice est faite. Il reste sur l'herbe, percé de cent coups de cornes; et la troupe victorieuse retourne tranquillement reprendre la place où elle était couchée avant le combat.

Quelquefois les loups emploient contre ces bestiaux la ruse dont ils se servent contre les moutons; c'est de se réunir, pour leur chasse, plusieurs ensemble. Ainsi, tandis que l'un d'eux va, par un côté, se présenter aux bergers et aux chiens, pour se faire poursuivre par eux, les autres viennent en force, par un autre côté, attaquer le troupeau. Quelqu'un, très-digne de foi et propriétaire d'un certain nombre de vaches parquées, m'a conté un fait dont avait été témoin son vacher.

Les animaux venaient d'être renfermés dans leur parc, et il était nuit; quand tout-à-coup six loups s'approchèrent du troupeau pour l'attaquer. Mais cinq d'entre eux se tinrent à l'écart, en attendant le moment favorable; et un seul s'avança vers le parc, comme s'il eût voulu le franchir. A cette vue, les vaches font leur cri d'alerte; toutes se lèvent; et dans leur fureur, renversant l'enceinte, elles courent à l'ennemi. Celui-ci feint de fuir; elles le poursuivent. Mais toutes ne pouvaient pas courir également ; et c'est ce qu'attendaient les cinq loups du corps de bataille. En effet, une jeune vache étant restée en arrière, ils se jettent sur elles ; et par leurs morsures, cherchent à lui faire prendre une autre route, afin de l'éloigner du buron et de pouvoir l'étrangler en sûreté. Au lieu de céder, elle fait un cri, pour appeler à son secours ses compagnes. A l'instant même, celles-ci reviennent sur leurs pas ; elles attaquent les loups, les mettent en fuite ; et plaçant au milieu d'elles leur camarade blessée, la ramènent dans le parc par la brèche qu'elles y avaient faite.

Ce courage et cette audace ne sont pourtant pas, dans toute l'Auvergne, une qualité commune à toutes les bêtes-à-cornes. S'il est des cantons où, dans le dangers, elles montrent une sorte d'intrépidité, il en est d'autres, au contraire, où elles ne savent que fuir ; et c'est ce qu'on voit spécialement sur les montagnes de Salers. Enfermées toute la nuit dans un parc, loin du pâtre et de ses chiens, les loups viennent, en troupe, les effaroucher par leurs hurlemens. Dans leur terreur, elles renversent le parc ; mais, comme elles fuient en désordre, plusieurs sont dévorées. Lorsque j'étais à Salers, on m'a nommé un village des environs, qui dans le cours de l'année, avait ainsi perdu 60 bêtes. Cependant les bestiaux des montagnes de Salers sont les plus beaux et les plus forts de toute l'Auvergne; mais qui ne sait qu'avec un grand corps ne se trouve pas toujours uni un grand courage!

Outre le ravage des loups, les propriétaires de bestiaux ont à craindre un fléau bien plus général et bien plus funeste encore; celui des épizooties. Le cit. Brieude, dans sa *topographie médicale*, compte une trentaine de maladies auxquelles sont sujettes les bêtes-à-cornes des montagnes d'Auvergne. Mais ce qui est pis peut-être que ces trente maladies ensemble, c'est le traitement aveugle qu'emploie alors, pour les animaux, l'ignorance grossière des propriétaires auxquels ils appartiennent, et des pâtres à qui ils sont confiés.

Il y a de ces maladies qui paraissent particulières à tel canton ou à tel pacage. D'autres ne sont qu'épizootiques, et règnent seulement pendant un certain tems; mais souvent il arrive que quelques-unes de celles-ci se renouvellent pendant plusieurs années de suite. Au reste, les unes et les autres font périr habituellement un nombre infini de bestiaux ; et ces pertes causent à l'Auvergne un dommage qu'il est impossible d'apprécier, et auquel l'administration ne saurait donner trop d'attention et de soins.

Il y a peu d'années que feu le ci-devant Duc de la Rochefoucault, qui parmi ses revenus, possédait en Auvergne des montagnes à pacages, tenta d'apporter un remède au mal. Touché des pertes constantes qu'éprouvaient ses fermiers et ceux d'alentour, il demanda au gouvernement d'envoyer dans la contrée un élève de l'école vétérinaire, qui, pendant l'été, parcourant les montagnes, examinât la nature des plantes, suivît le regime qu'on fait observer aux troupeaux, et devinât, s'il était possible, la cause de leurs maladies.

L'éleve a été accordé ; et j'ignore ce qu'a produit sa visite. Mais un mal auquel tous les médecins vétérinaires, réunis ensemble, ne pourront jamais remédier, c'est le changement subit de température et d'atmosphère, qu'éprouvent les animaux, deux fois l'année. Amenés, l'automne, d'un climat déjà froid, dans une étable étouffante où il restent captifs pendant plusieurs mois; tout-à-coup, au printems, on les fait repasser, de cette étuve, à une intempérie de nuits très-fraîches, de rosées très-abondantes, de vents glaçans et impétueux. Cette brusque transmigration du froid au chaud et du chaud au froid tient malheureusement au climat et à l'état actuel et nécessaire des choses; et si ce n'est pas à elle qu'on doit attribuer le grand nombre des maladies, au moins je ne doute nullement qu'elle n'en produise plusieurs.

Les animaux eux-mêmes semblent être avertis, par leurs instinct, du danger de ce passage si brusque. Dès que les frimats arrivent, on ne peut plus les retenir sur les montagnes. Le même empressement qu'au printems ils avaient témoigné pour sortir de leurs étables mal-saines, ils les montrent alors pour y chercher un asile contre l'intempérie du ciel. Ce sont des mugissemens sans fin. La sorte d'affection qui les portait à vivre, à marcher, à pâturer ensemble, cesse tout-à-coup; et ils ne paraissent plus avoir qu'un sentiment, celui de s'éloigner. Divisés par pelotons, selon les villages et les maîtres auxquels ils appartiennent, chaque bande s'ébranle pour regagner son canton. En vain le buronnier cherche à la repousser sur la montagne; il est obligé, en ce moment, d'augmenter le nombre de ses valets, et quelquefois celui de ses chiens. Les différentes troupes retournent tristement sur l'herbage sec et insipide où on les chasse. Elles y restent immobiles, séparées l'une de l'autre, et sans chercher à se réunir. Ce n'est plus cet air audacieux, ce regard fier d'autrefois; tout, maintenant, annonce leur tristesse. Leur tête est baissée vers la terre; ou si quelquefois elles la relèvent, c'est pour mugir toutes ensemble, en regardant le point de l'horizon vers lequel est située l'étable qui les attend. Enfin, la neige vient-elle à tomber, ou la gelée commence-t-elle; il n'est plus possible de laisser pâturer aux animaux un herbe glacée, qui leur donnerait des tranchées horribles et ferait avorter les femelles pleines. Le buronnier alors détruit sa hutte; et, de peur d'être volé pendant l'hiver, il emporte ses instrumens, les bois de sa barraque et les marchandises qui lui restent. Le troupeau, devenu libre, part, à son tour, sous différens guides; et quelquefois même sans conducteur.

Dès-ce moment, son hiver commence; et, après six mois de la liberté la plus entière, il va souffrir six mois de captivité, sans plus sortir de sa prison que pour aller boire aux fontaines.

LETTRE LIV.

Amélioration proposée pour les pacages. Plantes nuisibles. Détails sur les bestiaux-à-laitage et sur leur produit. Façon et commerce des fromages. Droit de gabelle acheté par l'Auvergne et devenu onéreux. Sel pour les troupeaux. Salaisons à établir dans la contrée.

N'EST-CE pas une chose bien incompréhensible que dans un pays dont le grand commerce est en bestiaux, on ne connaisse, ni les prairies artificielles, ni cet art, plus intéressant encore et pratiqué dans d'autres parties de la République, de se former des prés bas avec des plantes choisies à volonté ? Si, parmi ceux des végétaux ordinaires dont sont composés les herbages de notre France, il en est un certain nombre que nous pouvons livrer à nos troupeaux, comme salutaires et nourrissans, il en est beaucoup aussi qui leur sont nuisibles; il y en a même de dangereux : et il serait infiniment avantageux de savoir distinguer les uns d'avec les autres. Or voilà ce qu'a entrepris, et ce qu'a exécuté avec succès la botanique rurale ; depuis que cultivée par des gens instruits, elle est devenue une science éclairée. Non contente de connaître les plantes utiles aux bestiaux, elle a voulu se les approprier exclusivement ; et labourant une prairie, pour y détruire les herbes subsistantes ; puis, y semant les seules graines de celles qui sont reconnues bonnes, elle est parvenue ainsi à n'avoir plus que des pâturages excellens.

Tels devraient être tous ceux de l'Auvergne, s'il était possible. Elle y a tant d'intérêt ! Mais, soit misère, soit défaut de lecture et d'instruction, soit enfin ignorance opiniâtre, cette branche d'économie rurale y est encore dans l'enfance, ainsi que beaucoup d'autres. Bonnes méthodes, expériences utiles, découvertes confirmées par des succès, rien n'y pénètre, rien n'y est adopté. Peut-être même, de toutes les contrées de la France, n'y en a-t-il pas une seule où le propriétaire et le cultivateur tiennent plus opiniâtrement à leurs vieilles routines, et où ils aient un éloignement ausi abssurde pour toute nouveauté quelconque.

Les herbages des montagnes produisent naturellement beaucoup de plantes aromatiques, pouliot, menthe, marjolaine, etc., propres à donner au lait une saveur agréable. Mais ils nourrissent en même tems, des oseilles, des chicorées, des gentianes de la grande espèce, et autres plantes acidules, ou amères, qui le détériorent et influent sur la qualité des fromages. La grande gentiane, entre autres, est d'autant plus préjudiciable à un pâturage, que dédaignée des animaux pour son amertume, elle y pullule librement; et que bientôt, étouffant le gazon sous ses grandes et larges feuilles, elle occupe seule tout le terrein. J'ai vu beaucoup de pacages qu'elle avait envahis ainsi. « Quiconque trouve- » rait le moyen de la détruire, dit le citoyen » Brieude, augmenterait nos richesses d'un » million de revenu. »

Si cette assertion est vraie, je ne puis concevoir qu'il subsiste encore des gentianes dans les montagnes d'Auvergne, et que les propriétaires n'aient pas cherché tous les moyens possibles de l'exterminer pour jamais de leurs herbages. Il y a des plantes qu'on parvient à faire mourir, en les coupant à certaines époques de leur pousse ou de leur floraison. Il serait facile, ce me semble, d'abattre celle-ci, soit avec la faulx, soit avec la faucille, avant qu'elle porte sa graine. Cette opération ne fît-elle qu'en arrêter la multiplication, ce serait encore un avantage. On pourrait, sans frais, y employer la longue oisiveté des pâtres; et je ne vois point de raisons qui empêchent un économe intelligent d'en tenter l'expérience.

Un Buronnier, n'ayant des vaches que pour avoir du lait et des fromages, tient toujours les jeunes veaux renfermés dans un parc; et il ne les laisse point approcher de leurs mères, de peur qu'en les tettant ils n'épuisassent leur lait. Ces mères, que le poids du lait incommode, viennent d'elles-mêmes, deux fois le jour, au buron, pour se faire traire. Vous les voyez toutes, les unes après les autres, quitter le pâturage, s'avancer à pas lents, et en mugissant d'une manière lamentable; comme si elles regrettaient de livrer à un mercenaire une nourriture qui n'était due qu'à leurs petits. On n'aurait point même de lait d'elles, si on ne les leur montrait un instant. Malgré la douleur qu'il leur cause, elles savent le retenir; et c'est en vain qu'on essaierait de les traire. Ainsi, dès qu'une vache approche du buron, l'on ouvre le parc des veaux, et on lâche celui qui lui appartient. Le jeune animal se met à tetter sa mère, qui pendant ce tems le lèche pour le caresser ; mais, quelques instans après, on le retire du mamelon ; on l'attache au pied de la vache, et on la trait. Il en est ainsi de toutes celles qui ont des petits. Avant de les traire, on est obligé de le leur montrer pendant quelques momens. Cette lueur de consolation semble leur suffire ; mais autrement elles ne donneraient rien.

Dans d'autres cantons, on laisse le veau tetter librement pendant trois ou quatre mois ; mais on ne lui accorde qu'un des pis de la mère. Les autres sont pour le buronnier ; et il s'en réserve entièrement le produit.

Enfin il est des pacages où le maître du buron n'attend pas que les vaches viennent d'elles-mêmes se faire traire. Il les appelle à lui avec un certain cri, qui est toujours le même ; et pendant qu'il les trait, il leur donne à chacune une pincée de sel. Cette friandise dont elles sont très-avides les accoutume à connaître le cri d'appel ; et dès qu'elles l'entendent, elles ne manquent jamais d'accourir.

Un proverbe populaire, dont je ne garantis nullement la vérité, dit que la Haute-Auvergne, (quoiqu'elle ne fût environ que le tiers de la Basse) donnait annuellement autant de lait, que celle-ci produisait de vin. Moi, d'après des questions que j'ai faites à ce sujet en beaucoup d'endroits, je crois pouvoir assurer que ces vaches montagnardes, soit à raison de la médiocrité de leur taille, soit par la qualité inférieure des herbages dont elles se nourrissent, ont peu de lait. Elles n'en donnent guère, m'a-t-on dit, que deux à trois pintes par jour; tandis que dans les départemens de la ci-devant Flandres et Normandie, ces animaux en fournissent presque habituellement depuis six jusqu'à douze.

Cependant ce faible produit, il faut l'avouer, varie, selon les cantons et selon la qualité du pacage. Ainsi, par exemple, au Cantal, où les herbages sont médiocres, une vache ne donne, pendant tout son tems de montagne, que cent vingt livres de fromage. Aux Monts-Dor, où ils sont meilleurs, elle en donne cent cinquante. Enfin, dans les Salers, les premiers de toute l'Auvergne, elle en produit deux cents; sans compter trente livres de beurre et un veau.

Quant au prix de ces divers produits, si tu

demandes à le connaître pour apprécier ce qu'est un pacage, je te dirai qu'à Salers le quintal de fromage se vendait (année 1788) 40 liv.; que le veau pouvait valoir depuis 60 jusqu'à 72 liv., et la livre de beurre 10 à 12 sous: ce qui, pour une saison de montagne, fesait, au proprietaire du troupeau, un profit d'environ 162 livres par tête de vache; sauf néanmoins les pertes et les frais.

Dans une vacherie de quarante bêtes, on a ordinairement dix genisses, pour remplacer les mères qui meurent ou celles qui ne donnant plus de lait sont engraissées pour le boucher. Celles-ci, après l'engrais, se vendent encore depuis 100 jusqu'à 150 livres. Mais, avant d'être proscrites, elles sont long-tems utiles; et je n'oublierai point qu'à la vacherie du château de Jarrige, près Salers, on m'en a montrée une, qui avait vingt-cinq ans et qui venait encore de donner un veau.

Pour faire du fromage, un burronnier caille son lait, sans l'écrêmer. Ce caillé crémeux s'appele tomme. On pêtrit la tomme; on la sale; et on la met en forme sous une presse, afin de la faire égoutter. La forme ayant une grandeur déterminée, ce qu'elle contient de tomme fait un fromage d'un poids connu. Ordinairement il faut trois fromages pour peser un quintal.

Quoique la liqueur qui sort de la tomme par l'effort de la presse contienne encore du lait, et même de la crême non-caillée, on l'appele néamoins petit-lait. Ce petit-lait prétendu se garde à part. En quelques endroits, on y ajoute un peu de lait nouveau; on le laisse crêmer; et avec cette crême, on fait du beurre. Mais, comme ce qui reste dans le vase après qu'on en a ôté la crême contient encore quelques parties caséeuses, on le fait cailler à son tour; et il en résulte un très-mauvais fromage, qui se nomme *gapeirou*. Le fromage de tomme étant réputé gras, on ne pouvait le manger, en carême, qu'avec la permission de l'évêque diocésain. Mais le gapeirou étant fait sans crême, il était censé maigre; et d'après cette burlesque décision, on le mangeait, même sans permission, les derniers jours de la semaine appelée sainte; quoiqu'il soit, ainsi que l'autre, le produit d'une substance animale.

On ne vend guère, dans les marchés, d'autre beurre que celui qui vient des burons;

et

et ce que je viens de t'en dire peut te faire juger de sa qualité. Le petit-lait avec lequel on le fait, contracte dans la tomme un certain goût d'aigreur, qu'il lui communique. Je n'ai vu de bon beurre que dans des maisons particulières, où il était fait avec quelque soin : encore m'a-t-il paru bien inférieur à ceux que j'avais mangés précédemment en Normandie, en Picardie, en Bretagne, et sur-tout à ceux de Flandres.

Le fromage, par le peu d'intelligence et de propreté qu'on met dans sa manipulation, n'est pas meilleur; et les Auvergnats eux-mêmes en conviennent. Mais ils en rejettent la faute sur leurs buronniers, qui accoutumés à une certaine routine, la suivent aveuglément et sans qu'il soit possible de les en faire départir. Plusieurs fois on les a exhortés à travailler comme on travaille en Suisse. On a même fait venir, pour les instruire dans leur métier, des fromagers de ce pays ; et il y avait lieu d'espérer que l'intérêt au moins leur ferait adopter une méthode plus parfaite, à laquelle ils ne pouvaient que gagner. Point du tout. Ces gens grossiers et stupides, plus bornés que les animaux parmi lesquels ils vivent, ont refusé avec opiniâtreté toute instruction. Jamais on n'a pu les faire opérer autrement qu'avaient opéré leurs prédécesseurs; et au lieu d'écouter les fromagers Suisses, ils les ont tant tourmentés, que ceux-ci, après bien des vexations, des injures et des mauvais traitemens, ont été obligés de quitter l'Auvergne et de retourner chez eux.

J'espère néanmoins du bonheur de la contrée, qu'un projet si avantageux pour elle pourra enfin, quoique tant de fois rejeté par l'ignorance, s'exécuter bientôt. L'assemblée-provinciale a paru vouloir s'en occuper. C'est une des choses dont fait mention un mémoire, imprimé par elle avec son procès-verbal. Parmi les projets intéressans que le mémoire propose pour l'amélioration de l'Auvergne, il compte celui d'y appeler, de nouveau, des fromagers Hollandais et Suisses. Il est très-probable que l'obstiné montagnard se refusera encore à l'instruction; mais ce que les exhortations ne feront point, l'exemple et le tems peuvent le faire. Que ceux des propriétaires qui ont des pacages et qui les font valoir par eux-mêmes, y établissent quelques-uns de ces étrangers; qu'ils donnent à leur fromage une forme nouvelle et distinctive ; et bientôt ce fromage aquerra une réputation. Préféré à celui des cantons voisins, il se vendra plus cher ; et dès-lors il est impossible que les buronniers, avertis par l'intérêt, n'ouvrent enfin les yeux sur les vices de leurs méthodes.

Les fromages d'Auvergne sont inconnus dans tout le nord de la République. Ils n'ont à Paris aucune réputation ; et néanmoins il s'en fait une quantité immense. Mais la contrée elle-même en consomme étonnamment. D'ailleurs, il s'en exporte beaucoup dans les parties méridionales de la France, et sur-tout dans le ci-devant Languedoc ; et cette exportation est même telle, au profit de la Haute-Auvergne, qu'après son commerce de bestiaux elle n'en a point de plus considérable.

Outre les gros fromages des burons, beaucoup de communes, et sur-tout dans la Basse-Auvergne, en font d'autres, plus petits, pour le service de la table. Les plus renommés parmi ces derniers sont ceux de Sénecterre. Un maréchal-de-France, seigneur de cette terre, dont il portait le nom, leur avait donné à Paris un moment de célébrité, en les fesant servir sur sa table. Leur réputation subsiste au moins encore dans la Limagne ; et quand on veut vous y régaler en fromage, c'est toujours du sénecterre qu'on vous annonce. Mais il en est de ce nom, comme de tant d'autres. Sénecterre n'a que très-peu de pâturages, parce que de toutes parts il est entouré de montagnes pelées et arides ; mais tous les villages des environs, dans une circonférence de trois à quatre lieues, donnent à leurs fromages la forme du sien ; et ils les vendent sous son nom.

On fait cas aussi de ceux des environs de Rochefort et de Tauves.

Il y a des cantons qui en ont d'autres, beaucoup plus petits encore et renommés également, mais faits de lait de chèvre. On vante dans ce nombre ceux des Monts-Dor, et, par-dessus tous, ceux de Salers. Les sénecterres sont larges comme un fond d'assiette ; les salertins n'ont que la grandeur d'une bombonière ; et en 88, ils se vendaient sur le lieu 6 sous la douzaine.

L'Auvergnat n'a pu habiter sa froide et stérile contrée qu'en mettant à profit ses montagnes, ni tirer parti de ses montagnes qu'en y élevant des troupeaux, ni enfin se rendre ses troupeaux vraiment et constamment utiles qu'en se formant un commerce avec leur, laitages. Telle était la loi que lui prescrivait la nature ; et telle est la marche qu'il a suivie. Mais pour se livrer au travail des fromages, il fallait qu'il eût du sel en abondance et à bas prix. Eloigné des deux mers et de leurs salines, forcé de dépendre, pour son approvisionnement, de l'administration, il voulut du moins se soustraire au régime dévastateur de la gabelle ; et c'est dans ce dessein qu'en 1453 une grande partie de la province se rédima de ce droit, à prix d'argent.

Sa politique était sage ; mais elle ne fut pas heureuse. Bientôt le gouvernement, devenu parjure à son égard, lui manqua de foi. Pour se dédommager du produit annuel de cette gabelle dont il venait de lui vendre la franchise, et du droit d'aides dont elle s'était également rachetée en 1562, il l'assujettit à des exactions de douanes sur ses propres frontières. Les marchandises qu'elle exporta et celles qu'elle reçut de dehors, payèrent un droit considérable de sortie ou d'entrée, soit par terre à Gannat, soit par eau à Vichi.

Ce n'était pas assez de cette première injustice. Par la suite, on profita du prétexte de sa franchise, pour accroître son joug d'une autre manière ; et on lui fit payer un excédent annuel de taille, qui croissant toujours graduellement, était monté à 700,000 liv. ; de sorte que plusieurs collectes, dit le procès-verbal de l'assemblée provinciale, payaient, les unes à raison de 17 sous par livre de leur revenu, les autres à raison de 16 sous ; et les plus modérées, à raison de 14.

Pour mettre le comble à ces iniquités, inconnues chez les brigands mêmes, et que des ministres sans pudeur commettaient pourtant sous ce nom des rois, alors si sacré, et aujourd'hui avec raison si odieux, il ne manquait plus que de rétablir la gabelle. Or c'est ce qu'ont tenté, à diverses reprises, et assez récemment encore, les fermiers du sel et les contrôleurs-des-finances. Heureusement cet excès scandaleux de mauvaise foi n'a pu se consommer. Les cris de la contrée et les réclamations de sa cour-des-aides l'ont toujours repoussé ; et maintenant que ce monstre odieux de gabelle est détruit et mis à mort, elle peut se promettre, au moins, de n'en avoir plus rien à craindre. Le décret qui a condamné toutes les barrières du fisc à reculer vers les frontières de l'état, l'a délivrée également du fléau des douanes. Ainsi, des diverses injustices dont le ministère s'était rendu successivement coupable envers elle, il n'en subsistait plus qu'une, qui problablement a été ou sera détruite à son tour : c'est ce sur-taux de taille, qu'on lui fesait payer annuellement pour une franchise qu'elle avait bien et loyalement achetée.

Il y avait cependant plusieurs cantons, tels que les prévôtés de Langheac, de Brioude, d'Auzon, de Saint-Flour, qui dans le tems ne s'étaient point rédimés avec les autres. Ceux-ci restèrent sujets à la gabelle. Ils formaient environ 200 paroisses ; et ils étaient compris dans ce que le code fiscal appelait les cinq grosses fermes. Mais tu remarqueras que les parties où l'on voulut jouir du franc-salé, étaient celles-là mêmes qui avaient le plus d'intérêt au double commerce des fromages et des bestiaux ; et que dans ce nombre se trouvaient les groupes et les chaînes des hautes montagnes à pacages ; tels que les Salers, les Monts-Dôme, les Monts-Dor et les Monts-Cantal ; ce qui était, pour l'Auvergne, un avantage inappréciable.

Dans le commencement du rachat, elle

n'avait qu'un seul grenier de sel ; et ce grenier, on l'avait placé gauchement à Maringue, c'est-à-dire, à l'extrémité nord-est de la province. L'entrepreneur du magasin passait avec elle un contrat pour sa fourniture. Elle lui permettait de faire entrer en Auvergne 600,000 muids de sel ; mais aux conditions de le tirer d'Ingrande en Bretagne, de le vendre à un prix fixe, et de ne pouvoir contraindre personne à en acheter. Je soupçonne qu'alors cette marchandise venait de Bretagne dans l'Auvergne, par la Loire et l'Allier ; et que c'est pour cela qu'on la tirait d'Ingrande, et que le dépôt-général était à Maringue. A l'époque de la destruction de la gabelle, l'Auvergne en avait plusieurs greniers publics ; mais les sels dont elle usait étaient ceux de Poitou et de Languedoc : encore ce dernier est-il moins estimé que l'autre.

Tu n'ignores pas, mon ami, que quand la chaleur et l'évaporation forment cette substance minérale, il entre, dans sa composition, une certaine quantité d'eau, qui en devient partie intégrante, qui contribue à lui donner sa forme, et qui, par cette raison, est appelée, chez les chimistes, eau de cristallisation. Le sel qu'on fait dans les pays froids et humides garde trop d'eau ; et par-là il est sans force. Dans les pays chauds, au contraire, il n'en garde point assez, parce que l'évaporation est trop grande. Là, il aquiert trop d'activité ; il devient corrosif ; et voilà pourquoi les sels de Portugal, d'Espagne, etc. ne sont point bons pour la salaison des viandes ; tandis que ceux de Poitou, d'Aunis et de Saintonge sont si excellens et si recherchés des étrangers. Peut-être celui du ci-devant Languedoc a-t-il l'inconvénient des premiers, et se trouve-t-il trop âcre pour les laitages. Au moins il est certain qu'on craint d'en donner aux animaux, et que les pacages des parties d'Auvergne qui sont dans ce qui formait l'étendue des gabelles du Languedoc se vendent et s'afferment un sixième de moins que ceux où l'on avait du sel de Poitou.

Celui-ci valait à Aurillac 14 liv. le *ballot* (mesure pesant 130 livres.) Il en faut 6 à 7 livres, pour un quintal de fromage ; et 9 à 10 pour un quintal de beurre. Mais, à ce prix d'achat dans les greniers publics, il fallait joindre encore les frais particuliers de transport aux vacheries et aux burons ; frais d'autant plus grands que dans ces pays de montagnes on ne peut rien porter qu'à dos de cheval et de mulet.

Tant que l'Auvergne sera ce qu'elle est et qu'elle aura des bestiaux, le sel y sera une denrée, sinon de première nécessité, au moins de nécessité absolue. Il serait même à désirer que son prix fût assez bas, pour qu'on pût en donner à toutes les bêtes d'un troupeau. Non-seulement toutes l'aiment avec passion; mais il provoque leur appétit; il leur fait manger des fourrages et des herbages qu'autrement elles refuseraient, et les préserve même de plusieurs maladies. On croit aussi avoir reconnu, par expérience, que les femelles en deviennent plus fécondes et rendent plus de lait. Mais, dans un pays pauvre, on n'osait le distribuer qu'avec une grande économie. Les jeunes bêtes et les bœufs n'en avaient que deux à trois livres par an, et seulement pendant l'hiver. L'été, on n'en donnait qu'aux brebis et aux vaches; encore n'en laissait-on consommer annuellement à une vache que 7 à 8 livres.

Le paysan qui avait loué la sienne pour un buron, ne manquait pas, les fêtes et les dimanches, d'aller tout exprès à la montagne lui en porter. Dès que celle-ci apercevait son maître, elle venait à lui. Après quelques amitiés et quelques caresses de part et d'autre, l'animal ouvrait une large bouche ; l'autre prenait dans sa poche une poignée de sel, et la lui jetait sur la langue. La friandise était savourée délicieusement. Le maître la recommençait deux ou trois fois. Enfin les adieux se fesaient, et les deux amis se séparaient, jusqu'à la visite prochaine.

Ce n'est point assez pour l'Auvergne de s'être donné un commerce de bestiaux et un commerce de fromages ; elle peut encore, par la suppression de la gabelle, s'en faire un troisième, en établissant, au centre de ses pacages, des salaisons de viandes pour l'approvisionnement de la marine. Achetés sur les lieux mêmes et dans des tems propices, les animaux coûteraient beaucoup moins. Il serait même possible d'employer à cet usage les vieilles vaches engraissées, quand elles descendent de la montagne à l'approche des neiges. Le paysan alors les vend pour payer ses impositions ; et souvent, sur-tout dans les cantons où l'espèce n'est point belle, il les vend à très-bas prix. Ces viandes, mises au sel, seraient fort bonnes. A peu de frais, on les expédierait pour Bordeaux et pour Nantes, en les embarquant sur la Dordogne ou l'Allier; et il en resterait en Auvergne beaucoup de cuirs, qui régénérant les tanneries, retiendraient dans le pays tout l'argent qu'en fait sortir l'importation des cuirs étrangers.

En 1783, quelqu'un proposa d'établir à Aurillac une entreprise de ce genre. Il choisissait de préférence cette ville, parce qu'il s'y tient de grandes foires, et qu'elle est, pour ainsi dire, au débouché des Salers et du Cantal. L'auteur du projet fesait descendre ses salaisons par la Dordogne; et afin d'éviter de ramener ses bateaux à vide, il devait les employer à la remonte des sels pour la fourniture de la contrée.

En 1787, on a proposé à l'assemblée provinciale un pareil établissement dans deux autres lieux qu'Aurillac. Peut-être l'Auvergne en comporterait-elle plusieurs. C'est à la sagesse de l'administration à prononcer sur leur emplacement et leur nombre. Quant à leur utilité, je ne crois pas qu'on la révoque en doute; et heureusement nous ne sommes plus dans ces tems d'un gouvernement tyrannique et corrompu, où les projets les plus sages et les plus avantageux étaient rejetés, si l'auteur, par de basses intrigues, par des largesses secrètes, par la protection mendiée d'un ministre, n'obtenait point de lui l'humble permission de les exécuter, ou n'associait aux profits de son entreprise les maîtresses et les courtisans en faveur.

LETTRE LV.

*Commerce de troupeaux. Chèvres. Moutons;
lainés ; parcs. Bêtes-à-cornes. Mulets. Chevaux ; Haras. Médecins vétérinaires.*

Avec des vallées, des plaines hautes et des montagnes, l'Auvergne doit avoir, et elle a effectivement, toutes les sortes de troupeaux; chèvres, moutons, bêtes-à-cornes, ânes, mulets, et chevaux.

Des trois premières espèces, la moins nombreuse est celles des chèvres; quoique de toutes cependant ce soit celle à laquelle un pays de rochers et de montagnes dût convenir davantage. Peut-être, au reste, que si les tanneries se rétablissaient et qu'elles parvinssent à savoir préparer la peau de ces animaux, on chercherait à en multiplier un peu plus l'espèce. Actuellement, comme ils ne le sont point assez pour former des troupeaux particuliers, on les réunit ordinairement, dans un pacage, avec les moutons. Cependant il y a des cantons où leur nombre est suffisant pour fournir à un petit commerce de fromages; et ma dernière lettre t'en a parlé.

On doit distinguer, dans les moutons d'Auvergne, deux races différentes; l'une, propre au pays, et en quelque sorte, indigène; l'autre, qui lui est étrangère et qui ne lui appartient que pendant un tems. Celle-ci est presque la seule qu'ait la Haute-Auvergne. Chaque printems, on y amène des moutons des départemens ci-devant Rouergue et Limousin. Le paysan les achète pour les engraisser sur ses pacages pendant la belle saison; et il les revend, soit aux approches de l'hiver, soit au printems suivant.

Ce trafic, très-peu avantageux pour la contrée, est néanmoins, si l'on en croit les habitans, le seul qui soit praticable pour eux; parce que leur climat, disent-ils, n'est point favorable aux bêtes-à-laine, et qu'en très-peu de tems le froid les y fait dégénérer.

Le froid! pour des animaux si chaudement vêtus par la nature! cette allégation, je l'avoue, me paraît étrange. Qui ne connaît la belle expérience du maréchal de Saxe, qui en lâcha un troupeau dans le parc de son château de Chambord, sans lui donner, pendant tout l'hiver, d'autre couvert que le ciel! Qui ne sait que le célèbre Daubenton en a élevés ainsi à Montbard pendant de longues années, et qu'ils s'y sont beaucoup mieux portés que dans l'air étouffant et pestilentiel de leurs étables!

Si, dans l'Auvergne, ils s'abâtardissent bientôt, sans doute un pareil effet est assez important pour que les administrations actuelles cherchent à en connaître la cause, et à la détruire, s'il est possible; mais cette cause n'est sûrement point l'âpreté des hivers.

Il en existe une; on ne peut le nier; et la preuve en est dans les moutons indigènes ou natifs, dont la race est réellement dégénérée. A la vérité, ces moutons auvergnats fournissent une viande plus tendre, plus savoureuse qu'ailleurs. Rien de plus exquis que ceux qui sont élevés dans certains pacages, et sur-tout dans le canton de Vassivières, près de Besse. Mais si la chair en est bonne, il s'en faut beaucoup que l'espèce en soit belle. Presque par-tout, chétive, petite, rabougrie, elle est abâtardie à un tel point, que les troupeaux qu'on en rencontre paraissent, au premier coup-d'œil, d'œil, des troupeaux d'agneaux. Aussi l'assemblée provinciale s'était-elle proposé d'en renouveller la race, en fesant venir des béliers et des brebis du Berri et de la Haute-Guyenne. J'ignore si la colonie nouvelle a eu lieu. Mais qu'en augurer, si, en la transplantant, on l'a livrée à des bergers ignorans qui ne sauront pas la soigner, et à une influence inconnue qui doit la faire dépérir?

Pour tirer quelque avantage des laines du pays, l'assemblée a voulu aussi établir, dans quelques villages, des métiers à étoffes. Ces petites fabriques particulières ne sont point un établissement nouveau. En plusieurs endroits, certaines familles en ont; mais elles ne font que des bures à leur usage. Les manufactures qu'on a tenté d'établir dans quelques villes, à Riom, à Brioude, etc. ont échoué successivement. Je n'en connais point une seule, dans tout le pays, où l'on fabrique un drap, même médiocre. D'ailleurs, eussent-elles d'excellens ouvriers (chose qui leur manque absolument), il leur faudrait encore de belles laines, qu'elles n'ont pas davantage. Celles d'Auvergne sont rudes et grossières; et avant de chercher à les manufacturer, il eût fallu, si je ne me trompe, tenter de les rendre meilleures.

C'est à quoi l'on parviendrait, peut-être, si, à l'exemple des autres départemens, on fesait parquer les moutons. Ce moyen, si salutaire aux animaux, si favorable à la qualité de leur toison, est en même tems le plus utile à l'agriculture; puisque c'est celui de tous qui fertilise le mieux certaines terres. L'Auvergne, où les fumiers sont fort rares, tant par la disette des pailles que par la longue absence des bestiaux hors de l'étable, l'Auvergne qui a tant de terres mauvaises, gagnerait, plus que tout autre pays, à l'usage du parc ; et néanmoins elle a beaucoup de cantons où il est totalement inconnu.

Je n'ai point de données précises sur la quantité de bêtes-à-cornes qu'elle élève ; et je crois même qu'il est très-difficile d'avoir, sur cet objet, une approximation fondée en preuves. Je te dirai seulement, que dans le nombre immense de ces bestiaux, on estime qu'il peut y avoir un tiers environ de jeunes bêtes destinées pour la vente ; un peu plus du tiers de vaches, consacrés aux laitages ; et plus du quart, tant vaches que bœufs, employés au labour et au charroi.

Un écrivain, en parlant de toutes ces hordes de barbares, qui sorties du nord de l'Europe vinrent, pendant plusieurs siècles, l'inonder et la ravager, appelait ces contrées septentrionales *la fabrique du genre humain*. On pourrait, avec bien plus de raison, appeler l'Auvergne la fabrique des bestiaux de la France ; puisque c'est elle qui fournit, presque seule, non-seulement à l'énorme consommation de Paris, mais encore au labour et aux boucheries de beaucoup de départemens.

Ce ne sont pourtant point les mêmes cantons qui approvisionnent les mêmes parties de la République ; et j'ignore si, sur cet objet, la révolution opérera ou a déjà opéré quelque changement. Jusqu'ici, les bestiaux de la Basse-Auvergne sortaient par le nord de la contrée, et allaient, dans le Bourbonnais, le Nivernais et le Berri, former des bêtes de labour. Ceux de la Haute, émigrant par l'ouest et vendus avant l'âge de quatre ans, étaient achetés, pour le même usage, par des marchands Saintongeois et Poitevins. Malgré ces deux directions contraires, dont l'une s'approchait de Paris, tandis que l'autre s'en éloignait, il n'y

avait néanmoins qu'une petite partie des premiers qui contribuât à la consommation de
la métropole ; c'étaient les seconds qui la four-
nissaient presque en entier. Après être allés
croître et travailler dans la Saintonge et le
Poitou, ils étaient achetés-là, de nouveau,
par des marchands Normands qui les emme-
naient pour les engraisser dans leurs prairies;
et c'est de la Normandie qu'ils partaient enfin,
pour aller se faire dévorer par les Parisiens.

Néanmoins la Haute-Auvergne ne pouvant
suffire à la vente et à l'émigration des siens,
ses commissionnaires venaient en acheter beaucoup dans les pacages de la Basse. Mais ce
qui te paraîtra bizarre, c'est qu'ils n'y achetaient que des bêtes à poil roux ou à poil
fauve, et qu'ils rebutaient toutes les autres ;
quoique dans beaucoup de pays on recherche,
au contraire, la couleur noire, sur-tout dans
les vaches, à raison de ce qu'elles donnent,
dit-on, plus de lait. Sans doute, les Poitevins
et les Saintongeois avaient remarqué, ou cru
remarquer, que les bêtes à poil doré s'engrais-
saient plus facilement, et travaillaient plus
fortement que les autres. D'après cette remarque, vraie ou fausse, il n'en voulaient que

des rousses, ou des fauves ; ils n'en vendaient que de telles à la Normandie, comme tu as pu le remarquer toi-même par celles que tu voyais sans cesse arriver à Paris ; et la Haute-Auvergne, qui ne vendait qu'à eux, était obligée, en conséquence, de n'en avoir que de cette couleur.

Le canton qui a les plus beaux bestiaux de toute l'Auvergne est celui de Salers. On met au second rang les Monts-Dor ; au troisième, les Monts-Cantal ; et au dernier, les environs de Dôme. Cependant cette observation, quoique vraie en général, peut varier selon les lieux. Dans certaines parties des Monts-Dor, il y a des troupeaux d'une aussi belle race que dans les meilleures des Salers. Il en est de même de la Limagne, et sur-tout du marais de Limagne. Si l'on y voit beaucoup d'animaux petits ou médiocres, il s'en trouve beaucoup aussi qui sont remarquables par leur taille et leur force.

Aux Salers ils ont le poil roux ; au Cantal, ils l'ont fauve ; et je viens de te dire que ce sont les seules couleurs qui soient de vente. Là, un bœuf ou un taureau, une vache ou une génisse, qui seraient noirs, bigarrés, etc.

ne trouveraient point d'acheteurs dans les foires ; ou s'ils en trouvaient, ce ne serait que comme bêtes de rebut, et à un prix bien au-dessous de la valeur, des autres. Dans la Basse-Auvergne, au contraire, tous les poils se vendant également, et on en élève de tout poil.

Pour ce qui regarde les prix d'achat, tu sens qu'ils doivent varier, non-seulement en raison de l'âge et de la beauté de l'animal, mais encore d'après certaines circonstances accidentelles qui peuvent être, ou favorables, ou contraires à la vente. Voici pourtant un fait qui pourra te fournir, sur cet objet, quelque donnée. Lorsque j'étais à Salers, il s'y est tenu une foire de bestiaux ; et j'y ai vu les plus beaux bœufs, âgés de six ans et propres au labour, se vendre depuis cinq jusqu'à six cents francs, la paire. Depuis, par les manœuvres des accapareurs, autant que par la consommation énorme de nos armées, ce prix, dans beaucoup d'endroits, a, m'a-t-on dit, plus que quadruplé.

Dans un extrait des registres de Salers, qui m'y a été communiqué pendant mon séjour, j'ai trouvé qu'en 1542, lorsqu'on fit le siége de Perpignan, il y eut ordre de lever dans l'Auvergne un nombre très-considérable de mulets, tant pour le transport des vivres au camp que pour le service de l'armée ; et Salers seul fut obligé d'en fournir six.

Depuis très-long-tems, la Haute-Auvergne produit une grande quantité de ces animaux. On en élève spécialement beaucoup dans l'ancienne élection de Saint-Flour ; et en effet, de tous les herbages de la République, il n'en est point qui leur convienne autant que les siens, et sur-tout que ceux de sa Planèse.

Le mémoire dressé en 1697 pour le Duc de Bourgogne, parle de ce commerce comme étant alors considérable ; et il nous apprend qu'à cette époque les mulets étaient achetés, les uns par des Espagnols qui allaient les revendre dans leur pays ; les autres, par des Provençaux qui les employaient à conduire des voitures, de Provence à Paris.

Le même commerce subsiste actuellement encore, quoique bien affaibli. Si j'en crois des notes que j'ai trouvées dans les bureaux de l'intendance, et que venaient de fournir tout récemment les inspecteurs des haras, il n'y avait, pour la province entière, que 29 baudets *royaux*. Ces étalons n'avaient sailli, dans l'année 1787, que 2340 jumens; et le produit des mulets ne montait, année commune, qu'à 2000.

Les Auvergnats que j'ai interrogés sur ce dépérissement, l'attribuaient à plusieurs causes différentes, mais spécialement au régime de l'administration des Haras. Non-seulement les *baudets royaux* étaient petits, mal choisis, et incapables par conséquent de donner une belle espèce; mais les gardes-étalon, sous prétexte de favoriser la production des chevaux, de préférence à celle des mulets, ne laissaient saillir au baudet que les jumens tarées et de petite taille: comme si tout homme, d'après son droit de propriété, ne devait pas être le maître de se donner, à son choix, ou un poulain, ou un muleton. Pour se soustraire à cette gêne injuste et tyrannique, le paysan fesait couvrir sa jument *en contrebande* (telle était l'expression dont se servait l'ancien régime); et le nombre de ces bêtes saillies en fraude allait annuellement à 1,200.

Le véritable mal de tous ces abus, c'est qu'ils ont causé l'abâtardissement de l'espèce.

L'Auvergne ne produit plus maintenant que des mulets de petite taille ; et avec ses faibles étalons, elle ne peut plus en avoir d'autres. Si dans quelques cantons on en voit de beaux, ils y ont été amenés du ci-devant Poitou. Au printems, des Auvergnats vont dans ce pays acheter des muletons. Ils les ramènent dans le leur, pour les y élever; et après les avoir gardés plus ou moins de tems, ils les revendent aux foires de Saint-Flour et autres voisines, où ils sont achetés par des marchands, Espagnols ou Juifs.

Il y a long-tems, et tu en as vu la preuve ci-dessus, que les Espagnols fesaient ce commerce, devenu nécessaire pour leur pays où les voitures n'ont guère que des attelages de mulets. Mais, depuis quelques années, ces étrangers venaient en moindre nombre ; ils achetaient moins ; et l'on n'a pu m'en dire la raison.

Les Juifs fesaient des enlèvemens beaucoup plus considérables. Ils étaient même parvenus à fournir seuls, de mulets d'Auvergne, la Provence, le Languedoc et les provinces limitrophes du Rhône. Mais, depuis quelque tems, ils avaient fait de telles banqueroutes et ruiné tant de personnes, qu'ils avaient jeté l'alarme parmi les entrepreneurs. Tu me demanderas maintenant pourquoi les Auvergnats se sont mis dans la dépendance des Juifs ; pourquoi ils leur ont laissé accaparer un commerce, qu'eux-mêmes pouvaient faire ; pourquoi enfin ils n'avaient pas l'industrie d'aller vendre leurs mulets en Languedoc ou en Provence, comme ils vont acheter leurs grands muletons en Poitou?.....

Il me semble aussi qu'au lieu de porter annuellement dans cette dernière contrée beaucoup d'argent pour des emplettes de mulets à haute taille, ils auraient pu s'en donner de semblables, en se procurant de beaux étalons....

En 1787, l'assemblée-provinciale en a conçu le projet ; et par forme d'*essai*, elle a fait venir deux baudets du Poitou et trois de Malte. C'était trop peu de ce nombre, pour renouveler l'espèce des mulets dans l'Auvergne. Mais chacun des étalons nouveaux pouvant saillir cent jumens dans son année, c'en était assez de cinq, pour dispenser bientôt, si on ne leur eût livré que des cavales choisies, d'aller acheter des muletons en Poitou.

Je regrette pourtant que l'assemblée, en

donnant des ordres pour cette aquisition, n'ait pas fait acheter, en même-tems, un certain nombre d'ânesses de choix, qu'on eût données à couvrir aux nouveaux mâles. Les ânons provenus de ces accouplemens auraient été, à leur tour, employés, comme étalons, à la monte des jumens et à perpétuer l'espèce des beaux mulets ; et les jeunes fémelles eussent servi à renouveller la race des ânes, qui, comme celle des moutons, a dégénéré.

On n'élève des mulets que dans la seule partie des montagnes. La Limagne n'en a point ; et je n'imagine pas quelles raisons l'ont déterminée à y renoncer. Ces marais du ci-devant Poitou, qui en produisent de si superbes, ne semblent-ils pas, au contraire, lui garantir que dans ses plaines il lui serait facile aussi d'en avoir de haute taille, et qu'elle pourrait fournir d'élèves la Planèse et s'approprier les sommes qu'annuellement on paie aux Poitevins ? tandis qu'elle n'a, ainsi que l'avouait l'assemblée-provinciale elle-même, que des chevaux *lourds, mal-sains et sans nerf.*

Dès le dernier siècle, l'intendant, auteur du mémoire pour le duc de Bourgogne, se plaignait des chevaux d'Auvergne, et leur reprochait *une grosse tête, de larges oreilles et peu d'encolure*. En vain on avait cherché, dit-il, à y introduire des races étrangères; il n'y avait que la danoise qui eût réussi.

Au reste, les défauts et les qualités de ces animaux devant varier suivant les différens cantons, voici le rang que leur assignait l'administrateur. « Les chevaux des Monts-Dor
» sont les meilleurs de tous ; étant ordinaire-
» ment bien taillés, nerveux, et jamais sujets
» aux maux d'yeux et de jarrets. Ceux des
» montagnes des élections de Riom, Issoire
» et Brioude viennent après ; et enfin, ceux
» de la Limagne, qui sont plus carrossiers. »

Ces détails antiques sont trop vagues, pour être aujourd'hui de quelque instruction. Je puis t'en donner d'autres, et plus récens, et plus étendus, qui, en grande partie, seront tirés de la notice fournie en 1788 par les inspecteurs des Haras.

Il y avait alors, dans la province, 133 étalons *royaux*. En supposant que chacun d'eux couvrît, pendant l'année, 30 jumens, elle devait avoir annuellement près de 4,000 poulinières ; et cependant il n'y en eut, en 1787, que 2,901 de saillies. Ce nombre, bien inférieur à ce que devrait produire un pays aussi abondant en pâturages, était alarmant par sa modicité ; et il dénotait nécessairement, dans l'administration, quelque vice caché. Il est vrai qu'à ces 2,901 poulinières, il fauts en joindre beaucoup d'autres, qui couvertes *en contrebande*, n'avaient point été conduites à l'étalon royal, et quelques-unes auxquelles on l'avait refusé, à cause de leurs défauts et de la pétitesse de leur taille. Mais cette contrebande et ces refus sont eux-mêmes une preuve de plus que le régime était vicieux.

Un caractère commun aux chevaux d'Auvergne est d'être de taille médiocre. Les plus hauts d'entre eux, mesurés à la potence, n'ont que 4 pieds 7 pouces. Il est infiniment rare d'en voir de plus grands ; ou, s'il s'en trouve ils sont presque toujours mal-conformés.

Malgré cette sorte d'identité qui semble les rapprocher tous et n'offrir qu'une seule race, ils forment néanmoins deux espèces différentes ; et en conséquence on doit réellement les diviser en deux classes : les uns, à taille légère, et du genre de ceux qu'on désigne sous le nom de chevaux de selle ; les autres, à taille épaisse, et connus sous le titre de chevaux de charette.

Ceux-ci, quoique propres au tirage, ne sont néanmoins, ni assez grands, ni assez forts pour être employés aux grands labours, aux voitures publiques et même au carrosse ; et par conséquent ils doivent être peu recherchés hors de l'Auvergne.

Les autres, au contraire, ont un mérite particulier ; c'est d'être spécialement propres aux remontes des régimens de hussards, de dragons et de troupes légères. De tous ceux que peuvent fournir les divers départemens de la République, il n'en est point qui conviennent mieux à ce genre de service ; et l'on en trouve même beaucoup, dans le nombre, qui sont assez fins et assez beaux pour des officiers de cavalerie. Cependant, si l'on en croit Sidoine Apollinaire, c'est par sa cavalerie que l'Auvergne était redoutable.

Hanc, Arverne, colens, nulli pede cedis in armis ;
Quosvis vincis equo.

Au tems de Sidoine, les chevaux auvergnats étaient-ils plus forts, et avaient-ils plus de taille qu'aujourd'hui ? ce passage semblerait l'annoncer.

Quant à ceux dont je parle, leur qualité distinctive est de se bien servir de leur avant-main ; d'avoir le pied petit, la jambe sûre, du nerf, de l'haleine, de la vigueur et de la légèreté. Si on les ménage dans leur jeunesse, ils servent beaucoup plus long-tems que ceux de nos autres départemens, et se trouvent même moins déformés à 18 ans que ne le sont, par exemple, les chevaux allemands, à 9. Il est vrai qu'ils ne sont en force et capables d'un grand travail, qu'à 6 ou 7. Mais ce défaut, le seul qu'on puisse leur reprocher, tient peut-être à une cause étrangère. Le paysan fait beaucoup travailler ses jumens, et il les nourrit fort mal. En été, il les met au verd ; en hiver, au foin ; dans aucun tems de l'année, il ne leur donne du grain. Faut-il s'étonner après cela, si les mères n'ayant, ni assez de vigueur pour former un poulain bien constitué, ni un lait assez substantiel pour le bien nourrir, ce poulain éprouve un retardement de forces qui l'empêche de se développer aussi promptement qu'un autre.

Ce retard de 6 à 7 ans est nécessairement

accompagné de dangers pour la vie des jeunes animaux. Leur maître qui ne veut, ni en courir les risques, ni les nourrir sans en tirer de profit; leur maître, qui par sa misère est toujours pressé d'argent, cherche à s'en défaire le plutôt qu'il lui est possible. Presque tous sont vendus avant l'âge de 4 ans, et conduits dans les montagnes du ci-devant Vélai, du Gévaudan, du Rouergue et du Limousin, où l'on achève de les élever. Parvenus à l'âge de service, on les revend, avec grand profit, pour les parties méridionales de la République, et jusqu'en Piémont et en Savoie; mais ce profit est aux dépens de l'Auvergne. Il n'y reste que quelques poulains de choix, qu'on nourrit avec soin, soit pour Paris et pour Lyon, soit pour des amateurs riches ou des particuliers Auvergnats.

La notice dans laquelle j'ai puisé quelques-uns de ces détails (n'oublie pas qu'ils m'ont été fournis en 88), fait monter le produit des poulains et poulines, pour charrette et pour selle, à 2,660, année commune; et celui de leur vente, tant en Auvergne que dehors, à 600,000 livres.

Pour ce qui regarde ceux de ces animaux
qu'on

qu'on vend, voici leur emploi et leur destination.

Il existe dans la contrée plus de 2,000 chevaux, pour l'attelage des charrettes du pays. En supposant un huitième, par an, pour remplacer ceux de ces chevaux qui meurent, tu auras une fourniture annuelle de 250.

On compte 1,200 bêtes de bât, employées pour le commerce intérieur de la contrée, et sur-tout pour transporter dans la montagne les vins de la plaine. Mets pareillement un huitième de remonte par année, tu trouveras une autre consommation de 150.

Quant aux chevaux de selle qui sortent de l'Auvergne, les uns sont vendus avant l'âge de 3 ans; les autres, depuis l'âge de 3 ans jusqu'à 4. Les premiers passent dans le Limousin et dans les contrées voisines, pour y être élevés; et leur nombre peut monter à 7 ou 800.

L'émigration des autres est moins forte. On l'estime à 300, pour les remontes des hussards et des dragons; 200, pour les officiers des différens corps; et 150 ou 200, pour Paris, pour Lyon et pour quelques cantons de la Suisse.

Je n'ai pas besoin de te dire combien est énorme la consommation de fourrage que doit faire cette immense quantité de bestiaux, moutons, chevaux, bœufs, etc., pendant les cinq, six ou sept mois d'hiver qu'ils ont à passer dans leurs étables. Aussi, presque tout le foin que recueille l'Auvergne est-il employé à cet usage ; et c'est même un avantage pour elle, puisqu'autrement il lui serait impossible d'en trouver la consommation. Si, par hasard, les neiges ne tombent qu'en novembre, le paysan regarde cet événement comme un bonheur ; parce qu'alors ses bestiaux reviennent plus tard des montagnes, et que par conséquent il épargne sa provision de fourrages secs. Mais si elles commencent à tomber, comme il arrive souvent, au commencement d'octobre, ou même à la fin de septembre ; alors il éprouve une perte considérable ; et c'est pour lui un vrai malheur.

L'Auvergne avait, en 88, quelques médecins vétérinaires, sortis de l'école d'Alfort près de Paris. Habituellement même elle y en entretenait trois à ses frais ; et cette légère dépense, qui ne montait qu'à 527 liv. par tête d'élève, était, de toutes celles qu'elle pouvait faire, l'une des plus utiles. Mais qu'est-ce que quelques personnes, réparties dans une contrée qui a tant de troupeaux, et où l'impéritie de ceux qui les gouvernent, en laisse ou en fait périr tant ? L'homme instruit dans son art peut se tromper, sans doute. Mais qui de nous, dans les maladies des animaux qui lui appartiennent, ainsi que dans les siennes propres, ne préférera pas toujours l'homme instruit ? J'ai vu qu'en plusieurs cantons on s'empressait d'appeler et de consulter les vétérinaires ; et puisqu'ils jouissaient de la confiance, sans doute ils l'avaient méritée par des succès.

Désirer qu'on les multiplie, ce serait demander le bien de l'Auvergne. Mais le désirer dans les circonstances actuelles où l'économie n'ordonne que des réformes, c'est faire un vœu superflu. Ne pourrait-on pas au moins tirer un parti plus avantageux encore de ceux qui subsistent, et les rendre aussi utiles qu'ils peuvent l'être, en les obligeant de communiquer leurs lumières, et de former des élèves dans les lieux où ils sont établis ? Qu'on assigne à chacun d'eux un certain canton ; et que dans ce canton il soit tenu de donner des leçons aux pâtres et aux bergers, pendant le tems de l'année où ceux-ci ont quitté les montagnes. Qu'on l'oblige, moyennant une récompense, à en former de nouveaux, qui lui seront envoyés par les villages ; et qu'il apprenne à tous, non-seulement l'art de conduire et de soigner les troupeaux, mais encore celui de les traiter dans leurs maladies ordinaires et les plus communes. Ces sortes d'écoles, sur lesquelles j'insisterai encore ailleurs, peuvent s'établir à peu de frais; et l'avantage en sera immense.

Mais je m'aperçois qu'involontairement, et sans dessein, les avis se multiplient sous ma plume; et je crains qu'on ne qualifie de leçons et de censure les remarques patriotiques d'un homme franc et honnête, qui astreint par ses principes à dire tout ce qu'il croit vrai, se croit bien plus obligé encore, dût-il se tromper, à dire ce qu'il croit utile. La partie des montagnes qui me reste à traiter, et qui concerne leurs volcans et produits volcaniques, ne comportera point tous ces conseils; source abondante de critiques et de haines. Celle-ci, susceptible tout au plus, dans ses aperçus généraux, de quelque attrait pour la curiosité, ou de quelques tableaux pour l'imagination, n'a que des détails arides, une nomenclature barbare, une théorie conjecturale. Elle exige à la fois (ce que je n'ai pas) et une grande érudition, et des connaissances profondes. Puissé-je au moins être assez heureux, pour t'attacher par mes descriptions, sans t'abuser par mes erreurs!

Fin du Tome second.

www.ingramcontent.com/pod-product-compliance
Lightning Source LLC
Chambersburg PA
CBHW051817230426
43671CB00008B/741